JN059856

住総研住まい読本

なぜ住まいのカーボンニュートラルは進まないのか？

Carbon Neutrality

今私たちがすべき住まい方とは

住総研「住宅の省エネ化推進のための情報発信」研究委員会＝［編］
秋元孝之＋田辺新一＋鶴崎敬大＋齋藤卓三＋池本洋一＋
高口洋人＋腰原幹雄＋川島範久＝［著］

井上書院

はじめに

人類の活動によって生じる温室効果ガスの増加による気候変動が、世界に深刻な災害を引き起こしている現在、地球環境への負荷低減が喫緊の課題となっている。

◉

2021年秋に英国のグラスゴーで開催された国連気候変動枠組条約第21回締約国会議（COP26）では、「世界の気温上昇を産業革命前と比べて1・5℃に抑える努力を追求する」ことになった。これは事実上、パリ協定の長期目標が強化されたことになる。日本政府が掲げている2030年度までにCO_2を46％削減（2013年度比）するという宣言の中で、家庭部門は66％の削減を求められている。このことを国民一人ひとりが重要な課題として受け止めているのであろうか？　目標実現のためには、今まさに住宅の断熱性能や設備仕様、住まい手の行動における「グレートリセット」をすることが必要だ。

◉

国内において、現在、2050年カーボンニュートラルの実現に向けた政府の方針に沿った具体的な対策として、住宅の省エネルギー基準への適合を2025年までに義務化すること、2030年度以降新築される住宅のZEH（ネット・ゼロ・エネルギー・ハウス）基準の水準の省エネルギー性能を確保すること、2030年において新築戸建て住宅の6割に太陽光発電設備が設置されることを目指すこと、などの議論が活発になされている。

◉

建築や住宅のゼロエネルギー化は、脱炭素社会を実現するための必須条件の一つである。環境を重視した投資などを通して、経済を浮上させようとする新型コロナウイルスの感染拡大による景気後退への対策（グリーンリカバリー）の一環として、ZEHのさらなる普及は重大なアクションである。感染症対策のレジリエンス性能という点に注目するならば、必要に応じた外気導入量の増加や間仕切り区画の変更によって感染リスクを軽減することができるような住宅の機能があると良い。次世代の住宅には、頻発する自然災害やその複合災害に備えたロバスト性（頑健性）の高い可変性能が求められる。2050年を見据えて、IoTやAIを活用した超スマート社会「SOCIETY5・0」の実現に向けた動きも進んでいる。住宅においても同様で、HEMS（ホーム・エナジー・マネジメント・システム）をはじめとした技術を活用してエネルギーのモニタリングのみならず、住宅設備のバランス良い制御を担うことが行われるようになるはずだ。DX（デジタル・トランスフォーメーション）、GX（グリーン・トランスフォーメーション）にともなった技術の進化が期待される。

◉

私たちは、このところ地球環境問題と感染症によるパンデミックという相互に関係はあるが、性格の異なる大きな問題に直面してきた。さらには、2022年2月

24日に開始したロシアのウクライナ侵攻によって世界規模のエネルギー危機が起こっている。混沌としたこの状況ではあるが、あらゆる仕組みの見直しができるかが問われている。今こそ新たな働き方、生活スタイルを読み解いたうえでの住宅デザインを築いていく好機であると前向きに捉えたい。ニューノーマルに適合した住宅ストック確保を実現すること、すなわち脱炭素時代の住宅における「グレートリセット」が今こそ必要である。

◉

本書では、環境負荷削減、ウエルネスなどに配慮した住宅のあるべき姿を多様な切り口から探っていき、住まい手、住宅事業者、行政などの読者の意思決定に供する情報をわかりやすく解説している。まず第1部では、「日本の現状分析と住宅分野の課題」として、脱炭素社会に向けた住宅のあり方、パンデミックがもたらす行動変容とエネルギー消費、家庭部門におけるCO_2排出の実態とさらなる削減へ向けた取組み、住宅の省エネルギー性能向上のための基準等見直し、第2部では、「家庭部門に求められる脱炭素の方策—これから」として、国内外住宅不動産の省エネルギー性能表示と今後のあり方、子供の教育からやりなおす省エネ教育と大人への影響、住宅の木造化・木質化による吸収源対策、自然とつながるデライトフルな建築による環境負荷削減について論じている。また、第3部では、「住宅のグレートリセットに向けて」として、これまで2回にわたって開催したグレートリセットに関するシンポジウムにおけるパネルディスカッションの内容をまとめて紹介している。さらに巻末には、家庭部門のCO_2消費削減のために、具体的にできることの一つとしてチェックシートを載せているのでぜひ活用してみてほしい。本書が読者の皆さんのすまいとすまい方を見直す契機となることを期待している。

2024年1月　**秋元孝之**

なぜ住まいのカーボンニュートラルは進まないのか？

――今私たちがすべき住まい方とは――

［目次］

［第1部］●

日本の現状分析と住宅分野の課題

第1章——

脱炭素社会に向けた住まいのあり方

田辺新一

1——なぜカーボンニュートラルを目指すのか

2015年11月から12月に開催された国連気候変動枠組条約第21回締約国会議（COP21）において、世界共通の長期目標として産業革命以前からの温度上昇を2℃に抑え、また、1・5℃を目指すという目標「パリ協定」が取り決められた。[*1] その後、2021年には「気候変動に関する政府間パネル」（IPCC）の第6次評価報告書で、地球温暖化によって豪雨、豪雪、台風やハリケーンといった気候災害が増加していることは間違いないと示された。これには、気候変動とエネルギーに関する法政策に詳しい東京大学の高村ゆかり教授も温暖化により災害が激甚化していることを指摘している。2018年の台風21号だけで損害保険支払額は1兆678億円になった。ちなみに、東日本大震災時の地震支払再保険支払額は、約1兆2891億円である。[*2] 2019年の台風19号と台風15号は経済損失額で世界1位、3位で、2兆7000億円超の損失があった。きわめて大きな被害がすでに

＊1……環境省　国連気候変動枠組条約第21回締約国会議（COP21）および京都議定書第11回締約国会合（COP／MOP11）の結果について
https://www.env.go.jp/earth/cop/cop21/

＊2……日本損害保険協会　風水害等による保険金の支払い
https://www.sonpo.or.jp/report/statistics/disaster/index.html

発生している。住宅にはこれから述べる緩和策だけではなく気候災害への適応策も求められている。

さらに驚くニュースが飛び込んできた。２０２３年3月22日に公表された気候変動に関する政府間パネル（ＩＰＣＣ）第6次評価報告書統合報告書[*3]では、「人間活動がおもに温室効果ガスの排出を通して地球温暖化を引き起こしてきたことには疑う余地がなく、１８５０～１９００年を基準とした世界平均気温は２０１１～２０２０年に1・1℃の温暖化に達し、この10年間に行う選択や実施する対策は、現在から数千年先まで影響を持つ」と述べられており、私たちの行動がきわめて重要であることがわかる。

このような背景から、世界全体で今世紀後半には、温室効果ガス排出量を実質的にゼロにすることを目指している。わが国では、これらを踏まえ、２０２０年10月に２０５０年までに温室効果ガスの排出を全体としてゼロにする、すなわち２０５０年カーボンニュートラル、脱炭素社会の実現を目指すことが宣言された。[*4]２０２１年10月には、地球温暖化対策計画が改定され、２０３０年度に温室効果ガスを２０１３年度比で46％削減することを目指し、さらに50％の高みに向けて挑戦を続けて行くことが定められた。わが国の温室効果ガス排出量は住宅・建築に係わる部門が約3分の1を占める。セメント、鉄鋼などの建築材料を含めると実に4割の排出量となる。そのため、生活と密接に関連した住宅・建築のあり方は脱炭素化への道筋にきわめて大きな影響を与える。また、既存住宅は２０５０年時点においても多くが存在するため、先までを考えた対策が必要である。スマホのようにすべ

＊3……環境省　気候変動に関する政府間パネル（ＩＰＣＣ）第6次評価報告書統合報告書の公表について
https://www.env.go.jp/press/press_01347.html
国土交通省　脱炭素社会に向けた住宅・建築物の省エネ対策等の在り方検討会
https://www.mlit.go.jp/jutakukentiku/house/jutakukentiku_house_tk4_000188.html

＊4……首相官邸　第二百三回国会における菅内閣総理大臣所信表明演説
https://www.kantei.go.jp/jp/99_suga/statement/2020/1026shoshinhyomei.html

てが2050年までに置き換わることはないのである。
二酸化炭素濃度はいつから上昇したのか、NOAAなどが作成した資料[*5]が図1である。1750年頃の大気の平均CO_2濃度は280ppm程度であった。しかしながら、現在、地球上で最もきれいなところでも400ppmを超えている。1750年の産業革命以降、大気中の二酸化炭素濃度は人間からの排出量とともに増加している。排出量は1950年ぐらいまでは年間約50億トンとゆっくりと増加してきたが、その後急増、年間350億トン以上になる。特に第二次世界大戦以降の増加が著しい。古い昔に起こったのではなく、この変化はわずか70年ぐらいの人間の活動によるのである。石炭を採掘できるようになってエネルギー革命が起こり、工場制機械工業が成立した。蒸気船・鉄道による交通革命により遠くの物資や農作物などが運ばれるようになり、近代住宅・建築・都市が出現した。一人当たりGDPが増加、世界人口も増加した。それらを維持するために化石エネルギーを用い、温室効果ガスを排出し続け、地球の温度上昇を引き起こしてきた。その状況を回避するために産業革命前の生活に戻れるかというと、現代の快適で健康的な生活を送っている私たちには難しいだろう。現代の生活をできる限り持続しながら人為起源のCO_2排出をなくす方法を考える必要がある。

*5……NOAA, Climate Change : Atmospheric Carbon Dioxide https://www.climate.gov/news-features/understanding-climate/climate-change-atmospheric-carbon-dioxide

2―わが国の温室効果ガスの排出と削減目標

このような意味からカーボンニュートラルは、単なる環境対策と考えないほうが良い。産業・社会構造の変革が生じるということである。図2にわが国の温室効果ガスの排出割合(2019年)を示す。エネルギー起源の二酸化炭素が85%、非エネルギーの二酸化炭素が6%ある。非エネルギーの6%の主要なものにセメントがある。メタン、一酸化二窒素があるが、加えて代替フロンなどが5%ある。代替フロンは冷暖房のエアコンや冷凍に使用されている。さらに二酸化炭素排出量を図3に「タイル」として示した。学生にカーボンニュートラル実現のためには何をすれば良いかと聞くと、ほとんどが自動車対策だと答える。マスコミ報道やコマーシャルの影響を受けているからであろうか。運輸部門は18・6%であるが、そのほとんどの16%が自動車である。一方、業務その他部門が17・4%、家庭部門が14・4%ある。業務部門のすべてが建築ではないが、産業部門の工場建屋などを入れると日本全体の3分の1程度の排出量となる。建設やそれにともなって必要となる材料の生産などを含めると約4割にもなる。住宅は、カーボンニュートラルには自動車に匹敵する重要な分野であることを認識する必要がある。前述したようにその通過点として、2030年度の温室効果ガスを2013年度比で46%削減を目指すという目標をわが国は国際的に公表した。[*6] 家庭部門では66%の削減が求められている(図4)。

国際的にみると、2020年における世界の最終エネルギー消費の36%、エネルギー由来CO_2排出の37%を建築・建設分野が占める。多くの国においても住宅・建築物対策は重要課題として挙げられている。国際エネルギー機関(IEA)が2021年に公表したロードマップ(Net Zero by 205

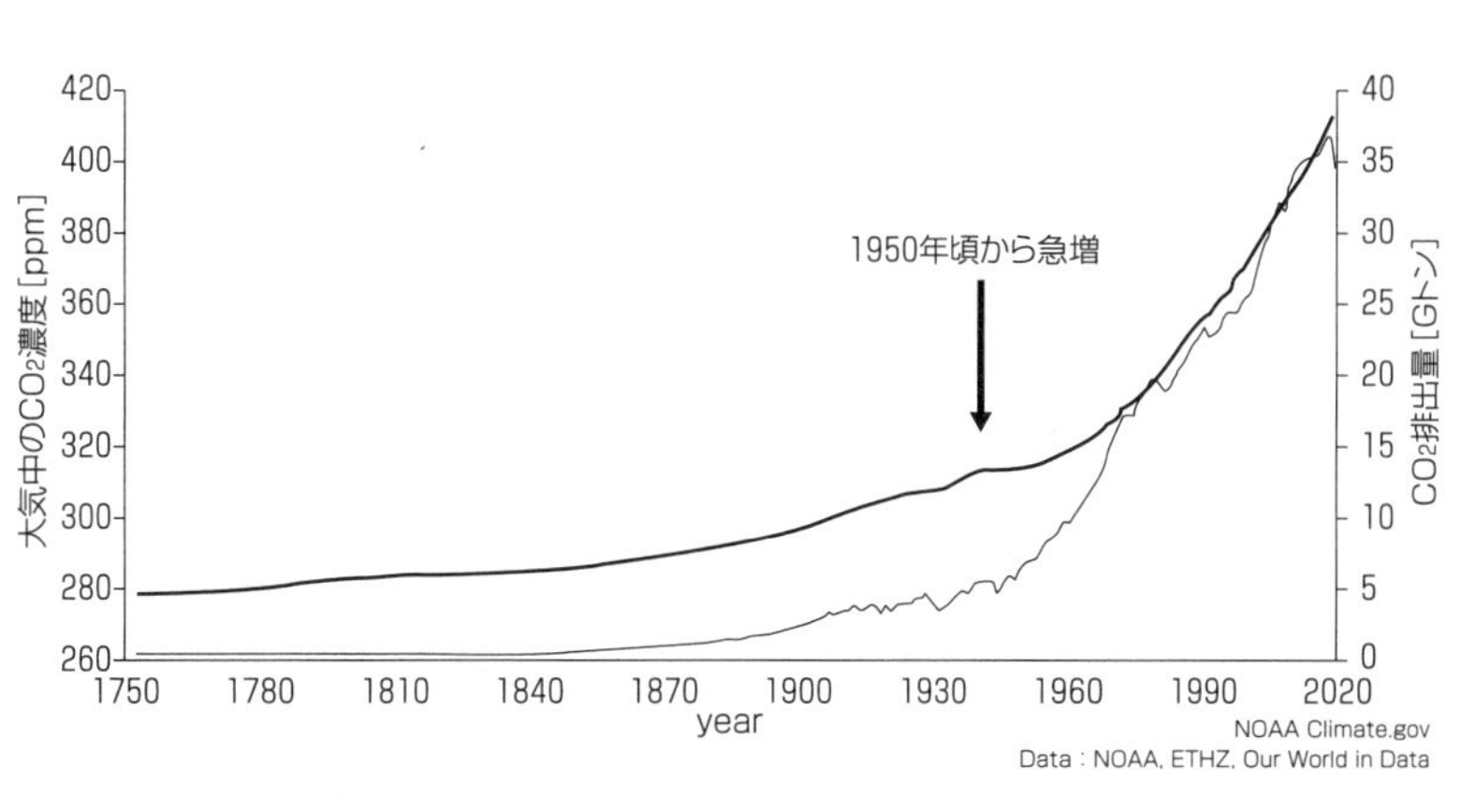

[図1] 産業革命からの大気中の二酸化炭素

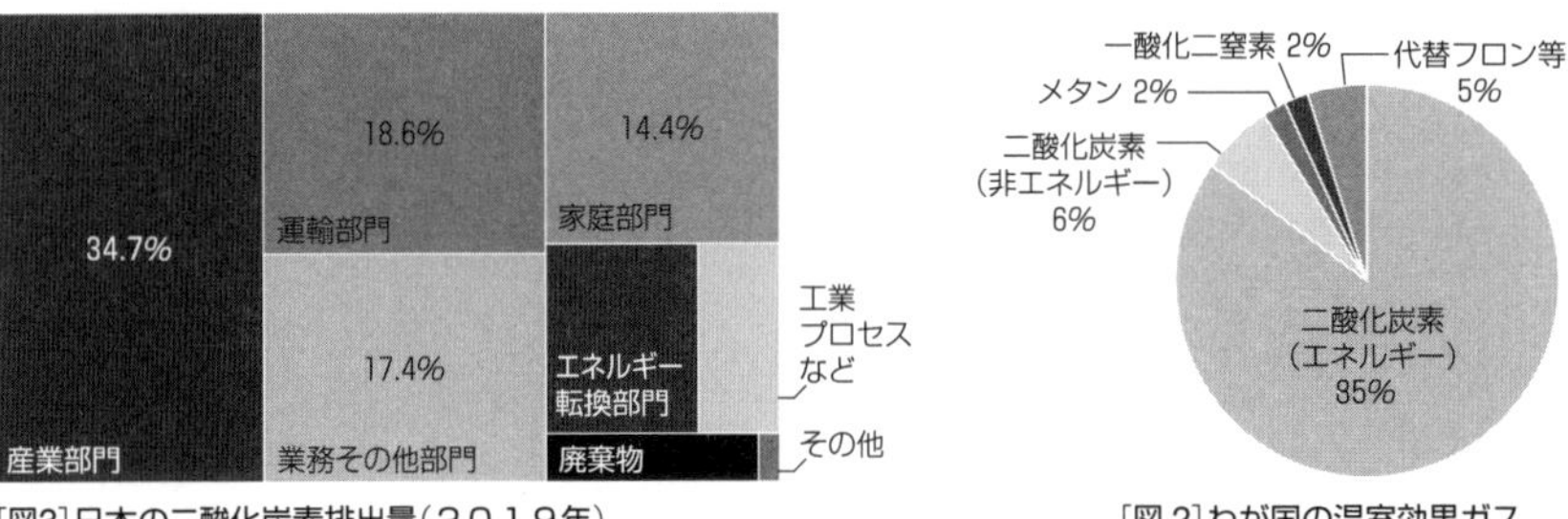

[図3]日本の二酸化炭素排出量（２０１９年）

[図 2]わが国の温室効果ガス

■ 地球温暖化対策推進法に基づく政府の総合計画

「2050年カーボンニュートラル」宣言、2030年度46％削減目標* 等の実現に向け、計画を改定。

＊わが国の中期目標として、2030年度において、温室効果ガスを2013年度から46％削減することを目指す。さらに、50％の高みに向け、挑戦を続けていく。

温室効果ガス排出量・吸収量（単位：億t-CO_2）	2013排出実績	2030排出実績	削減率	従来目標
	14.08	7.60	▲46%	▲26%
エネルギー起源CO_2	12.35	6.77	▲45%	▲25%
部門別 産業	4.63	2.89	▲38%	▲ 7%
部門別 業務その他	2.38	1.16	▲51%	▲40%
部門別 家庭	2.08	0.70	▲66%	▲39%
部門別 運輸	2.24	1.46	▲35%	▲27%
部門別 エネルギー転換	1.06	0.56	▲47%	▲27%
非エネルギー起源CO_2、メタン、N_2O	1.34	1.15	▲14%	▲ 8%
HFC等4ガス（フロン類）	0.39	0.22	▲44%	▲25%
吸収源	–	▲0.48	–	（▲0.37億t-CO_2）
二国間クレジット制度（JCM）	官民連携で2030年度までの累積で1億t-CO_2程度の国際的な排出削減・吸収量を目指す。わが国として獲得したクレジットをわが国のNDC達成のために適切にカウントする。			–

https://www.env.go.jp/press/110060.html

[図 4]地球温暖化対策計画の改定

＊6……環境省　日本のNDC（国が決定する貢献）
https://www.env.go.jp/earth/earth/ondanka/ndc.html

＊7……International Energy Agency. Net Zero by 2050. A Roadmap for the Global Energy Sector
https://www.iea.org/reports/net-zero-by-2050

０）[7]においても、２０５０年の脱炭素化達成のシナリオの中では世界の建築ストックの85％をＺｅｒｏ Ｃａｒｂｏｎ Ｒｅａｄｙとする必要性が指摘されている。

ＩＥＡが２０１８年に出版した『将来の冷房』という報告書において、冷房のためのエネルギー消費量が急増していることが指摘されている。[8] これは、アジアを中心とした蒸暑地域での経済発展が大きな要因となっている。インド、中国、インドネシアの３カ国が、２０５０年までの世界における冷房エネルギー需要の伸びの半分を占めると予想されている。ＩＥＡはエアコンの効率向上が必要としているが、それだけではなくパッシブな建築やピーク負荷を抑える建築計画、半屋外などの緩衝空間を利用する都市計画など、行動変容をともなう住宅・建築・都市のデザインが求められている。また、冷やす技術やヒートポンプに関しては、わが国の産業界がまだ強みを有する分野であり、産業分野との連携や支援も必要であろう。

3―どのようにしてカーボンニュートラルを実現するのか

それでは、どのようにして実現するのか。二酸化炭素排出量を減らすには、エネルギー消費を減らすことと、そのエネルギー当たりの二酸化炭素排出原単位を小さくすることである。単純化のために電気で考えてみる。１ｋＷの機器を1時間動かすと1ｋＷｈになる。機器効率を改善する、使う時間を短くするなど省エネすれば、例えば０・７ｋＷｈのエネルギー消費量になる。これが省エネである。一方で１ｋＷｈのエネルギーを石炭火力発電でつくると二酸化炭素排出量は大きい。これ

＊8……International Energy Agency, The Future of Cooling https://www.iea.org/reports/the-future-of-cooling

を太陽光発電などの再生可能エネルギーを利用すれば小さくできる。原単位を30％下げて、例えば0・7にすれば、かけ算で約50％の削減が可能になる。それでは、国全体を考えてみることにする。図5に示すように国内では電気だけではなく、石炭、石油、天然ガスなどの化石燃料が電気にされず直接使用されている。濃い部分が電気、薄い部分が電力でない部分である。省エネすると両方の長方形の底辺を小さくできる。ただし、ここには工場を国外に移転させるなどの需要の減少も含まれる。そして、電力部分の底辺を右側に延ばす。これが、自動車、住宅・建築物などの電化の促進である。非電力部分の底辺も省エネで短くする。そして、長方形の高さ部分を低くする。電気の場合には再生可能エネルギーの利用となる。非電力部分は熱利用のため水素、アンモニア、バイオマス燃料、e-メタンなどが考えられる。それでも長方形部分の面積をゼロにするのは難しいため、ＣＣＵＳ[*9]、ＤＡＣＣＳ[*10]などのネガティブエミッション技術が必要とされている。これで相殺しようというのが基本的な考え方である。徹底的な省エネルギーと再生可能エネルギーの利用が必要になる。

4―省エネ法の改正

「エネルギーの使用の合理化等に関する法律」、略称「省エネ法」は、二度のオイルショックを契機に1979年に制定された法律であり、わが国の省エネルギーに長年、大きく貢献してきた。3種のエネルギー、すなわち、燃料、燃料起源の熱、

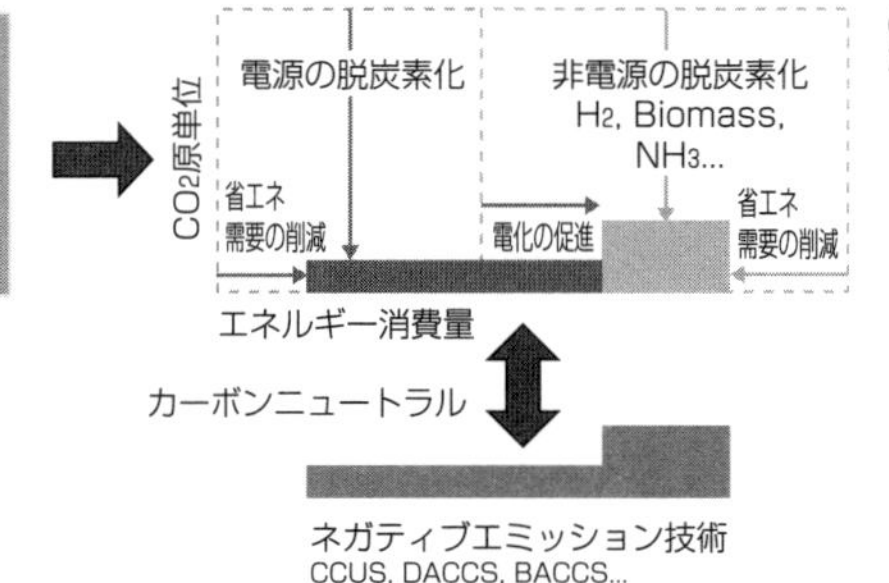

[図5]どのようにして脱炭素社会にするのか

電気を対象としてその合理的な使用を求めている。例えば、年間エネルギー使用量が原油換算１５００キロリットル以上の事業者は、エネルギーの使用状況などの定期報告義務がある。２０２２年度現在の対象事業者は全国で約1万２０００事業者になる。建築物の省エネルギーに関しては、建材トップランナー制度として２０１３年には断熱材、２０１４年にはサッシ・ガラスが対象に加えられている。これに関しても２０２２年に強化されている。加えて、電力・都市ガス・ＬＰガスなどの小売事業者を対象に、一般消費者向けの省エネ情報提供や、サービスの充実度を評価する省エネコミュニケーションランキング制度が２０２２年度から開始されている。なお、２０１５年に住宅・建築物に関しては建築物省エネ法（建築物のエネルギー消費性能の向上に関する法律）として分離された。カーボンニュートラルに向けた非化石エネルギーへの転換が重要なことを踏まえ、省エネ法は「エネルギーの使用の合理化等に関する法律」から「エネルギーの使用の合理化及び非化石エネルギーへの転換等に関する法律」に名称が変わり、２０２２年5月13日に改正された。*11

省エネ法が対象とするエネルギー使用合理化の対象の拡大に関しては、電気と熱の２つの論点がある。電気に関してはこれまで２００３年の火力発電の発電効率実績値に基づき一次エネルギー換算係数を9・76ＭＪ／ｋＷｈとして定数のように取り扱われてきた。しかし、火力発電の効率は近年向上しているのに加え、再生可能エネルギーの導入が増えると原単位も改善される。なお、電気の一次エネルギー換算係数は、２０１８年度〜２０２０年度直近3年間の全電源平均係数は8・64ＭＪ／ｋＷｈである。米国では直近数年の全電源平均値を採用しているが、英国などで

*9……ＣＣＵＳ Carbon dioxide Capture, Utilization and Storage の略。火力発電によるCO_2排出量を抑えるための取組みの一つで、分離・貯留したCO_2を利用するもの。

*10……ＤＡＣＣＳ Direct Air Carbon Dioxide Capture and Storage の略。大気中のCO_2を分離・吸収し、地中に貯留することで大気中のCO_2を減らす技術。

*11……資源エネルギー庁 省エネ法の改正 https://www.enecho.meti.go.jp/category/saving_and_new/saving/enterprise/overview/amendment/index.html
経済産業省「安定的なエネルギー需給構造の確立を図るためのエネルギーの使用の合理化等に関する法律等の一部を改正する法律案」を閣議決定 https://www.meti.go.jp/press/2021/03/20220301002/20220301002.html

は将来値を政策的に利用している国もある。電化を加速するための方策である。ちなみに、わが国の電気自動車の電費評価においてはすでにこの方法が用いられている。建築物省エネ法など計画値では火力平均原単位が使用されているが、将来的には全電力原単位に変更して行く必要がある。脱炭素を実現するには省エネルギーと非化石エネルギーの導入が重要であるが、エネルギー側の脱炭素化の進行にともない省エネルギー対策と非化石エネルギー導入のコスト検討が重要になる。他の先進国と比較して太陽光発電、風力発電などの再生可能エネルギー立地に恵まれないわが国では、第2の発電所といわれる省エネルギー対策は非常に大切である。また、一次エネルギー自給率は13％しかなく、これを向上させることもきわめて重要である。

5—脱炭素社会に向けた住宅・建築物の省エネ対策等のあり方検討会

カーボンニュートラルを実現させるために、国土交通省、経済産業省、環境省を事務局として2021年4月から脱炭素社会に向けた「住宅・建築物の省エネ対策等のあり方検討会」が開催され、2021年8月23日にとりまとめが公表された。[*12] 座長を務めさせて頂いたが、非常に激しい議論が行われた検討会だった。

ロードマップの必要性が挙げられ、議論を重ねて2030年の中期目標と2050年の長期目標を定めた。2030年目標は「新築される住宅・建築物については ZEH、ZEB基準の水準の省エネ性能が確保される＋新築戸建て住宅の6

＊12……国土交通省　脱炭素社会に向けた住宅・建築物の省エネ対策等のあり方検討会
https://www.mlit.go.jp/jutakukentiku/house/jutakukentiku_house_tk4_000188.html

割において太陽光発電設備が導入される」、2050年目標は「ストック平均でZEH、ZEB基準の水準の省エネ性能が確保される+導入が合理的な住宅・建築物における太陽光発電設備等の再生可能エネルギー導入が一般化となる」である。これまでも住宅においては、建売住宅・注文戸建て住宅・賃貸アパートは、大手住宅事業者を対象に省エネ基準を高める住宅トップランナー制度が導入されていた。しかしそれでは不十分であるということで、さらなる建築物省エネ法の改正によって、2025年度からはすべての建築において省エネ基準適合が義務化され、確認申請時の適合確認が必要になる予定である。

これまで個人住宅に関しては、財産権などの関係から規制的措置を行うことには反対もあったが、カーボンニュートラルのために大きく踏み出した結論となっている。建築家向けの雑誌には疑問をもつような住宅作品が堂々と登場する。一方、CO_2排出量の相当部分が都市において発生していることを踏まえ、国土交通省では2012年9月に公布された「都市の低炭素化の促進に関する法律」、略称「エコまち法」により、市町村による低炭素まちづくり計画の作成や低炭素建築物の普及促進などを図っている。加えて、住生活基本法に基づく住生活基本計画が2021年に改定された。東京都などの自治体も2030年にカーボンハーフ、2050年にゼロエミッション東京の実現を目指し規制などの強化を行っており、その対象は戸建て住宅にまで及んでいる。[*13]

*13……東京都　ゼロエミッション東京
https://www.kankyo.metro.tokyo.lg.jp/policy_others/zeroemission_tokyo/index.html

6—建築物省エネ法の改正

2015年7月8日に公布された「建築物のエネルギー消費性能の向上に関する法律」(略称「建築物省エネ法」)は、省エネ法と分離する形で、建築物のエネルギー消費性能の向上を図るために制定されたものである。2017年4月からは、2000平方メートルを超える大規模非住宅建築物のエネルギー消費性能基準への適合義務が開始された。さらに、2021年4月からは、300平方メートル以上2000平方メートル未満の中規模非住宅建築物にも拡張された。さらに、脱炭素化の推進が必要になったため、本法は、「脱炭素社会の実現に資するための建築物のエネルギー消費性能の向上に関する法律等の一部を改正する法律」として改正され、2022年6月13日に通常国会で可決成立し、2022年6月17日に公布された。[*14] この改正により、従来まではエネルギー消費性能基準に対する適合努力義務であった小規模非住宅建築物や住宅を含むすべての新築建築物(戸建て住宅を含む)に対し、省エネルギー基準への適合が義務化され、2025年4月から実施される予定である。また、大規模非住宅建築物に関しては2024年4月から義務水準が2割強化され、さらに、一年間に一定戸数以上の住宅を供給する事業者に対し、国が目標年次と省エネ基準を超える水準の基準を定め、新たに供給する住宅について、その基準を平均的に満たすことを努力義務として課すトップランナー制度の対象が分譲マンションにも拡大された。

＊14……国土交通省「脱炭素社会の実現に資するための建築物のエネルギー消費性能の向上に関する法律等の一部を改正する法律案」を閣議決定 ~2050年CNの実現に向けて、建築物の省エネ化及び木材利用の促進を図ります!~ https://www.mlit.go.jp/report/press/house05_hh_000920.html

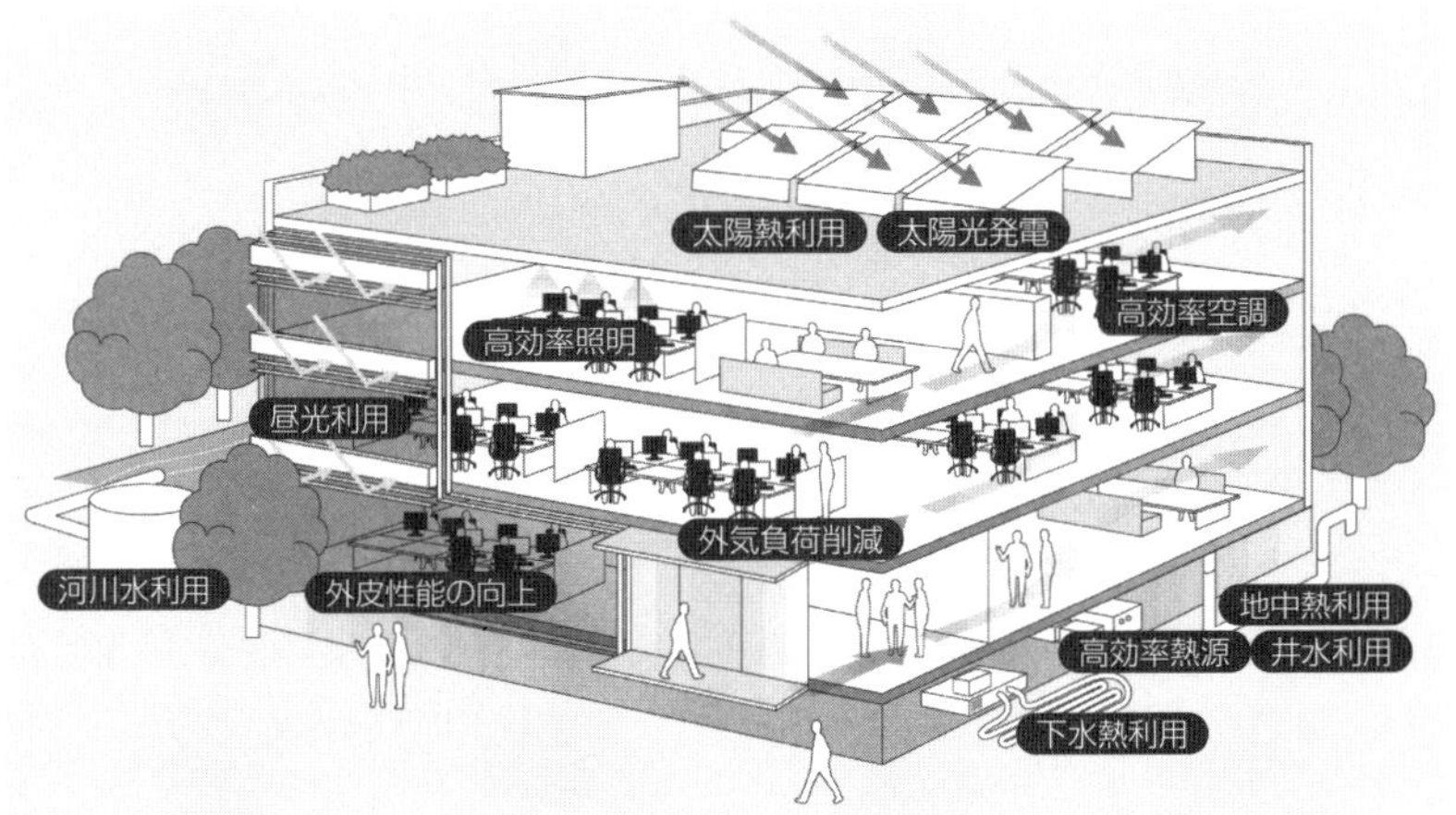

[図 6] ＺＥＢのイメージ

正味で 75%省エネを達成したものを Nearly ZEH
正味で 100%省エネを達成したものを ZEH

Nearly ZEH （正味で 75% 以上省エネ） ＊都市部等の市街地に建つ狭小住宅等	ZEH （正味で 100% 以上省エネ）

ZEH の「高断熱基準」「設備の効率化」で 20% 以上省エネ。
太陽光発電等によりエネルギーを創ることで、正味でゼロ･エネルギーを目指す。

[図 7] ＺＥＨ（住宅）の定義

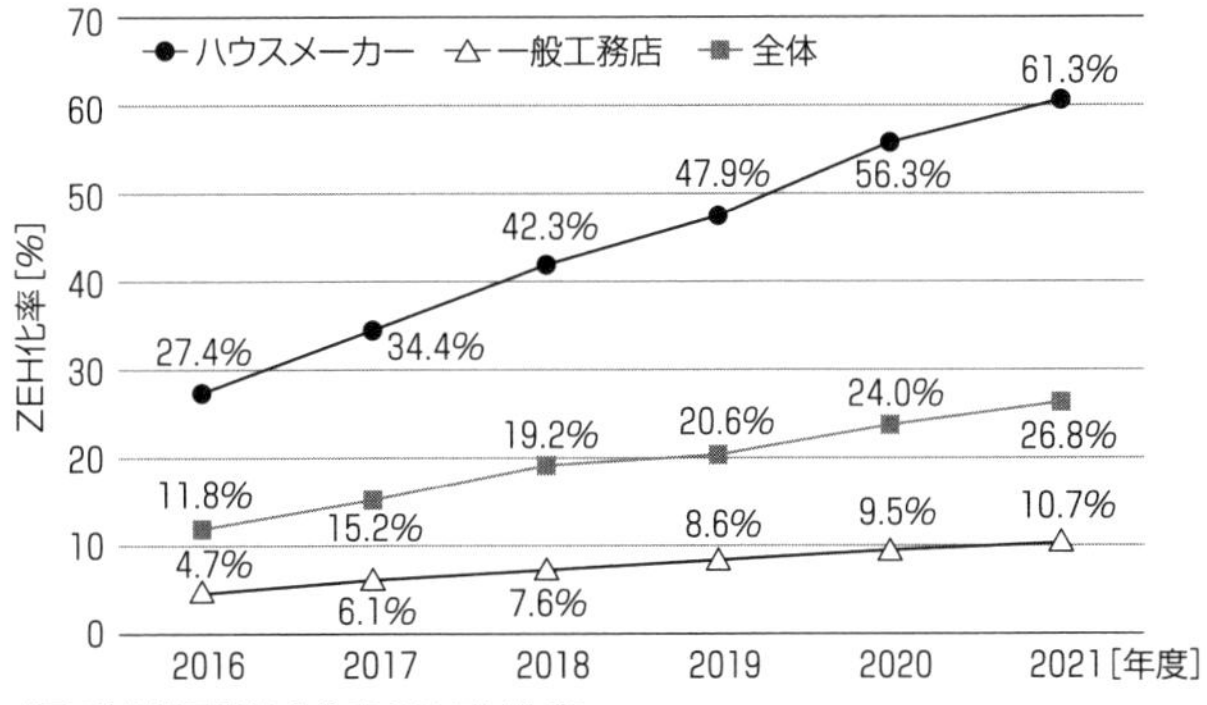

[図 8] 新築戸建注文住宅のＺＥＨ化率

徹底した省エネルギーと再生可能エネルギーの利用を住宅・建築でコンセプトにしたものが、ＺＥＢ（図6）・ＺＥＨ（図7）である。[＊15、16] ２０２１年度の新築建築物におけるＺＥＢの実績は、４万９５９９棟に対してわずか１９８棟（約０・４％）であり、ＺＥＢの普及にはほど遠い状況にある。ＺＥＢの目標達成に向けては、これまでの取組みを強化するとともに、さまざまな取組みを新たに実施していくことが必要な状況である。住宅に関しては、２０２１年度の新築注文戸建て住宅におけるＺＥＨの割合は26・8％となっている（図8）。ハウスメーカーなどにおいてはＺＥＨ率が61・3％と上昇してきているが、一般工務店では10・7％と低く底上げが必要となっている。また、それ以外の戸建て住宅、集合住宅に関してはＺＥＨ化が遅れている。２０２１年10月に公表された第6次エネルギー基本計画[＊17]においては、２０３０年に向けて規制と支援のさらなる強化に取り組むことが表明された。

非住宅建築物に関しては、２０３０年までに再生可能エネルギーを含まないＢＥＩ（Building Energy Index）の適合水準を事務所、学校、工場などは０・６以下、ホテル、病院、百貨店、飲食、集会所などは０・７以下に厳しくすることが予定されている。なお、公共建築物におけるＺＥＢ化に関して、国土交通省は官庁施設の計画・設計に適用する「官庁施設の環境保全性基準」を２０２２年3月28日に改定している。ここでは、政府実行計画に基づき、２０２２年4月1日から新築する場合は原則ＺＥＢ Ｏｒｉｅｎｔｅｄ相当以上とすることが規定されている。また、２０２２年7月5日には、全国知事会が脱炭素・地球温暖化行動宣言で「都道府県が整備する新築建築物について、ＺＥＢ Ｒｅａｄｙ相当（50％以上の省エネ）を

＊15……資源エネルギー庁　ネット・ゼロ・エネルギー・ビル https://www.enecho.meti.go.jp/category/saving_and_new/saving/enterprise/support/index02.html

＊16……資源エネルギー庁　ネット・ゼロ・エネルギー・ハウス https://www.enecho.meti.go.jp/category/saving_and_new/saving/general/housing/index03.html

＊17……経済産業省　第6次エネルギー基本計画を閣議決定 https://www.meti.go.jp/press/2021/10/20211022005/20211022005.html

目指す」と発出している。ZEHを超えて運用時のみでなく、住宅の建設・運用・解体・廃棄までのライフサイクルCO_2収支がマイナスとなるLCCM住宅も建設されている。

国土交通省による住生活基本計画[*18]には、2050年カーボンニュートラルの実現に向けて、長寿命でライフサイクルCO_2排出量が少ない長期優良住宅ストックやZEHストックを拡充、ライフサイクルでCO_2排出量をマイナスにするLCCM住宅の評価と普及を推進、住宅の省エネルギー基準の義務づけや省エネルギー性能表示に関する規制などさらなる規制の強化、住宅・自動車におけるエネルギーの共有・融通を図るV2H（電気自動車から住宅に電力を供給するシステム）の普及を推進、炭素貯蔵効果の高い木造住宅などの普及や、CLT（直交集成板）などを活用した中高層住宅などの木造化などにより、まちにおける炭素の貯蔵の促進、住宅事業者の省エネルギー性能向上に係る取組みが目標6（脱炭素社会に向けた住宅循環システムの構築と良質な住宅ストックの形成）に示されている。

7—太陽光発電に関して

新築時にはイニシャルコストが上昇するため、法規を満たす最低基準で新築して運用時に再生可能エネルギーを導入することでゼロ・エミッションを実現するという考え方もあるだろう。しかしながら、これは長い目でみると後悔する選択肢になる可能性が高い。製造業があり国土面積も似ているドイツとの比較を表1に示す。

*18……国土交通省　住生活基本計画
https://www.mlit.go.jp/jutakukentiku/house/jutakukentiku_house_tk2_000032.html

国土面積は、日本が38万平方キロメートル、ドイツが36万平方キロメートルである。平地面積は日本が13万平方キロメートル、ドイツが25万平方キロメートルと日本は平地面積が少ない。人口は日本が約1億2500万人、ドイツは約8400万人である。2019年のエネルギー起源の一人当たりCO_2排出量は日本が7・87t-CO_2、ドイツは7・10t-CO_2と大きくは変わらない。太陽光発電設備容量は2021年に日本が70・4GW、ドイツは52・4GWである。太陽光の発電量は日本が673億kWh、ドイツが519億kWhと設備容量、発電量ともに日本のほうが多い。一方で、2021年の風力発電は日本が25・9億kWh、ドイツは1272億kWhである。わが国の平地面積当たりの太陽光発電設備容量は世界1位、ドイツの2倍である。メガソーラーが急な南斜面に設置されることに対しては、土石流などが起きないかといった近隣住民の心配の声もある。

わが国においては、さらなる再エネ導入には住宅・建築の屋根をうまく利用することが大切である。これが新築戸建て住宅の6割において太陽光発電設備が導入されるというエネルギー基本計画にも記載されているとりまとめに繋がっている。しかしながら、東京都の環境確保条例による新築戸建て住宅への太陽光発電設置義務化には反発も多い。説明が不足しているようであるが、正確には事業者の公表であり個人への義務ではない。ドイツと比較するとわが国の太陽光発電はかなり普及しているが、風力発電が決定的に異なる。遠浅の海が日本に少ない、落雷、台風など

	日本	ドイツ
国土面積	38万 km^2	36万 km^2
平地面積	13万 km^2	25万 km^2
人口（2022年）	約12,500万人	約8,400万人
一人当たり CO_2（2020）	7.87t-CO_2/人	7.10t-CO_2/人
太陽光発電設備容量（2021）	70.4GW	52.4GW
太陽光発電量（2021）	673億kWh	519億kWh
風力発電（2021）	25.9億kWh	1272億kWh
エネルギー自給率（%）	13%	35%

[表1]日本とドイツの比較

があることが原因といわれている。早急な対応が日本でも必要であるが、風車設置にはリーディングタイムが必要である（写真1）。2019年のわが国の電力は原子力を含む非化石電力の割合がOECD各国に対して日本が24％しかない。OECD各国はほぼ50％程度あり、省エネを行わないで再生可能エネルギーだけに頼るのは現状ではきわめて難しい。系統の強化も必須であるが、どのように負担するかの議論も不十分である。

ドイツのロシアへの一次エネルギー依存度は、石油34％、天然ガス43％、石炭48％であり、ロシアのウクライナ侵攻もあり動向が注目される（表2）。液化天然ガス（LNG）はカーボンニュートラルへの移行期のエネルギーとして非常に重要であるが、世界的な需要の高まりで価格高騰が問題となっている。わが国はエネルギー自給率が2021年に13％しかなく、104％の米国、186％のカナダ、61％の英国、54％のフランスと比較するときわめて難しい状況であることを認識すべきである。ドイツは35％の自給率であるが、すでにガソリン価格は1リットル当たり2ユーロ（270円程度）を超える状態になっている。わが国は、欧米各国よりもさらに徹底的な省エネルギーと再生可能エネルギーの利用を行う必要がある。

8—変動性再生可能エネルギーを無駄なく利用するには

太陽光発電や風力発電は風量や日射量の変化により発電量が変動する、変動性再生可能エネルギーと呼ばれる。時間によって変動する。これらが増加してくること

［写真1］浮体式洋上風力（長崎県五島市）

への対応が必須である。この対応には配送電網のスマート化や出力制御、蓄電池利用などさまざまな技術が必要になる。その中で、電気の需給状況に応じて「上げＤＲ」、「下げＤＲ」を行って再生可能エネルギーを無駄なく利用することが期待されている（図９）。これを後押しする法整備が行われた。電気自動車の利用などにより変動性再生可能エネルギーをできる限り無駄なく使用する。住宅では蓄電池だけではなくヒートポンプ給湯器の運転時間を昼間にすることも有効になる。セクターを超えて対応することが求められている。そのためには情報が非常に重要になる。住宅では電力網に負荷をかけないように自家消費が望ましい。精密工場などで必要とされるほどの電力品質も一般的には必要はない。住宅の太陽光発電設備などに設置されているパワコンなどの通信関係の機器の国産化堅持は重要である。

また、電力系統の安定には、普及率が高いエアコンなどの機器が自律的に調整に寄与できれば、大きな力になる。トップランナー機器などにそのような機能を求めることも考えられる。エアコンを必要とするアジア諸国でも求められていく機能だろう。建築にこれらの機能をもたせるデマ

国名	一次エネルギー自給率 （2021 年）	ロシアへの依存度 （輸入量におけるロシアの割合）（2020 年） ※日本の数値は財務省貿易統計 2022 年速報値		
		石油	天然ガス	石炭
日本	13% （石油：0% ガス：2% 石炭：0%）	1.5% （シェア 6 位）	9.5% （シェア 3 位）	6.3% （シェア 3 位）
イタリア	23% （石油：12% ガス：4% 石炭：0%）	11% （シェア 4 位）	31% （シェア 1 位）	56% （シェア 1 位）
ドイツ	35% （石油：3% ガス：5% 石炭：51%）	34% （シェア 1 位）	43% （シェア 1 位）	48% （シェア 1 位）
フランス	54% （石油：1% ガス：0% 石炭：0%）	0%	27% （シェア 2 位）	29% （シェア 2 位）
英国	61% （石油：75% ガス：43% 石炭：12%）	11% （シェア 3 位）	5% （シェア 4 位）	36% （シェア 1 位）
米国	104% （石油：96% ガス：113% 石炭：110%）	1%	0%	0%
カナダ	186% （石油：288% ガス：138% 石炭：235%）	0%	0%	0%

［表 2］G7 各国の一次エネルギー自給率とロシアへの依存度

〈出典〉World Energy Balances 2022（自給率）、BP 統計、EIA、Oil Information、Cedigaz 統計、Coal Information（依存度）、貿易統計（日本）

ンドサイドフレキシビリティー技術が欧米で注目されている。さらに変動性再生可能エネルギーである太陽光発電や風力発電の割合が増加すると、それを調整する機能が配送電網に求められるようになり、スマートグリッドやマイクログリッドが必要になる。電気事業法に大型蓄電池設備が位置づけられた。また、住宅や建築においても蓄電、蓄熱や需要を調整する機能が求められている。米国ではGrid-Interactive Efficient Building（GEB）[*19]という概念が提唱されている[*20]（図10）。天気予報、発電、使用状況情報をもとに空調機、照明、開口部、室内環境、蓄電池、電気自動車などを制御して再生可能エネルギーを有効活用することを目的としている。カリフォルニア州ではＯｐｅｎ ＡＤＲというＤＲ（デマンドレスポンス）のプロトコルが注目されており、一部の建築規制にも採用されている。今後は総量を削減する省エネだけではなく、時間的に変動するエネルギーのCO_2原単位に従ってゼロ・エミッションを目指す住宅・建築物が増加してくると予測される。都市部においては脱炭素熱の供給元として地域冷暖房の役割も変化するだろう。

9―既存建築物対策が非常に重要

車は10年、スマホも5年程度で買い替えるが、現在の建築が建て替わるのに平均70年くらいかかる。２０５０年にも現在建っている建物のほとんどが残っている。新築に限らず、既存建築のカーボンニュートラルを考えることが大切である。断熱が現行基準に達している住宅は13％しかない。住宅が寒いこと、暑いことによる健

＊19……ＧＥＢ　利用者数や利用者位置、買電価格、天気予報、オンサイト発電状況等のデータを収集・分析し、建物内のエネルギー需要に合わせ、効率的なエネルギーマネジメントを実現する建物。

＊20……DOE　Grid-Interactive Efficient Buildings https://www.energy.gov/eere/buildings/grid-interactive-efficient-buildings

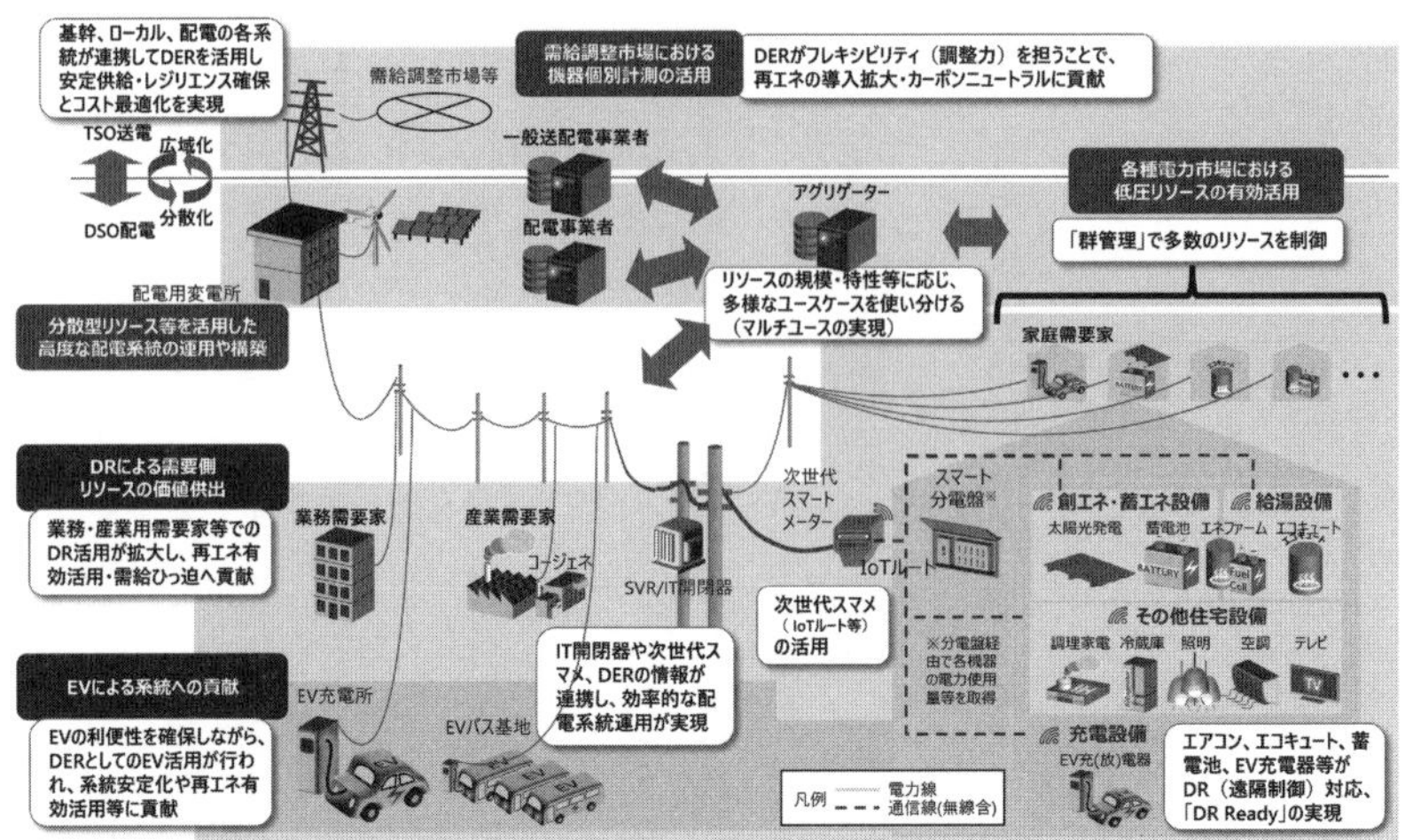

本検討会の議論内容が実現すれば、さまざまな分散型リソースが電力システムと融合し、安定供給・再エネ有効活用等に貢献する「分散型電力システム」の実現につながる。

[図 9]分散型電力システムの将来イメージ

〈出典〉 経済産業省 資源エネルギー庁

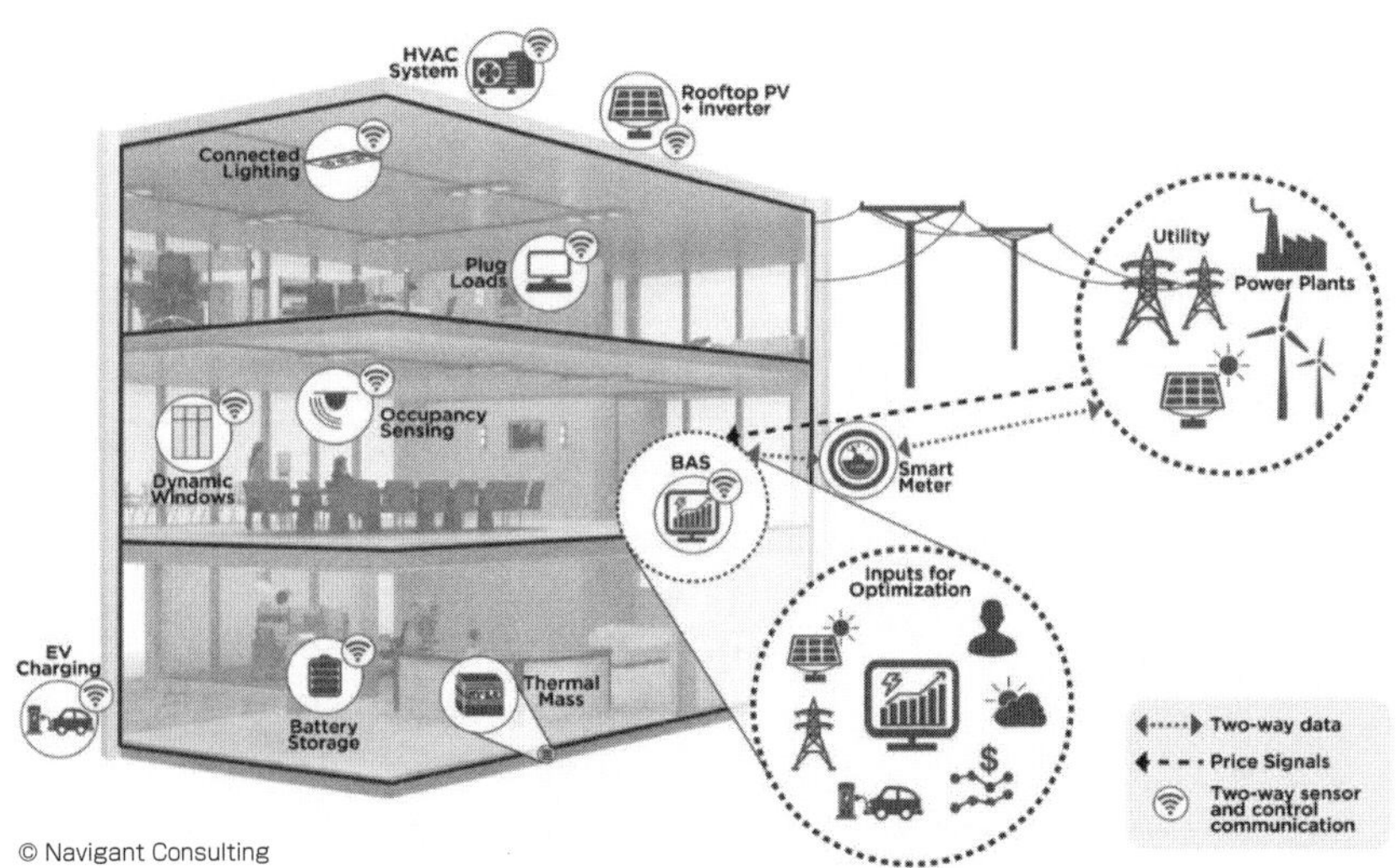

© Navigant Consulting

建築物のデジタルデータの取得·利用·プラットフォームはわが国は圧倒的な遅れ。

[図 10]電力網と相互応答する省エネビル

〈出典〉 米国エネルギー省（DOE）

康被害はとても先進国の状況とはいえない。環境分野の発言が弱かったことを反省している。本来は住宅の断熱は建築物省エネ法ではなく建築基準法で議論がされるべき内容ではないかとも思う。給湯器、照明の省エネ型への更新などは必須である。

ヨーロッパでは2019年に発表した「欧州グリーンディール戦略」の一環として、2020年に「リノベーションウェーブ」[*21]を公表した。欧州ではこれまで改修が行われる建物が年間わずか1％程度であったが、グリーン投資により倍増させ、2030年までに3500万棟の建物を改修し、同時に地元に雇用を生み出す政策である。そのような取組みによって、省エネ化と住み心地の両立が図られる。また、環境性能が低い建物は賃貸契約ができないという状況が生まれている。民間企業も巻き込んで温室効果ガス排出削減やSDGsの目標達成を行うのは国の規制だけではなく、投資を変える必要があると考えるESG投資が行われるようになっている。

今後、こうした現行の省エネルギー基準に合致しないストックへの対応が強く望まれる。既存建築物の省エネ・脱炭素化対応は健康増進のコベネフィットをもたらすことが期待される。欧州ではEPC（Energy Performance Certificate）といわれる建物に関する省エネ表示が建設、売却、または賃貸される場合に取得が必須となっている（写真2）[*22]。2022年12月時点で2471万2116件の住宅・建築が取得している。英国、フランスなどでは、このラベルの下位評価を受けた住宅・建築は賃貸などができない規制が行われ、改修を促すような政策が行われている。わが国では既存建築物の省エネルギー評価や表示がほとんど行われていない。また、

＊21……European Commission. Renovation Wave https://energy.ec.europa.eu/topics/energy-efficiency/energy-efficient-buildings/renovation-wave_en

［写真2］省エネラベル付きの不動産広告(フランス)

＊22……European Commission. Certificates and inspections https://energy.ec.europa.eu/topics/energy-efficiency/energy-efficient-buildings/certificates-and-inspections_en

米国にはエネルギー・スターといわれるラベル制度や既存建築物の評価制度がある。既存建築物の省エネルギー化を進めるには重要な制度であり、わが国でも同等のシステムを開始することは急務であり、住まい手、利用者側の行動変容などによる需要の削減も重要である。このようななか、２０２４年４月から国土交通省により建築物の省エネ性能表示制度が開始されることが公表された。

10――建築資材の製造時CO_2排出

ＺＥＨは運用のエネルギー消費量をネット・ゼロにするものであるが、建設時の材料や施工時、廃棄時までライフサイクルで考えることが重要である。ＬＣＣＭ住宅はそれを考えた住宅である。サプライチェーンすべてを考える必要がある。米国Ａｐｐｌｅ社などはサプライチェーンを通じたカーボンニュートラルと２０３０年までに行うと公表している。部品を製造するメーカーも対応が必要になっている。これと同じことが建設分野にも求められる。特に建設資材では、鉄とコンクリートからの排出量が多い。建築のエンボディド・カーボンを考えると、木はCO_2を吸収するので排出量は小さく、木の活用は非常に重要である。また、木も樹齢を重ねるとCO_2の吸収が少なくなるので、適切な時期に切って植林することも必要になる。

わが国が先行していた建築物のＬＣＡ評価であるが、建築物の環境性能に関する国際的な認証制度ＬＥＥＤ（Leadership in Energy & Environmental Design）においては、延べ床面積当たりのエンボディド・カーボンを評価に組み入れている。WBCSD（World Business Council for Sustainable Development）が住宅・オフィスであれば、500kg-CO_2／平方メートルがベースラインと述べている[*23]（図11）。ところが日本のマンションで試算するとアップフロントカーボンが1000kg-CO_2／平方メートルくらいある。それは地震国だから構造が太いという理由もあるが、世界的な評価基準を決めるときに積極的に提言する必要がある。それにはまず現状を把握することが重要になる。

欧米のエンボディド・カーボン評価においては、建築材料や製品などに関して積み上げ方式の温室効果ガス排出量が示されており、低炭素建築材料の開発が加速している。わが国では、住宅・建築分野のEPD（Environmental Product Declaration：環境製品宣言）データベースの整備が遅れている。建築材料や施工時のエンボディド・カーボン、すなわちアップフロント・カーボンに関しては、建築規制になじみやすく英国、デンマーク、米国の都市では規制を行うという動向もある。なお、低炭素を意図して開発された製品や素材の価格が一般の製品に比べ高くなる場合がある。このような状況で、一般的な建材や建設費用当たりの温室効果ガス排出原単位を用いてエンボディド・カーボンを算出すると、無対策で安価な建築物ほど低炭素と評価されることになる。それを避けるためには、積み上げ方式の算出方法とそのデータベースの整備を早急に行う必要がある。不動

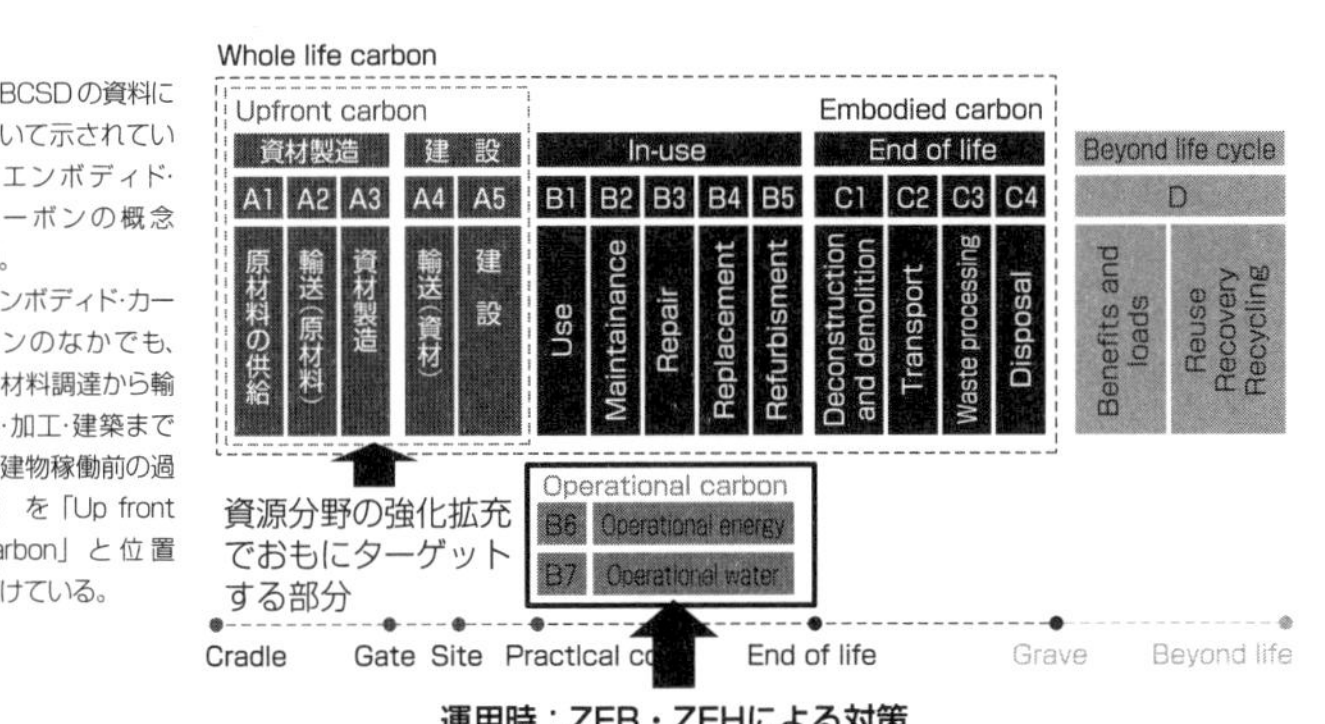

WBCSDの資料において示されているエンボディド・カーボンの概念図。
エンボディド・カーボンのなかでも、原材料調達から輸送・加工・建築までの建物稼働前の過程を「Up front carbon」と位置づけている。

［図11］エンボディド・カーボン
Net-zero buildings（World Business Council for Sustainable Development）（掲載のEN-15978（2011）を基に都が加筆し作成

産業に関する、Ｓｃｏｐｅ３の計算方法に関しても検討の必要がある。２０２２年度から国土交通省の支援を受けてＩＢＥＣｓ[*24]（一般財団法人住宅・建築ＳＤＧｓ推進センター）に産官学によるゼロカーボンビル推進会議が設置され、総合的にＬＣCO_2を実質ゼロにする建築物（ゼロカーボンビル）について、その評価手法を整備し、普及促進を図ること目的として活動を開始した。

11——建築に携わる者の使命

米国では、建築家のグループがＡＩＡ（米国建築家協会）と協力して住宅・建築部門の脱炭素化を進めている。米国の住宅・建築部門のCO_2を２００５年比で２０３０年までに72％減、２０４０年にゼロ・エミッションを実現するという目標を掲げており、多くの設計事務所、建設会社が署名を行っている。カリフォルニアではＺＥＲＯ ＣＯＤＥ[*25]が公表されている（図12）。わが国の住宅に係わる企業もビジネスで社会貢献ができるのだという意識をもつことが大切である。一般の方々はエネルギーそのものには関心が必ずしも高くはないが、ロシアのウクライナ侵攻によりエネルギー価格は高騰しており、その対策がカーボンニュートラルの実現と同一方向であることは認識しておく必要がある。建築に関わる私たちはエネルギー安全保障にも貢献できるという認識をもったほうが良いだろう。

＊23……WBCSD Net-zero buildings Where do we stand? https://www.wbcsd.org/contentwbc/download/12446/185553/1

＊24……住宅・建築ＳＤＧｓ推進センター（ＩＢＥＣｓ）、ゼロカーボンビル推進会議 https://www.ibec.or.jp/zero-carbon_building/

＊25……Architecture 2030. ZERO CODE https://zero-code.org/

[図12] ZERO CODE

第2章

パンデミックがもたらす行動変容とエネルギー消費

秋元孝之

1——感染症対策がエネルギー消費にもたらす影響

わが国では、省エネルギー・省CO_2による地球環境負荷削減が喫緊の課題である。具体的な対策としてゼロエネルギーの住宅やビルによる住宅・建築物の省エネ化・低炭素化が推進されてきている。２０２０年10月、当時の菅義偉内閣総理大臣による「２０５０年カーボンニュートラル」宣言は、従来の省エネルギーや脱炭素化に向けた気運や取組みを後押しするものだ。そうした最中に突然現れたのが新型コロナウイルス（ＣＯＶＩＤ-19）の脅威である。全世界において人類の健康を脅かしてきたこのウイルスの蔓延を受けて、国民の生活行動変容による新たなワークスタイルも定着しつつあり、図らずも「働き方改革」が進んできた。

２０２０年１月16日に、日本で初めて新型コロナウイルス感染症の感染が確認されてから感染者数は徐々に増加してきた。その後、政府は複数回の緊急事態宣言を発令し、社会活動の制限や休業要請などの対策を取っている。感染拡大防止対策としての外出自粛や、在宅勤務、小中高等学校の休校など多くの社会変化をもたらしている。在宅による働き方が進んだ職住一体の世界では、住宅のエネルギー消費の傾向にもこれまでと違った変化が現れるはずである。ウィズコロナの生活動態の一端を浮き彫りにすることを目指して、コロナ禍での巣ごもり生活時における住宅の電力消費傾向と生活の変化を探ることを目的とした調査（芝浦工業大学と旭化成ホームズ株式会社との共同研究）を実施している。家庭の電力消費量の変更を通して暮らしを読み解き、新しい生活様式の定着を見据えた住宅提案のための基礎データを得ることができたので、その結果の一部を紹介したい。

2―コロナ禍によって変容した人々の行動

新型コロナウイルス感染症拡大によるコロナ禍を通じて、人々の行動は大きく変容してきた。まず、テレワークの普及という働き方、ワークスタイルの変化が挙げられる。コロナ禍によって多くの企業や組織がテレワークを導入するようになってきた。これにより、通勤時間や交通費を節約できるだけでなく、感染症のリスクを軽減することができる。テレワークが定着することで、地方での生活や就業がしやすくなり、人々の職住の関係にも大きな変化が生じている。また、対面でのコミュニケーションが制限されることとなったため、その代わりにオンラインでのコミュニケーションの機会が圧倒的に増加してきた。オンラインでの会議や授業、オンラインショッピング、オンライン飲み会などが一般的になり、人々のコミュニケーションスタイルに大きな変化をもたらしている。人々は外出を自粛して、マスクの着用や手洗い・消毒などの感染症対策を徹底するようになった。感染症対策を意識した暮らし方が広まり、自宅での調理や家庭内での過ごし方が重視されるようになっている。趣味やエンターテイメントの在宅化も進んでいる。読書や音楽鑑賞、ネット動画視聴やゲーム、家庭菜園などが盛んになり、自宅での過ごし方が重視されるようになっている。これらの変化が今後も続くかどうかは不明だが、人々の暮らしや働き方において、新たな価値観が生じたことは間違いないだろう。

3―巣ごもり生活時における生活変化の調査方法

この調査研究では、HEMSによって収集された戸建て住宅の電力消費量と居住者アンケート調査によって得られたデータを分析している。HEMSとは、Home Energy Management System（ホーム・エネルギー・マネジメント・システム）の略称で、家庭内でのエネルギーの使用量や発電量、蓄電量などを管理するシステムのことを指すものだ。具体的には、太陽光発電や風力発電などの再生可能エネルギーを利用した発電装置や、蓄電池、エネルギー使用量を計測するセンサー、エネルギー消費量を制御するためのコントローラーなどを組み合わせたシステムであり、エネルギーの使用量を効率的に管理することで、省エネやCO_2排出削減を実現することができる。表1にHEMSデータ調査、Webアンケート調査の概要を示す。9都府県に存在する「太陽光発電装置を搭載した」、かつ「HEMSを備えた」住宅を対象として電力消費量の分析とアンケートによる調査を行った。東京都、千葉県、埼玉県、神奈川県、愛知県、大阪府、京都府、兵庫県、福岡県に存在する２４２７棟を対象として、新型コロナウイルス感染症の流行によるコロナ禍前の２０１９年１月１日〜12月31日、コロナ禍の２０２０年１月１日〜12月31日および２０２１年１月１日〜４月30日の電力消費量データを分析した。また、アンケート調査はＷｅｂアンケート方式として、夏期（２０２０年９月２日〜２０２０年９月６日）に計５００名、冬期に（２０２１年３月25日〜２０２１年３月31日）に計３７５名に対して実施した。

1	調査の目的：コロナ禍での巣ごもり生活時における電力消費傾向と生活の変化を探る
2	調査方法： ① HEBEL HEMS により収集された邸毎の電力消費量＊1 の分析 ② HEBEL HEMS が設置された邸のアンケート調査 ＊1：グリッドからの買電量、売電量、発電量、分岐回路別の電力消費量（30 分単位データ）
3	① 電力消費量の分析概要 ・分析データの対象期間：2019、2020/01/01 ～ 12/31 および 2021/01/01 ～ 04/30 ・調査（分析）対象数：９都府県（東京都、千葉県、埼玉県、神奈川県、愛知県、大阪府、京都府、兵庫県、福岡県）に存在する PV 搭載のヘーベルハウスのうち、2,427 棟
4	② アンケート調査概要 ・アンケート期間：1）夏期 2020/09/02 ～ 2020/09/06（計 500 名） 2）冬期 2021/03/25 ～ 2021/03/31（計 375 名） ・調査方法：Web アンケート調査 ・調査対象：ヘーベルハウスオーナー

［表 1］ＨＥＭＳデータ調査、Ｗｅｂアンケート調査の概要

4―年間および月別電力消費量の変化

図1に年間積算電力消費量の比較を示す。コロナ禍前の2019年度（2019年4月～2020年3月）と、新型コロナウイルスの感染拡大への対策としての外出自粛を受けて、家族全員が自宅で過ごすいわゆる「巣ごもり」の生活が始まった2020年度（2020年4月～2021年3月）の年間積算電力消費量は、それぞれ5470kWh／年と6000kWh／年であった。2019年度から2020年度にかけて年間の電力消費量が9・7％増加している。

図2に日積算電力消費量の比較を示す。太陽光発電量、買電力量、売電力量より邸別に電力消費量を算出し、また、対応する居住都府県の月平均気温を抽出してそれぞれ月別に加重平均したものである。コロナ禍前の2019年とコロナ禍の2020年とを比較すると、3月には2020年の電力消費量が5％大きくなっており、8月には19％増加に至っている。しかしながら2020年の月平均気温が4月に低く、6月と8月は高い傾向があったため、気温の影響を除いた結果を確認する必要がある。中間期を除く夏期、冬期には気温の変化とともに電力消費量が増加している。月ごとの電力消費量は、2020年2月～2021年2月の期間において前年より電力消費量が増加しており、特に2021年1月は、前年比プラス22％で最も増加している。

図3に行動変容による電力消費量の増加量を示す。図中には、緊急事態宣言の期

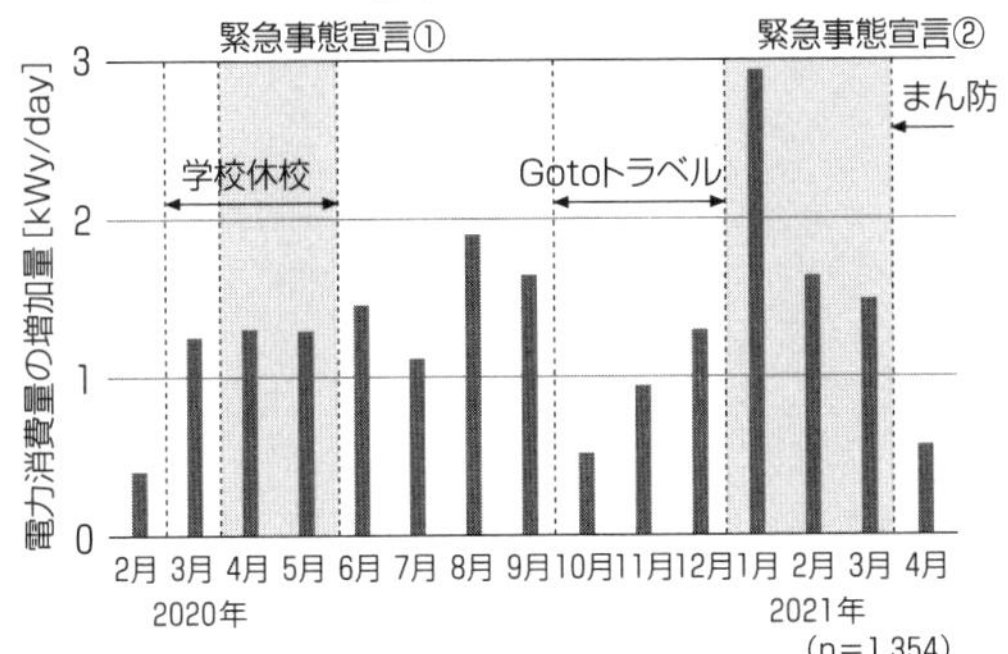

＊2020年電力消費量の気温による自然増加分を差し引いた増加量
（重回帰分析結果：説明変数＝平均気温、2019/2020・2021年）

[図 3] 行動変容による電力消費量の増加量

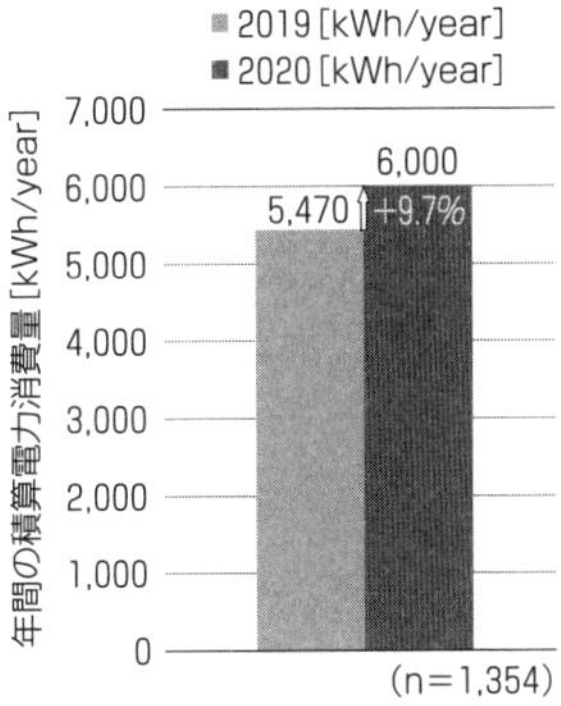

2019 [kWh/year]
2020 [kWh/year]
年間の積算電力消費量 [kWh/year]
7,000
6,000
5,000
4,000
3,000
2,000
1,000
0
5,470
6,000
+9.7%
(n=1,354)

[図 1] 年間積算電力消費量の比較

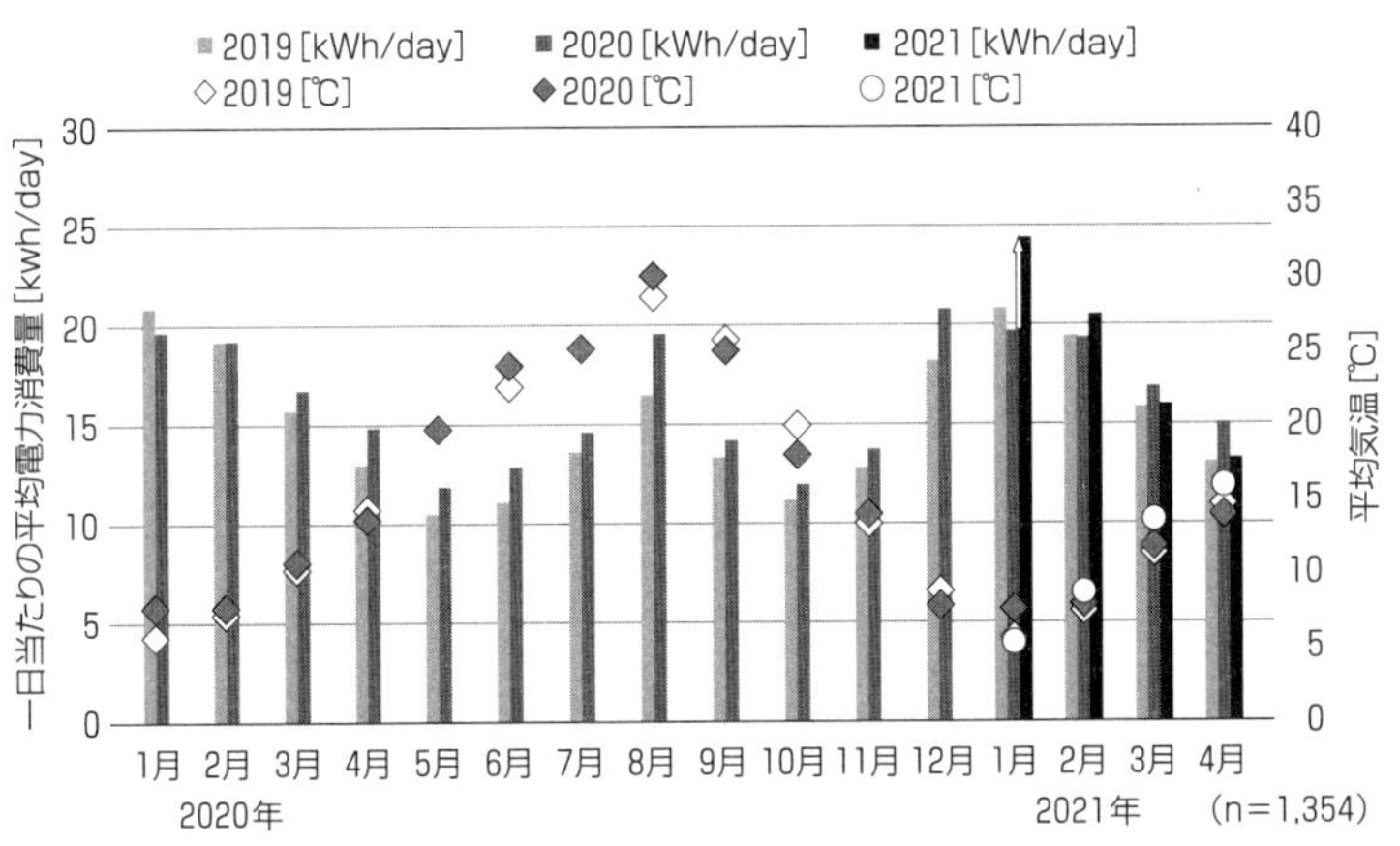

[図 2] 日積算電力消費量の比較

間に加えて、学校休校や新型コロナウイルス感染症の流行によって経済的損失を被った旅行業界や国内旅行の再活性化を目的に、国が主導するキャンペーンであるＧｏＴｏトラベル、などの東京都における社会的な動きについてプロットをしている。年ごとの気温差の影響を排除しても、２０２1年1月の増加量が最も多く、コロナ禍における年末年始の外出自粛などによる過ごし方の変化などがうかがえる結果となった。

5―コロナ禍における空調方法・窓開けの変化

図4にアンケート結果より算出したＬＤＫ冷房エアコンのコロナ禍前の２０１９年からコロナ禍の２０２０年の運転方法の変化を示す。間欠運転から在室連続運転への変化は、エアコン利用対象全体の19・8％を占める。また24時間連続に12％（7・8＋4・2％）が移行している。２０２０年に運転方法を変更し、より長時間の運転に移行した人は約3割いることがわかる。感染予防対策として、２０２０年に意識的に窓開けを増やした部屋についてのアンケート結果を図5に示す。全体の約44％の家庭が、意識的に換気を増やしている。最も窓開けを増やした部屋はＬＤＫ39％、次いで主寝室28％である。そのほかに廊下や洗面、トイレなどの非居室でも約15％の家庭で窓開けを実施している。

図6に電力データをエアコンとその他機器に分類した電力消費量の比較を示す。エアコンの電力消費量は、対象住宅に設置される６４４台の邸別日積算値、その他

機器はエアコン以外の回路の邸別日積算値を用いている。その他機器はすべての月で２０２０年のほうが増加しているが、エアコンは外気温の影響を受けるため傾向は月ごとに異なる。

　続いて気温の影響を除くため、重回帰分析を行った。その結果、２０１９年から２０２０年への電力消費量の変化量が読み取れた。エアコン回路の結果からは、外出自粛にともなう在宅時の冷暖房使用の増加が考えられる３、６、８月で有意差が得られた。その他機器回路では、在宅勤務や学習が多く行われた３～５月での変化量が大きいことがわかった。

　前年比で電力消費の増加量が最も大きかった８月に関して、エアコンとそれ以外の機器の電力消費量を分離した時刻ごとの

[%]
60
50
40
30
20
10
0
39.0 ＬＤＫ
28.0 主寝室
11.8 書斎・ワークスペース
12.0 子ども室
15.8 廊下・玄関ホール
16.0 洗面・浴室
16.0 トイレ
2.0 上記以外の部屋・場所
55.8 特に増やしていない

[図 5]感染予防対策として、意識的に窓開けを増やした部屋(複数回答可)

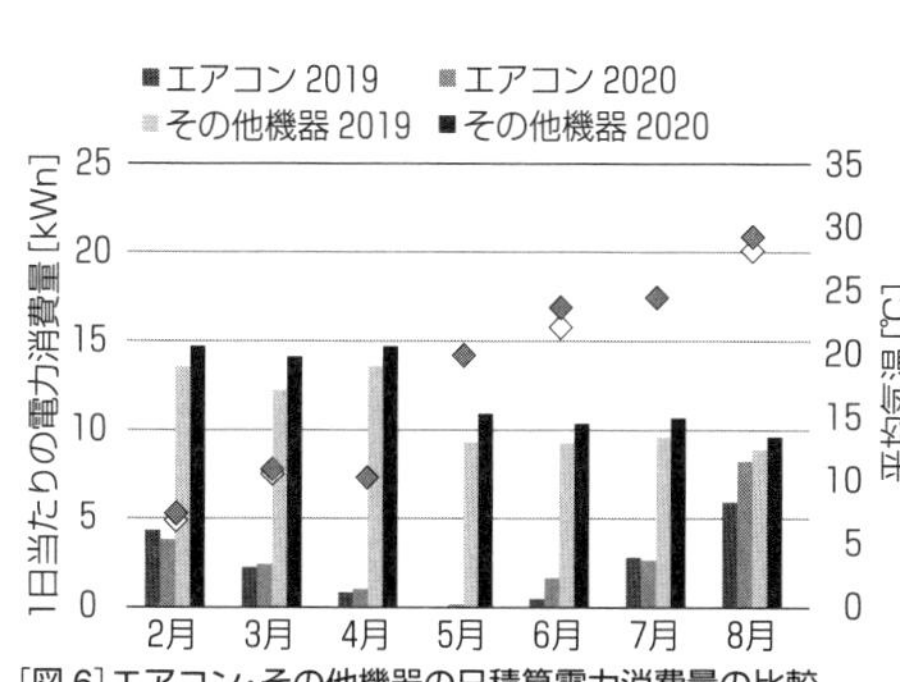

[図 6]エアコン・その他機器の日積算電力消費量の比較

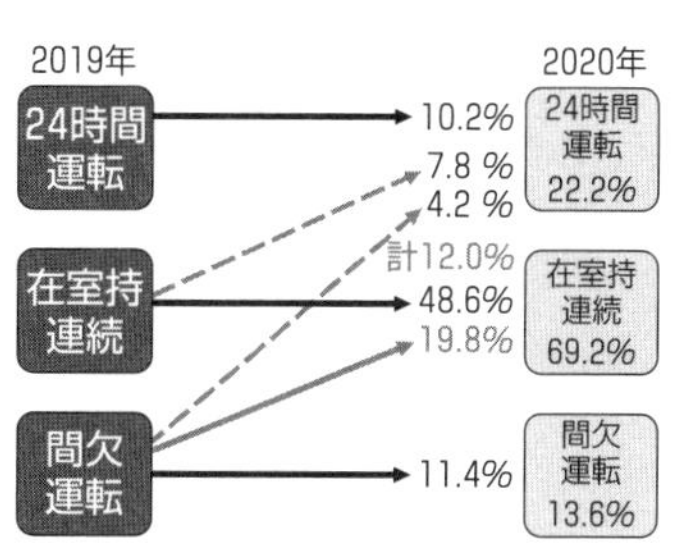

[図 4]ＬＤＫ冷房エアコンの運転方法の変化(２０２０／２０１９比較)

電力消費量の推移を図７に示す。その他機器の電力消費量はすべての時間帯で２０１９年より微増しているのに対して、エアコンの電力消費量は日中から夜間にかけて大幅に増加していることがわかった。夏期休暇やお盆時期の外出自粛、在宅勤務実施による影響と推察される。

さらに、エアコンの設置場所をＬＤＫと個室で分類した時刻ごとの電力消費量の推移を図８に示す。６４４台中、ＬＤＫのエアコンは１２８台、個室のエアコンは５１６台である。コロナ禍前の２０１９年と比較すると、コロナ禍の２０２０年の

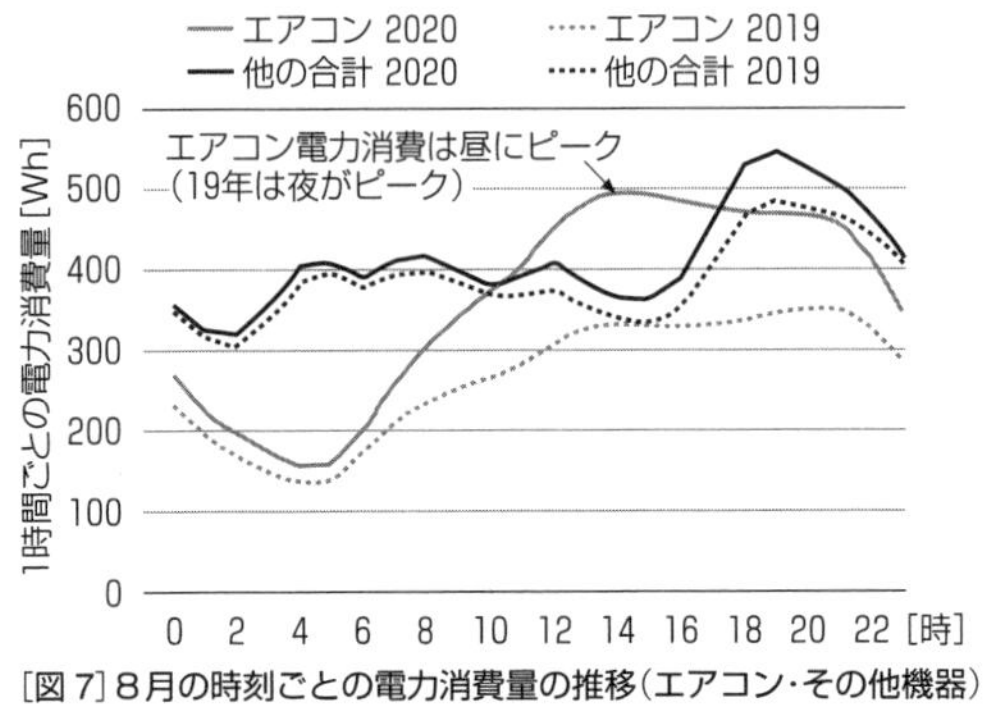

[図７] ８月の時刻ごとの電力消費量の推移(エアコン・その他機器)

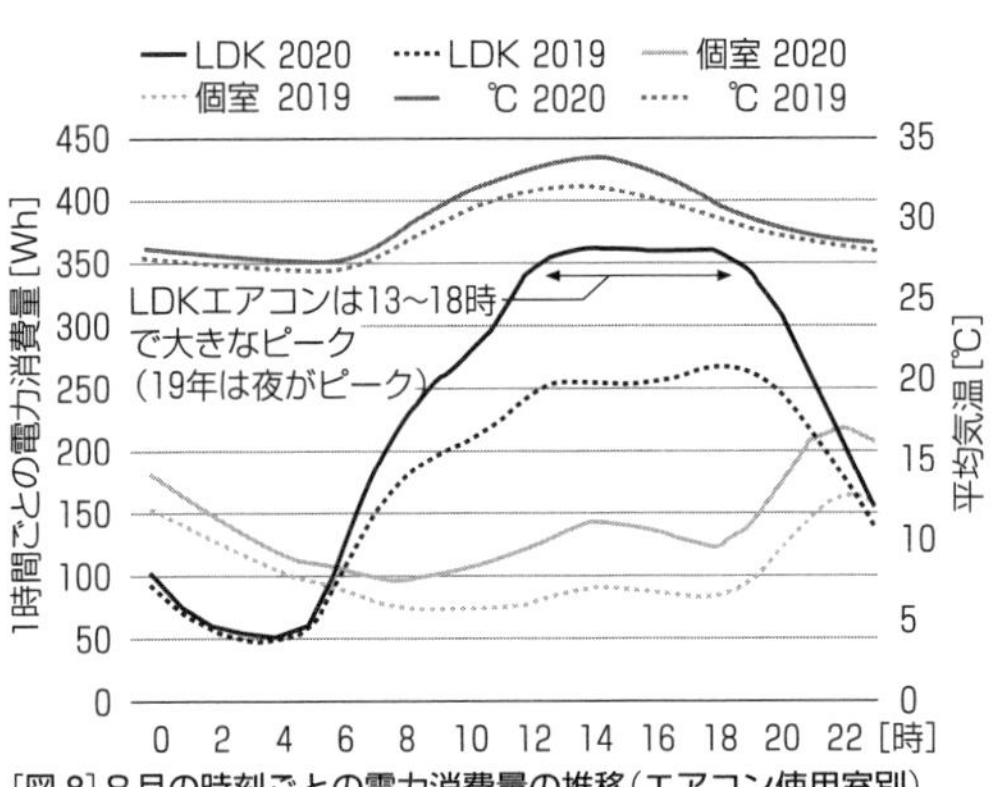

[図８] ８月の時刻ごとの電力消費量の推移(エアコン使用室別)

ＬＤＫエアコンにおいては日中の電力消費量が大幅に増加しているが、夜間の消費傾向に変化がなかった。一方で個室エアコンでは、24時間を通して電力消費量が増加していた。アンケート調査の自由記述には、「日中の気温が高い時間帯には効率を考えＬＤＫに集まる」、「在宅勤務開始時の春頃には書斎などで仕事をしていたものの、気温が上がったことによりエアコンのある個室に移った」などの回答もあった。ＬＤＫにおける日中滞在人数の増加や２０１９年には未使用であった居室におけるエアコン利用など、各家庭でＬＤＫや個室全体のエアコン電力消費量が上がったことにつながる行動があったことが推察される結果である。

6—年末年始の行動変容

コロナ前の２０２０年とコロナ禍2年目の２０２１年の正月の過ごし方をアンケート結果より検証すると、２０２１年の正月は出かけず自宅で過ごした人が31・5％から72・０％に倍増し、実家などへの帰省や旅行が減っていた。図９に２０２０年と２０２１年の正月の過ごし方を示す。

図10にある邸のコロナ禍1年目の２０２０年〜2年目の２０２１年における年末年始（12月31日〜1月1日）の回路別電力消費量を示す。大晦日から元旦にかけての電力消費量データを用途別に解析した結果、８時〜18時にかけてＬＤＫエアコンの電力消費が増加しており、コロナ禍2年目である２０２１年の日中に在宅していた影響がみられる。また夕食時のキッチン系統の電力消費、夜間の個室エアコンや

洗面浴室の使用時間の増加から、在宅率増にともなう家庭での過ごし方の変化が浮かび上がった。

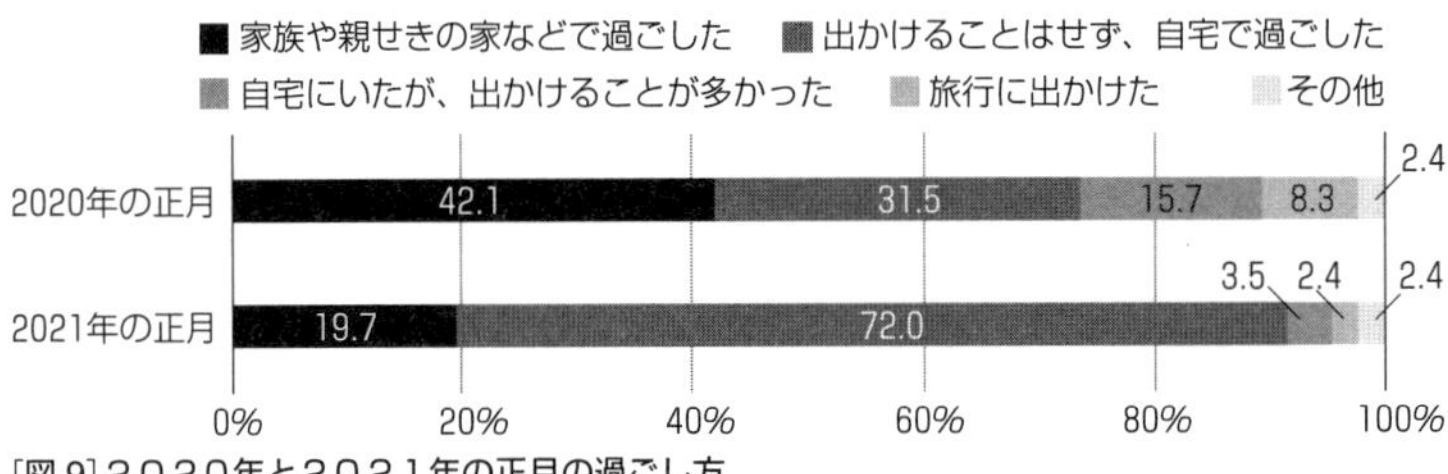

[図 9] ２０２０年と２０２１年の正月の過ごし方

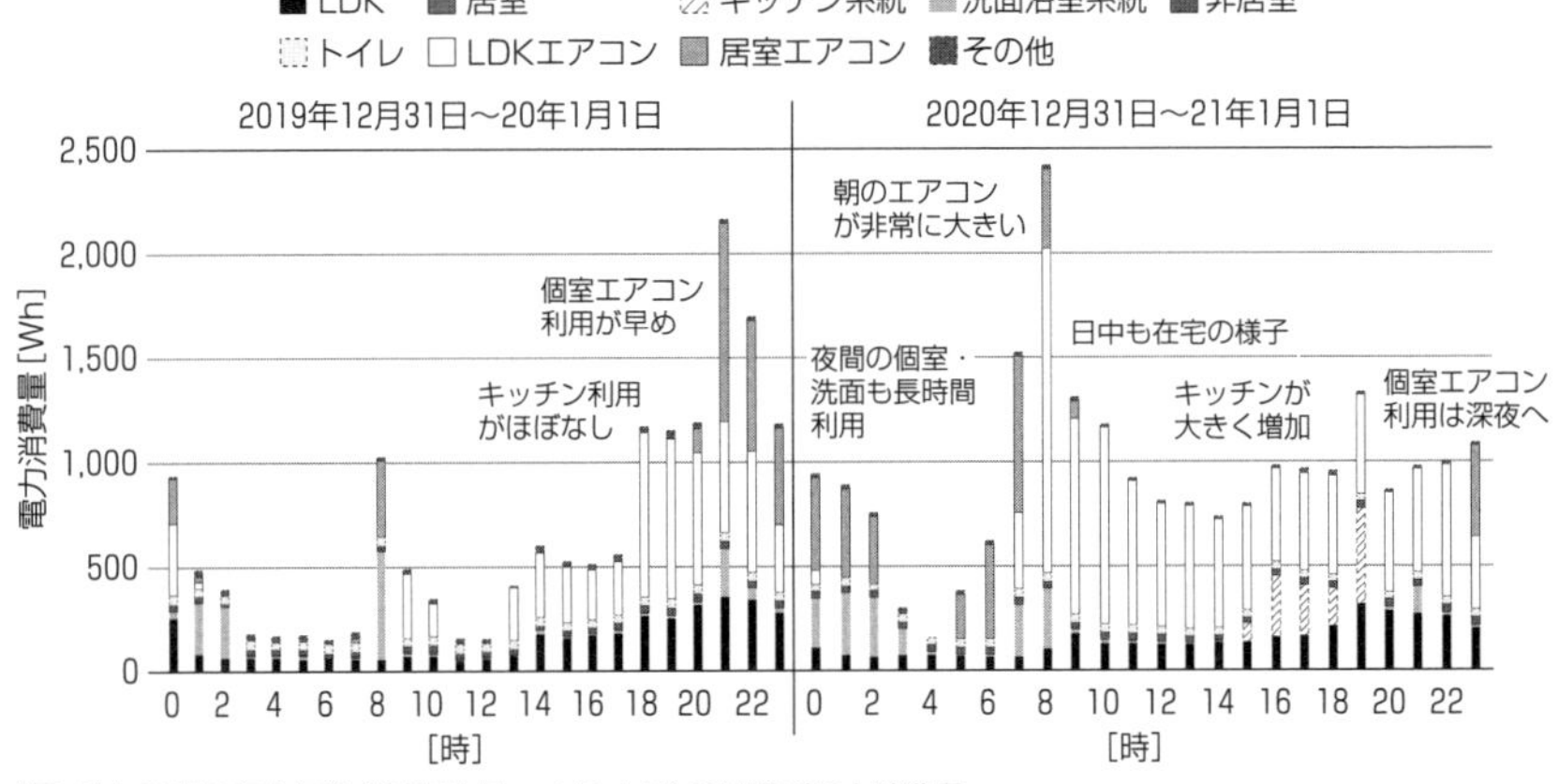

[図 10] ある邸の年末年始（12 月 31 日～ 1 月 1 日）の回路別電力消費量

7─3カ年の4月時間帯別電力消費量

図11にある共働き邸におけるコロナ禍前の2019年4月と、コロナ禍の2020年4月の平日の電力の使い方を示す。消費電力データを用途別に解析したところ、2019年4月は朝5時台に電力消費量が上がり始めていることから、この時間帯に起床していたと思われるが、2020年4月では6時台に消費量が上がるなど、起床時間が遅くなっている実態が浮かび上がっていた。さらに9時~18時の日中消費電力は、2019年より2020年の消費量が多く、日中在宅している影響もうかがわれた。また、夕方の調理器具（IHクッキングヒーター）の使用時間帯も2019年に比べ2020年のほうが一時間程度早いという結果もみられ、在宅で通勤不要な分、起床時間が遅くなり、夕食を早くとるなど、データ分析から、巣ごもり生活にともなう生活行動の変容が浮かび上がっていた。

図12に3カ年の4月の時間帯別電力消費量を示す。3カ年（2019、2020、2021年）の4月の時間帯別電力消費量を比較したところ、コロナ禍で初めての緊急事態宣言が出た2020年は、在宅勤務による起床時間の遅れにより、朝の電力ピークの遅れがみられたが、2021年はコロナ禍前の2019年と同じ傾向に戻っている。また、昼食・夕食の電力増加量も2020年が突出していた。一方、夜の電力ピークは、2020、2021年とも、2019年と比べて1時間ほど電力ピークが前倒しになっており、夕食時間前倒しの行動変容はコロナ禍

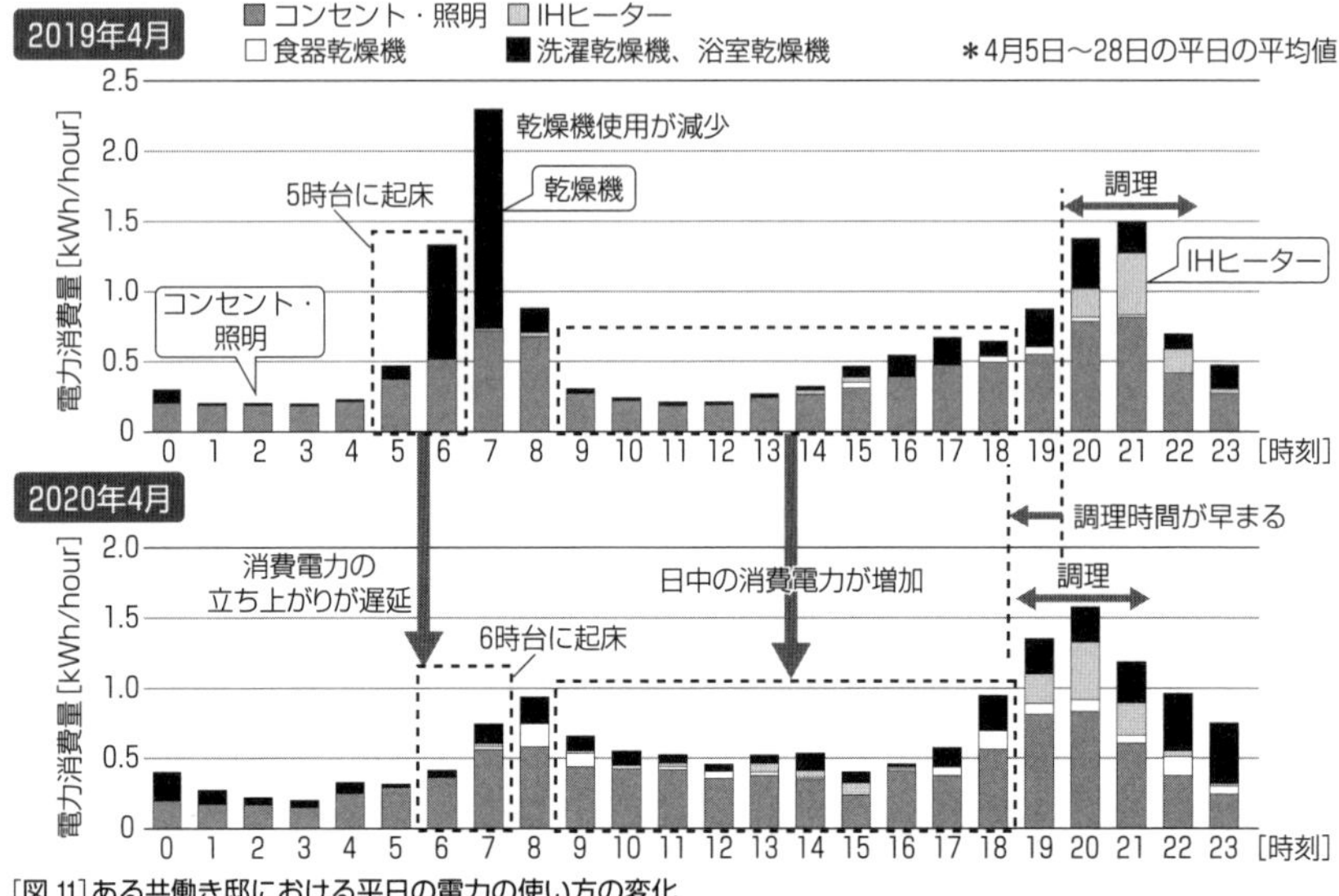

[図 11]ある共働き邸における平日の電力の使い方の変化

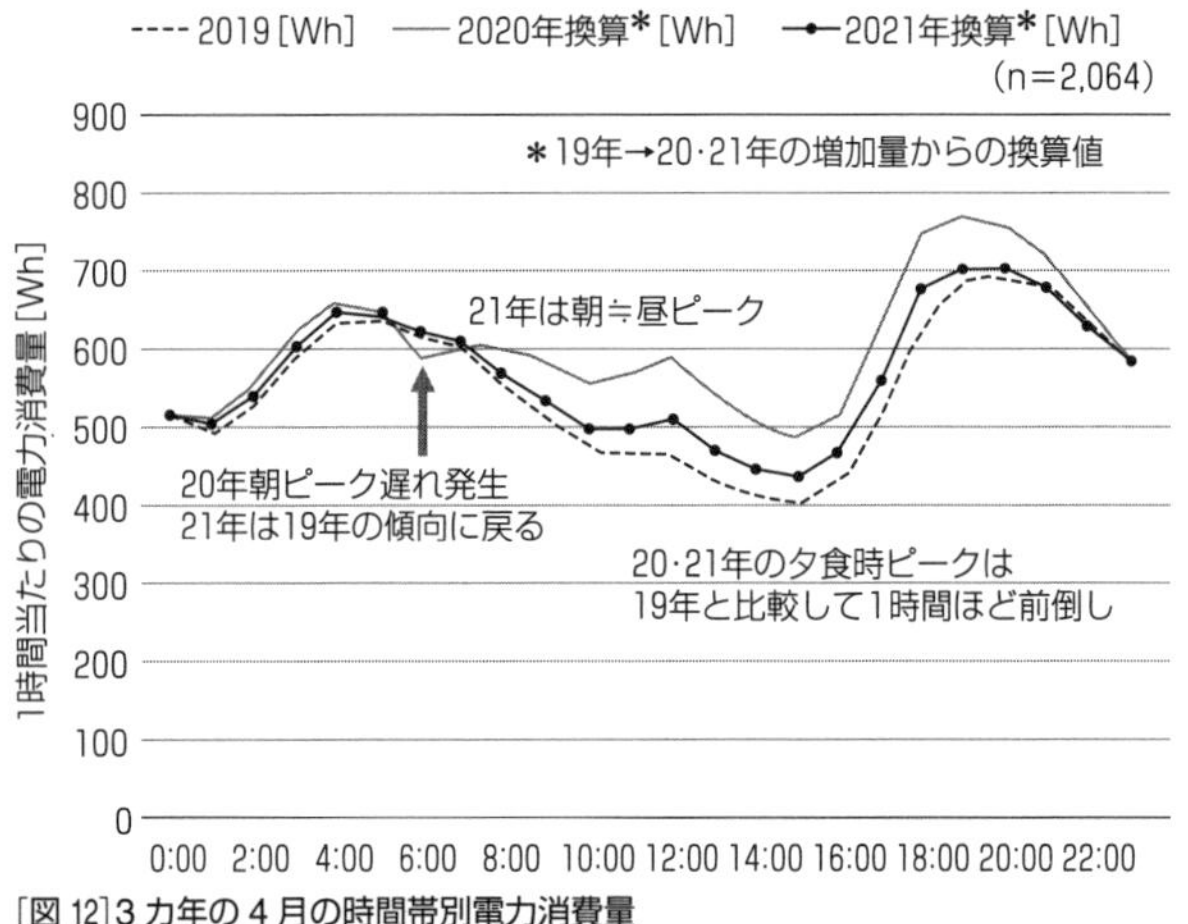

[図 12]3 カ年の 4 月の時間帯別電力消費量

＊換算値＝19 年の電力消費量＋気温の影響を排除した「19 年→ 20／21 年」の電力消費の増加量（重回帰分析結果：説明変数＝平均気温、19 ／ 20 年）

において定着したことが読み取れる。

コロナ禍の２０２０年４月のオール電化家庭におけるＩＨクッキングヒーターの電力消費量を、「在宅（勤務）あり」と「在宅（勤務）なし」の２つのカテゴリ分けをして、コロナ禍前の２０１９年と比較した。２０１９年に比べて２０２０年の朝のピークは時間帯の幅が広がり、朝８時以降もＩＨクッキングヒーターの電力消費が継続されている。昼は２０２０年在宅ありではピークが12時に集中している。２０２０年在宅なしでは、11時〜12時にかけて調理が分散しており、子供の在宅学習にともなう昼食時の調理時間の増加などが要因として推察される。夜は在宅ありの電力消費が16時より急増しており、通勤時間を調理時間にあてるといったことの影響がみられた。図13に２０２０年４月平日のＩＨクッキングヒーターの電力消費量を示す。

8—太陽光発電システム（ＰＶ）の所有効果

オール電化住宅における、コロナ禍の２０２０年４月〜２０２１年３月の１年間における太陽光発電システム（ＰＶ）の所有効果（自家消費効果＋売電効果）は、約12万円となった。これは卒ＦＩＴ[*1]では約８万円に相当する。ＦＩＴ（Feed-in Tariff）制度は、再生可能エネルギーを利用した発電設備を促進するために導入された制度で、発電事

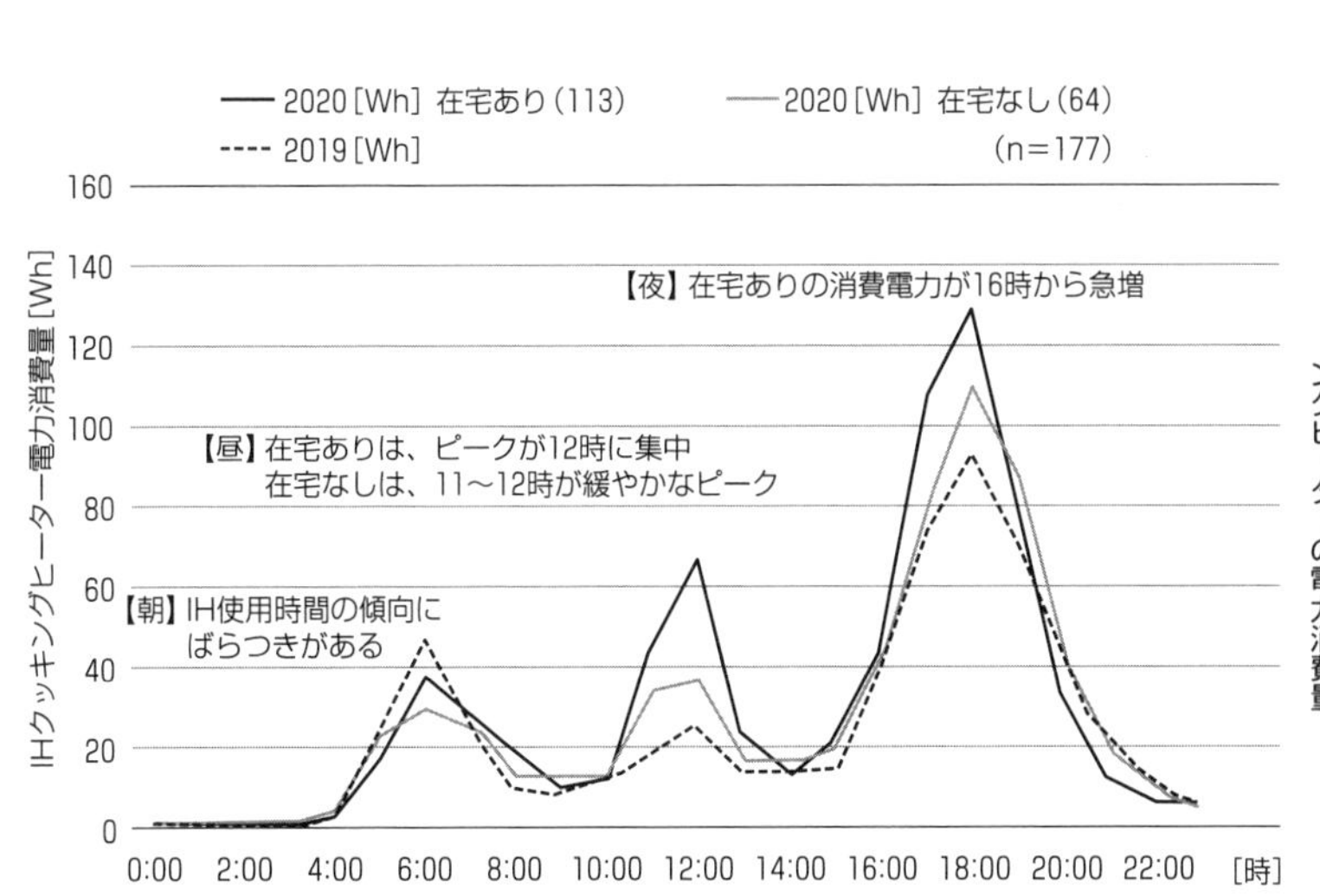

［図13］２０２０年４月平日のＩＨクッキングヒーターの電力消費量

業者に対して固定価格での電力買取を保証することで、再生可能エネルギーの普及を目指すものである。卒ＦＩＴは、ＦＩＴ制度の導入時期によって、適用されるＦＩＴ価格が異なることから生じる問題に対応するために導入されたものだ。ＦＩＴ制度の導入当初は、再生可能エネルギーの普及促進のために高めのＦＩＴ価格が設定されていたが、それ以降に設置された発電設備については、より低いＦＩＴ価格が適用されるようになっている。

日中の発電量が多い8月だけでなく、発電量の少ない1月も一定の自家消費と売電の効果が得られることがわかった。ＰＶ発電による電力を売電するよりも自家消費に回したほうが経済的なメリットが得られることから、今後は蓄電システムを活用しながら賢く電力を使用する仕組みが求められるようになると考えられる。図14に太陽光発電量に対するＰＶ自家消費量を示す。

9—在宅勤務実施率の変化

アンケート結果より、２０２０年1月〜２０２１年3月までの在宅勤務実施率をみると、コロナ禍ではじめての緊急事態宣言が発出された２０２０年4〜5月にかけて、夫妻ともに在宅勤務実施率のピークを迎えたが、それ以降は社会の動きの影響を受けず、在宅勤務実施率は一定の割合を維持していた。また、約4〜5割の方が在宅勤務を経験しなかったことも明らかになった。図15に在宅勤務実施率（専業主婦（夫）、無職は除く、複数回答あり）

＊1……卒ＦＩＴとは、再生可能エネルギーによって発電された電気を、地域の電力会社が一定期間、一定の価格で買い取る「再生可能エネルギーの固定価格買取制度（ＦＩＴ）」の10年の買取期間が過ぎて、その適用が終了してしまうこと。

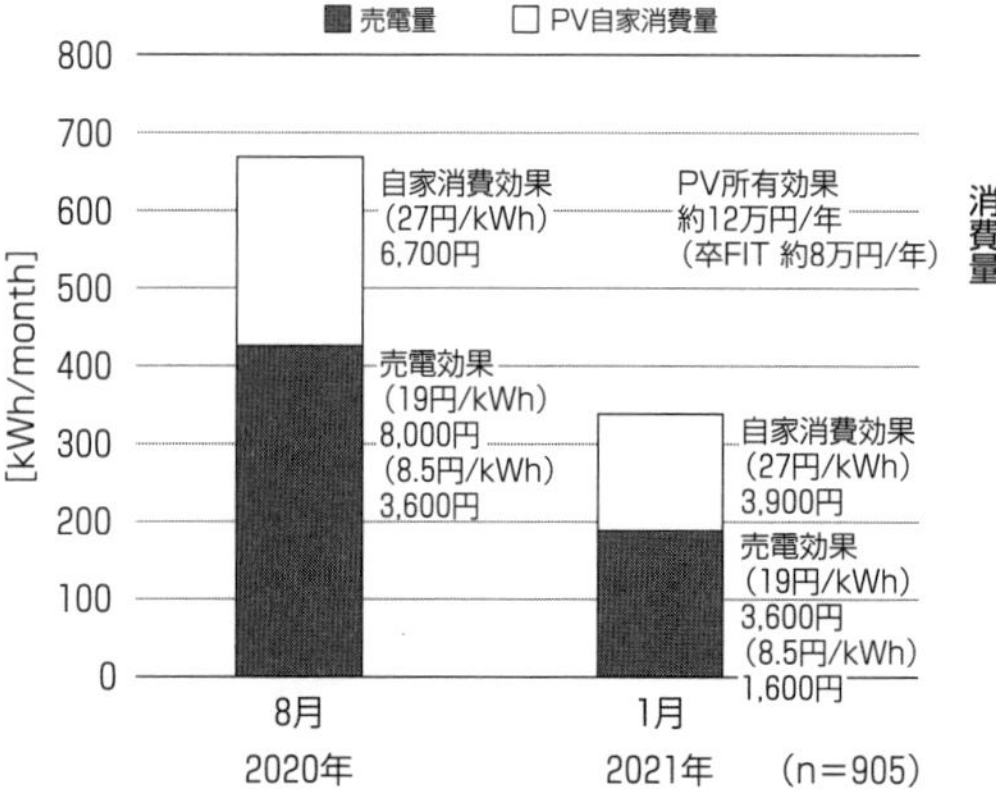

［図14］太陽光発電量に対するＰＶ自家消費量

を示す。

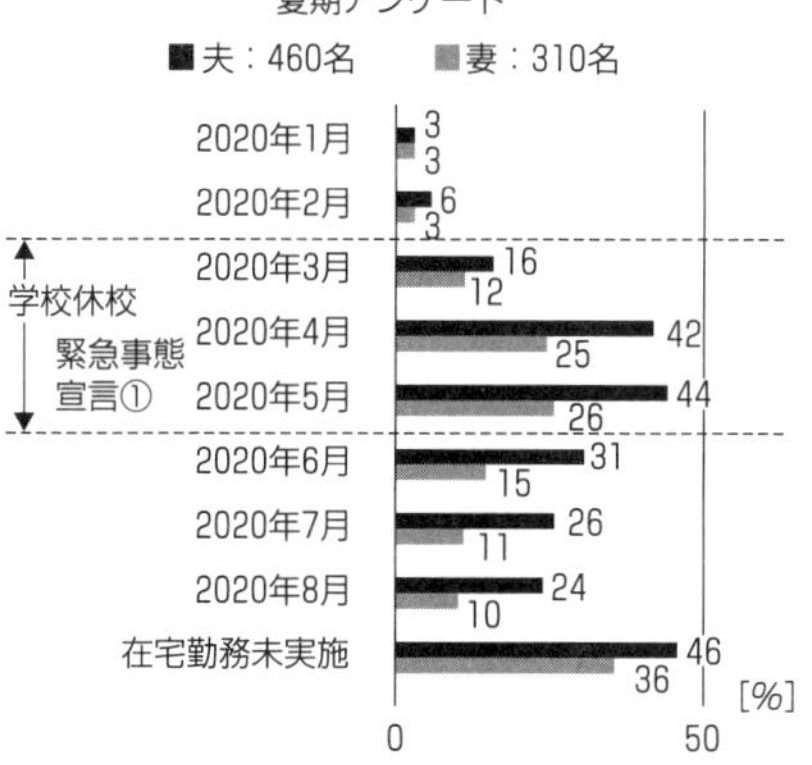

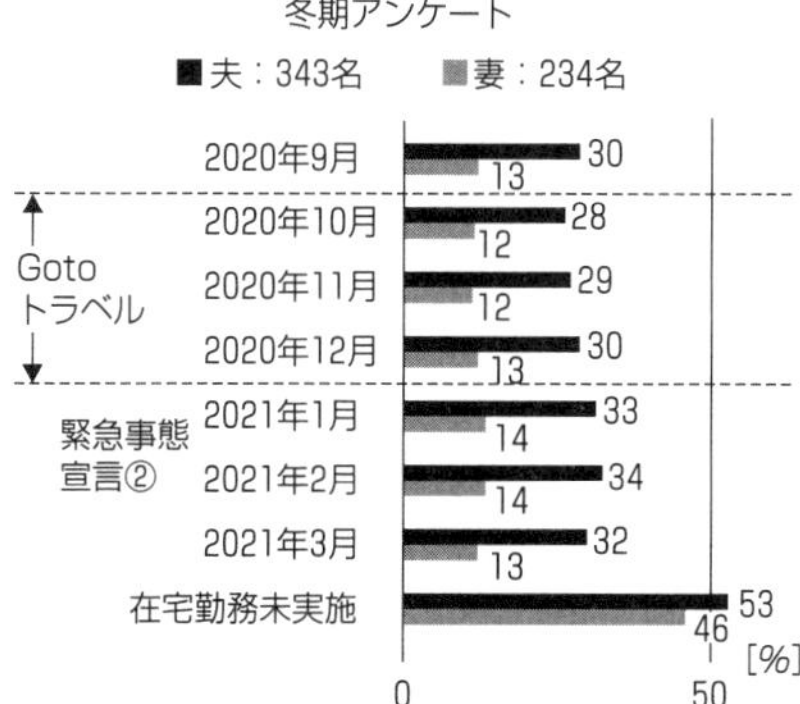

[図 15] 在宅勤務実施率（上：夏期アンケート、下：冬期アンケート）

10—日中に増えた家事・行動

表2にコロナ禍の２０２０年の春以降の日中に増えた家事・行動（夏期）を示す。コロナ禍の２０２０年の春以降、夏期の日中に増えた行動をアンケート調査によって検証すると、男女ともに「映画・ＴＶ鑑賞」（スマートフォンなども含む）が上位にランクインしている。特に休日は、男女ともにすべての年代で1位であり、平日もすべての年代の男女で上位3位にランクインするなど、外出を控えたことによ

	男性			女性		
	30代	40代	50代以上	30代	40代	50代以上
平日	子どもの相手･学習サポート(32.7%)	映画･TV鑑賞(42.0%)	映画･TV鑑賞(51.4%)	料理(53.6%)	子どもの相手･学習サポート(48.1%)	映画･TV鑑賞(47.4%)
	映画･TV鑑賞(32.1%)	子どもの相手･学習サポート(30.3%)	皿洗い(手洗い)(31.9%)	子どもの相手･学習サポート(52.2%)	料理(44.4%)	料理(44.7%)
	料理(26.5%)	掃除(30.3%)	料理(26.4%)	映画･TV鑑賞(50.7%)	映画･TV鑑賞(44.4%)	掃除(31.6%)
	掃除(23.5%)	料理(26.9%)	掃除(23.6%)	皿洗い(手洗い)(34.8%)	掃除(40.7%)	皿洗い(手洗い)(28.9%)
	皿洗い(手洗い)(22.2%)	洗濯(洗濯機)(25.2%)	散歩･ランニング(23.6%)	掃除(31.9%)	洗濯(洗濯機)(37.0%)	ネットショッピング(26.3%)
	男性			女性		
	30代	40代	50代以上	30代	40代	50代以上
休日	映画･TV鑑賞(39.5%)	映画･TV鑑賞(38.7%)	映画･TV鑑賞(63.9%)	映画･TV鑑賞(42.0%)	映画･TV鑑賞(63.0%)	映画･TV鑑賞(55.3%)
	料理(26.5%)	子どもの相手･学習サポート(29.4%)	掃除(31.9%)	料理(40.6%)	料理(55.6%)	料理(44.7%)
	掃除(23.5%)	掃除(24.4%)	料理(27.8%)	掃除(31.9%)	掃除(33.3%)	掃除(26.3%)
	子どもの相手･学習サポート(23.5%)	料理(21.8%)	睡眠(うたた寝、昼寝など)(22.2%)	子どもの相手･学習サポート(30.4%)	子どもの相手･学習サポート(33.3%)	睡眠(うたた寝、昼寝など)(23.7%)
	皿洗い(手洗い)(19.8%)	庭いじり(21.0%)	皿洗い(手洗い)(22.2%)	皿洗い(手洗い)(27.5%)	ネットショッピング(29.6%)	皿洗い(手洗い)(21.1%)

N=487(男女とも20代以下は除く)
(男性30代 162名、男性40代 119名、男性50代以上72名、女性30代69名、女性40代27名、女性50代以上38名)

[表2]コロナ禍の2020年の春以降(夏期)の日中に増えた家事･行動(上位5位、性･年代別、複数回答)

	男性			女性		
	30代	40代	50代以上	30代	40代	50代以上
平日	子どもの相手·学習サポート 24%	洗濯（洗濯機） 23%	映画·テレビ鑑賞 42%	料理 44%	映画·テレビ鑑賞 73%	料理 50%
	洗濯（洗濯機） 23%	皿洗い（手洗い） 23%	掃除 31%	映画·テレビ鑑賞 42%	掃除 46%	映画·テレビ鑑賞 47%
	掃除 22%	掃除 22%	散歩·ランニング·サイクリング 25%	洗濯（洗濯機） 42%	料理 38%	皿洗い（手洗い） 32%
	皿洗い（手洗い） 21%	映画·テレビ鑑賞 22%	料理 21%	子どもの相手·学習サポート 39%	ネットショッピング 35%	掃除 29%
	映画·テレビ鑑賞 19%	子どもの相手·学習サポート 19%	皿洗い（手洗い） 18%	皿洗い（食洗器利用） 36%	子どもの相手·学習サポート 31%	ネットショッピング 29%
	男性			女性		
	30代	40代	50代以上	30代	40代	50代以上
休日	映画·テレビ鑑賞 35%	映画·テレビ鑑賞 36%	映画·テレビ鑑賞 49%	料理 61%	映画·テレビ鑑賞 73%	映画·テレビ鑑賞 41%
	掃除 30%	子どもの相手·学習サポート 27%	掃除 32%	映画·テレビ鑑賞 50%	料理 50%	料理 41%
	子どもの相手·学習サポート 30%	掃除 25%	睡眠（うたた寝、昼寝など） 24%	子どもの相手·学習サポート 42%	掃除 50%	皿洗い（手洗い） 26%
	料理 28%	洗濯（洗濯機） 25%	散歩·ランニング·サイクリング 22%	掃除 36%	子どもの相手·学習サポート 38%	掃除 21%
	掃除 28%	皿洗い（手洗い） 22%	ネットショッピング 22%	洗濯（洗濯機） 36%	洗濯（洗濯機） 31%	洗濯（洗濯機） 21%

N=367（男女とも20代以下は除く）
（男性30代116名、男性40代83名、男性50代以上72名、女性30代36名、女性40代26名、女性50代以上34名）

［表3］コロナ禍の2020年の春以降（冬期）の日中に増えた家事·行動（上位5位、性·年代別、複数回答）

る娯楽として自宅での映画・TV鑑賞を選んでいる姿が浮かび上がっている。その一方で50代以上では平日の上位5位に、男性は「散歩・ランニング」、女性は「ネットショッピング」が入るなど、これまでなかった新しい行動変化もわかってきた。

表3にコロナ禍の2020年の春以降の日中に増えた家事・行動(冬期)を示す。アンケート調査より2020~2021年冬の日中に増えた行動を検証すると、女性のほうが日中に増えた家事・行動が多く、特に料理や皿洗いなど調理に関わる項目が増加していることがわかる。特に30代女性は食洗器利用の皿洗いが唯一ランクインしており、子供の相手をしながら効率的に家事をこなしている様子がうかがえる。一方、男性は掃除や洗濯行為が増えていることが結果よりわかり、夏期アンケートの結果と比べても夫婦間で家事の分業が進んだ可能性が推察される。また、40代女性・50代以上男女で「ネットショッピング」、50代以上男性で「睡眠」、「散歩・ランニング・サイクリング」が夏期アンケートと同様にランクインするなど、外出自粛による新たな行動変容が定着している様子もわかってきた。

11—住まい手の自発的な行動変容を促すための対策

コロナ禍で、急激に普及した在宅ワークは、今後のウィズコロナ、アフターコロナの時代においても一定の割合で定着して働き方が変化していくとともに、在宅ワークの際の光熱費の増加についても関心が高くなるであろう。

ある製品やサービスの使用によって得られるエネルギー効率の向上や、エネルギーの節約、CO_2排出量の削減などのメリットは、エネルギーベネフィット（EB：Energy Benefit）と呼ばれる。例えば、省エネルギー性能の高い家電やLED照明などは、エネルギーベネフィットが高く、その使用はエネルギー消費量の削減につながる。

一方、ノンエネルギーベネフィット（NEB：Non-Energy Benefit）とは、エネルギーベネフィット以外の、製品やサービスの使用によって得られるメリットのことである。例えば、健康増進や生産性の向上、快適性の向上などが挙げられる。今後は、エネルギー消費や光熱費だけでなく、「健康・快適、安全・安心」といったノンエネルギーベネフィットにも優れた新築住宅や既存住宅の断熱リフォームに注目が集まることになると考えられる。ただし、投資対効果といった経済合理性の視点も重要であり、これがともなわないと現実的な行動変容は起こらないことにも留意したい。

一定規模以上のビルには、温熱・空気・光・音などの執務環境を最適に管理制御する施設管理を行う専門家がいるが、住宅における環境制御は住まい手自身に委ねられている。住まい手である個人が正しく行動するための情報共有が必要である。行動科学の知見から、望ましい行動をとれるよう人を後押しするアプローチ手法としてナッジ（Ｎｕｄｇｅ）が知られている。ナッジは、意識的に選択を変えようとするような働きかけではなく、人々の意思決定に影響を与えながらも、自発的かつ自由意志に基づいて選択を行わせるものである。こうしたアイデアの活用によって、住まい手の行動変容を起こすための対応指針を提示することなどが重要である。

第3章——

住まいにおけるCO_2排出の実態とさらなる削減へ向けた取組み

鶴崎敬大

1——社会的、経済的な課題としての地球温暖化対策

地球温暖化（気候変動）の防止が人類の重要課題となってすでに30年以上が経過している。今後も数十年間にわたって課題であり続けるだろう。日本政府は世界各国と協調し、２０５０年までにエネルギー消費などにともなう温室効果ガスの排出量から、森林などによる吸収量を除いた量をゼロ（ネット・ゼロ）にすることを目標としている。この目標は、温室効果ガスの9割は二酸化炭素（CO_2）であることから、炭素排出を中立にするという意味でカーボンニュートラル目標とも呼ばれている。

私たちは日常生活とそれを支える産業活動を通じてCO_2などの温室効果ガスの排出に関与しているため、加害者であると同時に、地球温暖化が及ぼす悪影響の被害者にもなり得る立場にある。加害と被害のバランスは時間（世代）的にも空間（国際）的にも異なり、さらには所得水準の違いなど社会的にも差異があると考えられ

るため、きわめて政治的で倫理的な課題である。また、地球温暖化を緩和するための取組みや、ある程度避けられない温暖化に適応するための取組みなど、人類がさまざまな対応を行うためには相当の費用がかかると予想されることから、当然ながら経済的な課題でもある。私たちの暮らしは現代文明における一大事業に密接に関連しているのである。

本章では暮らしの場である住まいにおけるCO_2排出の実態に迫り、さらなる削減へ向けた取組みの可能性と方向性を展望したい。

2―家庭部門のCO_2排出トレンドと取組みの基本的方向性

住まいにおけるCO_2排出のトレンドと構造を統計データに基づき確認していこう。政府は、国連気候変動枠組条約に基づき「日本国温室効果ガス排出・吸収目録」(「インベントリ」と呼ばれている)を毎年作成し、報告している。これによると2021年度の家庭部門のCO_2排出量は1億5600万トンであった(図1)。ここで家庭部門のCO_2排出とは、住まいにおける電気やガス、灯油などのエネルギーの消費にともなうCO_2排出のことをいう。ガソリンや軽油など自動車用燃料の消費にともなうCO_2排出量は運輸部門(さらには、その内訳である旅客部門)に計上されている。

[図1]家庭部門のCO_2排出量の推移と目標

政府は地球温暖化対策計画（２０２１年10月閣議決定）において２０３０年度までに、家庭部門のCO_2排出量を２０１３年度比で66％削減する目標を掲げている。CO_2排出量でみると、２０１３年度は２億８００万トン、２０３０年度の目標は７０００万トンであるため、17年間で１億３８００万トンの削減が必要である。足元の２０２１年度までの８年間で５２００万トン削減されているものの、残り９年間で８６００万トン削減する必要があることから、削減のための取組みを加速する必要がある。

家庭部門のCO_2排出量の推移をみると、１９９０年代から２０００年代は緩やかに増加する傾向であった。２０１０年代に入ると急増し、２０１２年度にピークを迎えた後、一転して減少傾向に入った。転機は２０１１年３月の東日本大震災の発生と、それにともなう福島第一原子力発電所の事故である。家庭部門のCO_2排出量のうち、電気の消費にともなう排出量が約３分の２を占めている（後述）ため、CO_2排出量は発電所の種類の構成（電源構成）の変化に大きく影響される。

発電量に占める原子力発電の割合は２０１０年度には25・1％であったが、２０１１年度に９・３％、２０１２年度に１・５％、２０１３年度に０・９％と急落し、２０１４年度にはゼロとなった（図２）。原子力発電の減少を補うため、発電時にCO_2を排出する火力発電（石

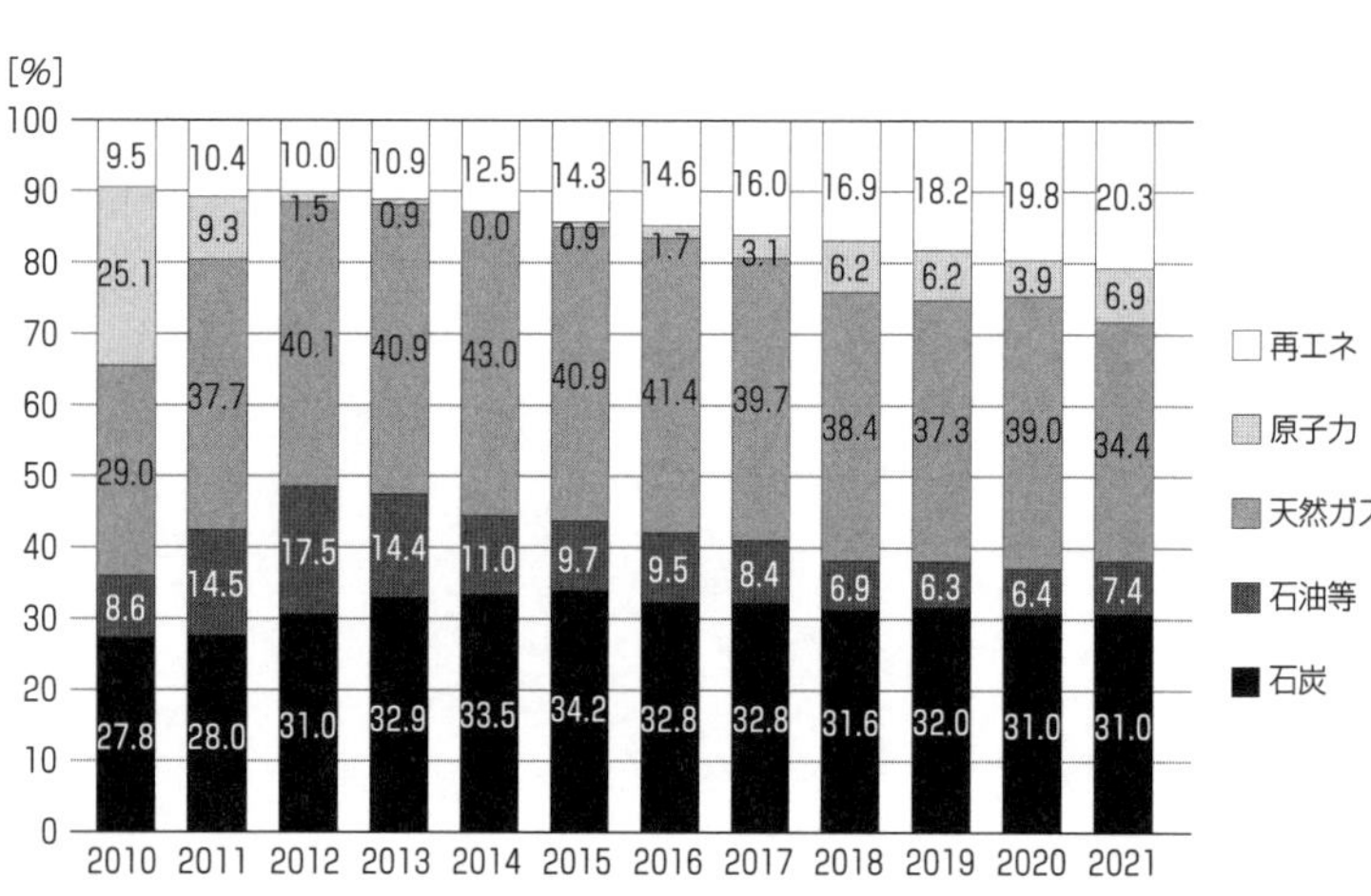

［図２］発電量のエネルギー源別構成の推移

炭、天然ガス、石油など）の占める割合が大きく上昇した。他方で、従来7％程度をまかなっていた水力発電に加えて、太陽光発電や風力発電、バイオマス発電などの再生可能エネルギー（再エネ）による発電が固定価格買取制度の導入（２０１２年度）によって急速に普及したことから、これらの再エネ発電が占める割合は２０２１年度には20・３％に上昇した。原子力発電も一部で再稼働が進み、２０２１年度に6・9％を占めた。

このような電源構成の変化の結果、送電時のロスなども考慮した使用端での電気のCO_2排出係数（１kＷhの電気の使用にともなうCO_2排出量）は、総合エネルギー統計（資源エネルギー庁）によると２０１０年度に０・４３９kg-CO_2／kＷhであったが、２０１３年度には０・５７８へ約３割上昇した後、２０２１年度には０・４５８（２０１０年度比プラス４％）に低下した。仮に２０１０年度以降、電気のCO_2排出係数の変化がなかったとした場合、図１に示すとおり、家庭部門のCO_2排出量は２０１０年代におおむね横ばいで推移し、２０２０年代に向けて緩やかにピークアウトするような軌跡を描いたはずであり、電源構成の及ぼす影響の大きさがうかがえる。

電気の消費にともなうCO_2排出量をゼロに近づけていくには、電気機器の効率向上や無駄な使用の抑制などの使用側での対策に加えて、電気のCO_2排出係数をゼロに近づけていく発電側での対策が不可欠である。また、電気以外に住まいで使用される代表的なエネルギー源としてガスと灯油があり、これらの消費にともなうCO_2排出量は全体の約３分の１を占めている。ガスや灯油は燃焼時にCO_2の排出が避けられないため、使用量を減らす対策が必要となるが限界もある。そのためメタネーションと呼ばれる技術を用いて、火力発電所などの排出源や将来的には大気中から回収するCO_2と、再エネ発電で水を電気分解して生成する水素を用いて、メタンガス（都市ガスの主原料）を生成する取組みが国内外で検討されている。LPガスや灯油、ガソリンについても同様の技術があり、合成ガスや合成燃料と言われている。合成ガス・合成燃料を燃焼させると再びCO_2が排出されるが、正味では排出ゼロとみなすことができるためネット・ゼロに貢献する。

このようにネット・ゼロの目標を達成するには、エネルギーの需要と供給の両側での対策を両輪で進めていくことが基本的な方針となる。その際、住まいはエネルギーを消費する場であるだけでなく、太陽エネルギーなどの再生可能エネルギーを活用し、CO_2を排出しない電気や熱を生み出す場でもあり、条件が良い場合にはネット・ゼロを超えて、カーボンマイナス（ネットでマイナスのCO_2排出量）を追求することも期待される。このような住まいを実現することは技術的には十分に可能であるが、費用負担をはじめとするさまざまな障壁がある。

3——実態データ（家庭CO_2統計）の紹介

前節では家庭部門のCO_2排出量のトレンドを概観したが、ここでは住まいにおけるCO_2排出構造を踏まえて議論を進めるため、環境省の「家庭部門のCO_2排出実態統計調査」（以下、「家庭CO_2統計」）の2021年度（令和3年度）調査結果を参照したい。

筆者が所属する住環境計画研究所では長年、家庭のエネルギー消費実態に関する公的な統計データの必要性を訴えてきたところ、2010年度から環境省による統計調査の検討が開始されることとなり、研究所を挙げて実現を支援してきた。二度の試験調査を経て、2017年度に統計調査が本格的に開始され、本書の執筆時点では2021年度までの5年分の結果が公表されている。

家庭CO_2統計では、全国1万3000世帯を対象に、電気、ガス、灯油、ガソリン、軽油の使用量または購入量と支払金額が1年間にわたって毎月、調査されている。また、太陽光発電システムを使用している世帯には、毎月の発電量と、自宅で消費しきれず電力会社に売却した量（売電量）の報告を求めている。調査で報告されたエネルギー使用量に、エネルギー種ごとの発熱量を乗じて二次エネルギー消費量に換算され、さらにエネルギー種ごとのCO_2排出係数を乗じてCO_2排出量に換算されている。

家庭部門の境界を超えて、ガソリンと軽油が調査対象になっているのは、今後、電気自動車やプラグインハイブリッド自動車が普及し、自宅で自動車を充電することが一般的になる可能性を考慮したためである。自動車用燃料の使用量も併せて把握することで、住まいと自動車のエネルギーの使用構造の変化を一体的に捉えることができる。

家庭CO_2統計の特長は、CO_2排出量に影響を及ぼすと考えられる、世帯、住宅、設備・機器、車両、生活行動の実態を包括的に調査していることである（表1）。

世帯や住宅の実態については、国勢調査や住宅・土地統計調査（いずれも総務省）など他の統計調査でも把握されており、これらの調査のほうが調査規模は大きく、精度が高いが、CO_2排出量と関連づけて集計や分析を実施できるのは家庭CO_2統計のみである。設備・機器、車両、生活行動に関する調査事項については、家庭CO_2統計以外の統計調査では得られない情報も多い。

家庭CO_2統計の調査事項は必要に応じて改訂されている。世帯主の在宅勤務日数・時間は、2021年度の調査から開始された。その際、各世帯員の就業状態の選択肢も改訂され、在宅勤務の有無が調査されるようになった。

調査項目が多岐にわたるため、集計表の提供のみではデータを活用しきれない。そこで統計データの二次的利用制度を活用して、官公庁のみならず研究者や地方自治体に調査票情報（生データ）が提供され、さまざまな施策の検討や研究に活用されている。特にエネルギー・資源学会では家庭CO_2統計研究会が設立され、所属する研究者による分析と活用が進んでいる。

家庭CO_2統計では1年間にわたって、非常に多くの調査事項に回答を求めているため、調査対象世帯の回答負担は小さくない。そのため、エネルギー以外の調査事項については、4月、8月、2月の3回に分割して調査を行うなど、負担感を抑制する工夫が施されている。近年では国勢調査

エネルギー	電気、ガス、灯油、ガソリン、軽油の使用量（購入量）･支払金額等、太陽光発電の発電量･売電量　（すべて 12 カ月間）
世　帯	世帯人数、世帯員の年齢、続柄、就業状態、世帯主の在宅勤務日数･時間、平日昼間の在宅状況、世帯年収
住　宅	建て方、建築時期、所有関係、延べ床面積、居室数、二重サッシまたは複層ガラスの窓の有無
設備･機器	太陽光発電システム、家庭用蓄電システム、コージェネレーションシステム、ホームエネルギーマネジメントシステム（HEMS）、暖房機器の種類･使用台数、給湯機器の種類、台所用コンロの種類、テレビ･冷蔵庫･エアコンの使用台数･種類･サイズ･製造時期、その他の家電製品の使用台数、照明の種類、融雪機器の種類など
車　両	自動車の使用台数･種類･排気量･実燃費･使用頻度･走行距離、自動二輪車の使用台数
生活行動ほか	暖房の使い方、暖房する居室数、暖房する時間、冷房･暖房の温度設定、入浴回数と台所･洗面での湯の使い方、調理回数、おもなテレビ･エアコンの使用時間、おもな照明の点灯時間、衣類乾燥機器の使用頻度、省エネルギー行動（20 項目）の実施有無、省エネルギー行動の実施理由

[表 1]家庭 CO_2 統計の調査事項（2021 年度）

の回収率が7割〜8割の水準であるところ、家庭CO_2統計の有効回答率は2021年度で75・4％（集計世帯数9804）となっており、統計調査として許容できる水準が確保されている。

4—住まいにおけるCO_2排出の内訳

政府の目標を再確認すると、2030年度に家庭部門のCO_2排出量を2013年度比で66％削減し、2050年までにネット・ゼロを達成することである。もちろん、すべての住まいが2030年度にマイナス66％を達成することは期待できない。どの程度削減できるかは、個々の住まいの条件によって異なるため、CO_2排出量がネット・ゼロ以下となる住まいをできる限り増やしていくことが必要であり、ゼロに到達できないとしても、できる限り抑制することが求められる。

CO_2削減対策を施すのは新築のタイミングが最適であり、新築住宅の対策がたいへん重要であるが、新築着工件数は住宅ストックの2％に満たない。そのため既存住宅のリニューアルの視点も欠かせない。

家庭CO_2統計によると、2021年度の世帯当たりの年間CO_2排出量は全国平均で2・74トンであった。エネルギー種別の内訳は電気が1・82トン（66・4％）で3分の2を占めており、都市ガスが0・42トン（15・3％）、LPガスが0・16トン（5・8％）、灯油が0・35トン（12・8％）となっている（図3）。四捨五入の関係で内訳の合計が全体と一致しないことに留意されたい。

用途別にみると、暖房が0・58トン（21・2％）、冷房が0・09トン（3・3％）、給湯が0・68トン（24・8％）、台所用コンロが0・12トン（4・4％）、照明・家電製品などが1・27トン（46・4％）となっている（図4）。住まいのCO_2排出実態の観点では、暖房や冷房が注目されがちであるが、全体の4分の1程度であることに留意が必要である。給湯から同程度のCO_2排出があり、照明・家電製品などからは暖冷房や給湯の2倍弱のCO_2排出がある。

最大用途である照明・家電製品などに関して、さらに詳細な内訳は家庭CO_2統計では示されていない。照明や個々の家電製品まで分離するために必要な情報を、統計調査のみでは得ることができないからである。ただし、家庭CO_2統計に関する事業では、過去に実施された照明・家電機器の電気使用量の計測調査やカタログ諸元情報をもとに、照明と主要な家電製品の電気使用量が推計されている。[*1] この推計は2019年度時点であり、時点が異なることに留意していただきたいが、電気使用量合計に占める各機器の構成比から試算すると、照明は0・25トン（9・0％）、冷蔵庫は0・26トン（9・5％）、テレビは0・17トン（6・2％）、その他（さまざまな家電製品の合計）が0・59トン（21・6％）となる。これによると照明と冷蔵庫、テレビは、冷房や台所用コンロよりもCO_2排出が大きい。テレビについては、ともに使用されることの多いビデオレコーダーを合わせると0・21トン（7・4％）と試算される。

このようなデータに基づく実態と、生活上の実感とはギャップがあることがある。例えば、洗濯機はほとんどの家庭にあり、使用頻度も高く、利便性が高い（洗濯機

［図3］世帯当たりの年間エネルギー種別CO_2排出量（2021年度）

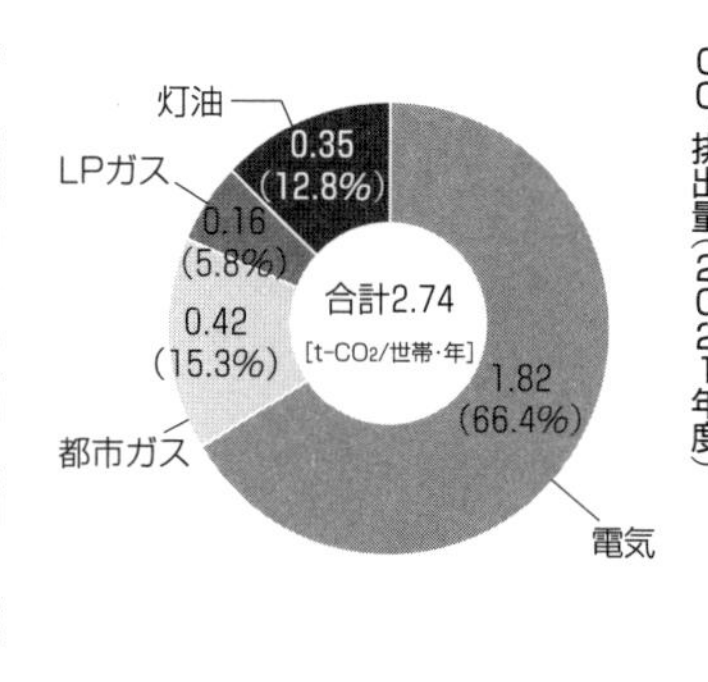

［図4］世帯当たりの年間用途別CO_2排出量（2021年度）

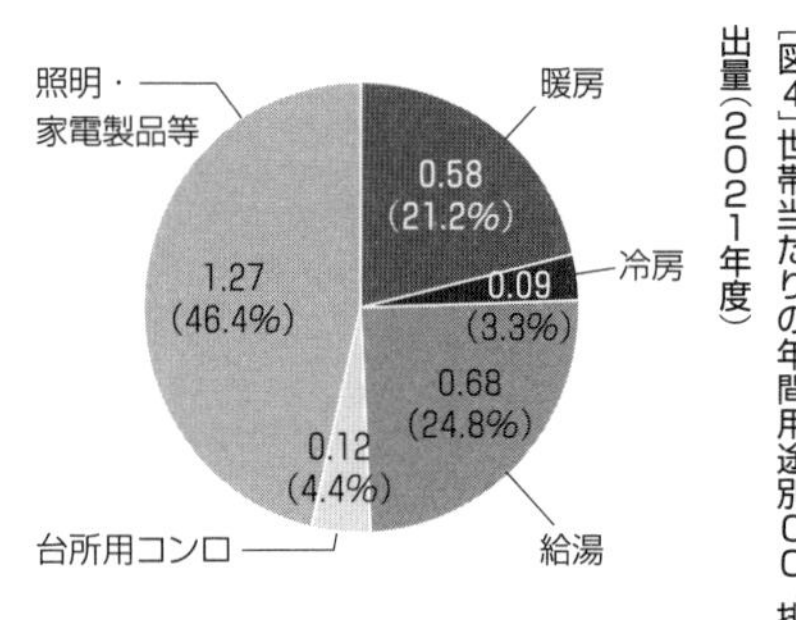

がなかった時代を想像してみるとよい）ことから、CO_2排出も大きそうに感じるかもしれないが、実際には冷蔵庫の30分の1未満である。ただし、乾燥機能を常時使用すると、10倍〜20倍に増える。住まい手はCO_2排出の削減に効果の高い取組みを優先したいので、このような実態に基づく情報を伝える行政や事業者の役割が重要となるし、実態に関するデータの収集を疎かにしてはならない。

5—建て方によるCO_2排出量の違い

住まいのCO_2排出量を左右する大きな要因として、世帯人数と住宅の建て方が挙げられる。世帯当たりの年間CO_2排出量を建て方別世帯人数別に比較すると、図5に示すように、戸建て住宅の世帯は同じ世帯人数でも集合住宅の世帯の1・3倍〜1・6倍のCO_2を排出している。2人世帯で比較すると、戸建て住宅のほうが0・93トン多い。エネルギー種別の内訳は電気が0・61トン、灯油が0・48トン多く、反対にガスは0・16トン少ない。

さらに用途別排出量で比較すると、暖房がプラス0・54トン、照明・家電製品などがプラス0・27トン、給湯がプラス0・12トンである。2人世帯の戸建て住宅の平均延べ床面積は128・3平方メートルであり、集合住宅（63・8平方メートル）のほぼ2倍である。また、戸建て住宅は、延べ床面積に対する外皮面積も大きく、暖房需要が大きくなっている。給湯については、戸建て住宅では浴室に窓があるのが一般的であるのに対して、集合住宅では窓のないユニットバスであることが多く、

＊1……インテージ・住環境計画研究所（環境省委託業務）「令和3年度家庭部門のCO_2排出実態統計調査事業委託業務（令和3年度調査分の実施等）報告書」2022年3月

保温構造の差があることや、浴槽の大きさの違いが影響している可能性がある。照明・家電製品などについても戸建て住宅のほうが広い分、照明需要が大きい可能性と、冷蔵庫を複数台使用している割合が高いこと（27・1％対6・8％）、全体として家電製品の台数が多く、容量も大きくなりやすいことが差の理由として挙げられる。

世帯人数が多いほどCO_2排出量が多いが、一人当たりのCO_2排出量でみると世帯人数が多いほど少ない。特に戸建て住宅では、単身世帯でも広い住宅（平均115・7平方メートル）に暮らしているため、暖房や照明などのエネルギー消費の抑制が難しい。この層は建築時期の古い住宅に居住する高齢者の割合が高い。また、所得が低い世帯も多く、投資をともなうCO_2削減対策が進みにくいことが課題となっている。

ところで、図5にはかっこ内に各層の世帯数の構成比を示している。これは家庭CO_2統計の調査世帯数の割合ではなく、母集団である令和2年国勢調査における構成比であり、日本の現状である。集合住宅（長屋建てを含む）は全体の46％を占めており、その6割弱が単身世帯である。集合住宅で世帯人数が4人以上の世帯は全体の4％、集合住宅の1割未満である。戸建て住宅でも最も多いのは2人世帯であり、4人以上の世帯は全体の13％、戸建て住宅の2割強に過ぎない。世帯規模の縮小が続き、住宅の大きさとのミスマッチが拡大することは、CO_2削減の観点でも望ましくなく、住宅供給に関する政策やサービスも重要である。現在では、大きな住宅を複数の世帯でシェ

［図5］建て方別世帯人数別世帯当たり年間エネルギー種別CO_2排出量（2021年度）

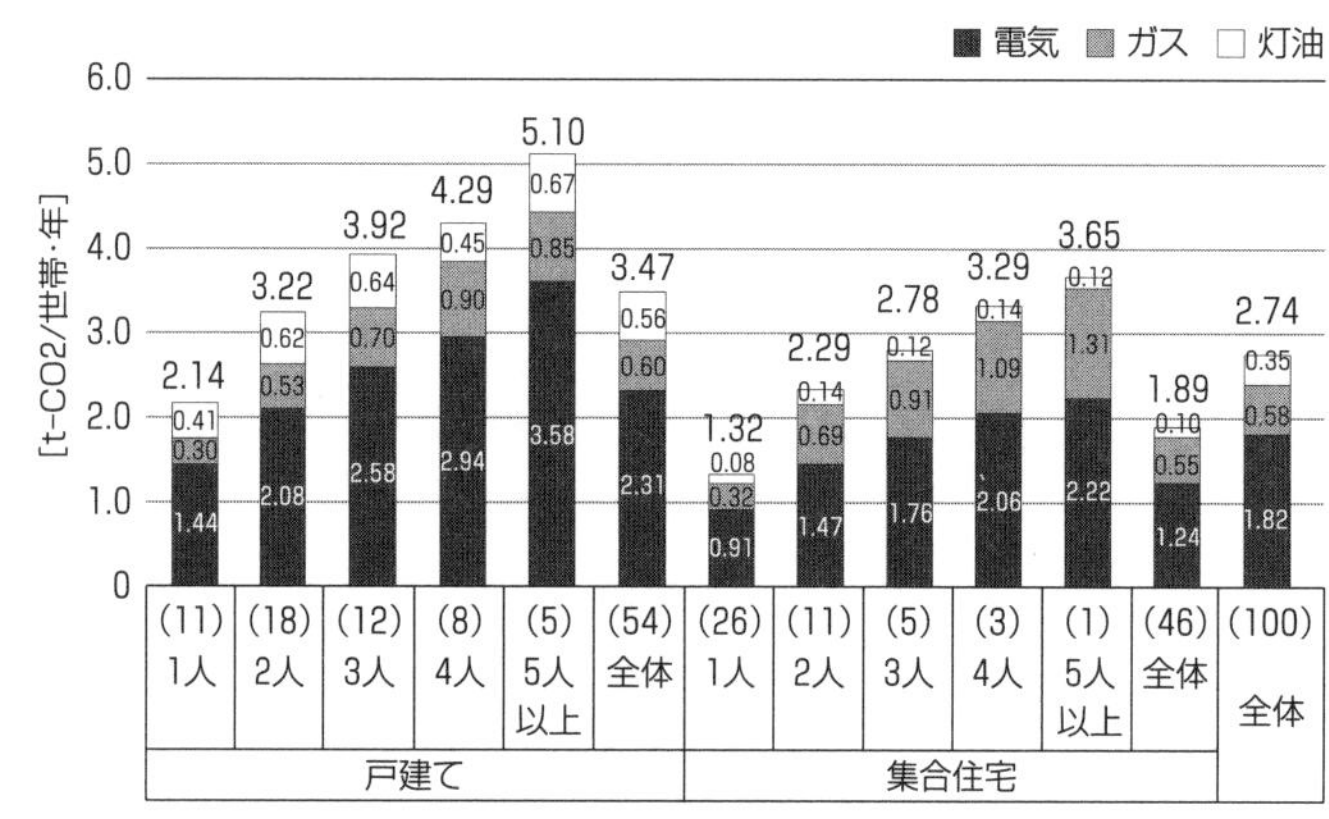

アする暮らしも珍しくない。一人暮らしで冷蔵庫を保有している4人が、シェアハウスに集まれば1台の冷蔵庫ですむため、3台分削減できるわけである。

6—住宅の建築時期別データから考える

住まいのCO_2排出量は、住宅の断熱性能、設備・機器のエネルギー消費効率（省エネルギー性能）、太陽光発電システムの導入状況などによって異なる。二度のオイルショックを経て１９７９年に制定された「エネルギーの使用の合理化等に関する法律（略称、省エネ法）」で、省エネルギー性能に関する基準が規定されて以来、住宅の断熱性能や設備・機器の効率は徐々に向上してきた。住宅の建築時期が新しいほど平均的には断熱性能が高く、設備・機器も新しいため効率が高く、CO_2排出量が少ないことが期待される。

図6は、住宅の建築時期別の世帯当たり年間CO_2排出量と、一人当たり年間CO_2排出量を建て方別に示したものである。まず戸建て住宅をみると、世帯当たりの排出量が最も多いのは、住宅の建築時期が２００６～２０１０年の世帯であり3・82トンである。最も少ないのは２０１６年以降の世帯で3・05トンである。ただし、建築時期によって世帯人数には2・15人（１９７０年以前）から3・37人（２０１１～２０１５年）まで、大きな差があり、世帯人数の影響が大きい。そこで一人当たりの排出量で比較すると、建築時期が新しいほど排出量が少ない傾向が確認できる。２０１６年以降の世帯では

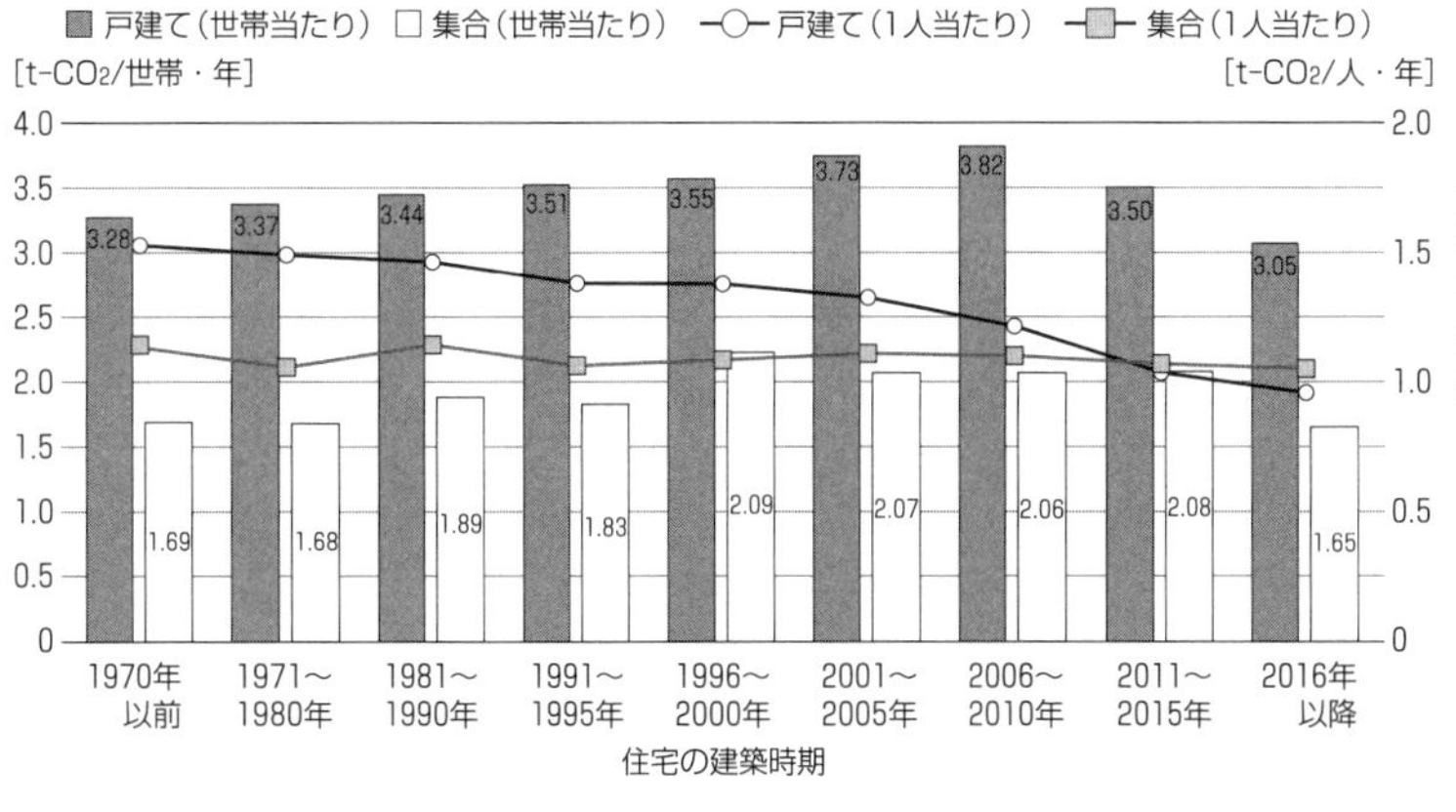

住宅の建築時期	戸建て（世帯当たり）	集合（世帯当たり）
1970年以前	3.28	1.69
1971～1980年	3.37	1.68
1981～1990年	3.44	1.89
1991～1995年	3.51	1.83
1996～2000年	3.55	2.09
2001～2005年	3.73	2.07
2006～2010年	3.82	2.06
2011～2015年	3.50	2.08
2016年以降	3.05	1.65

［図6］建て方別住宅の建築時期別世帯当たり・一人当たり年間CO_2排出量（２０２１年度）

１９７０年以前の世帯より37％少ない。他方で集合住宅については戸建て住宅のような明確な差が見られない。

一人当たりの年間ＣＯ$_2$排出量は、建築時期が２０１０年以前の場合、戸建て住宅が集合住宅より多いが、２０１１年以降になると戸建て住宅が集合住宅を下回る。この原因としては、戸建て住宅でＣＯ$_2$削減対策がより進展している可能性や、集合住宅で新しい住宅ほど利便性や快適性が向上し、エネルギー多消費になっている可能性が挙げられる。この点は、後ほど検討する。

やや細かい話になるが、戸建て住宅の場合、建築時期が古いほど世帯人数が少ないため、古い住宅のほうが一人当たりの排出量は多くなりやすく、建築時期による差が強調されている面もある。そこで、世帯人数の差が小さくなるように世帯類型別に、一人当たり年間ＣＯ$_2$排出量を比較すると、各世帯類型で住宅の建築時期が新しいほど一人当たりの排出量が少ない傾向が確認できる（図７）。２０１６年以降と１９７０年以前の比は、戸建て住宅で0・63、集合住宅で0・92であったところ、世帯類型別には単身で0・74、夫婦で0・80、夫婦と子で0・71、三世代で0・63、その他で0・81となっている。

住宅の建築時期別の一人当たり年間ＣＯ$_2$排出量の傾向を用途別に見ると、戸建て住宅では暖房用の排出量は１９７０年以前が0・41トンであるのに対して、２０１６年以降は0・19トンであり、約５割となっている（図

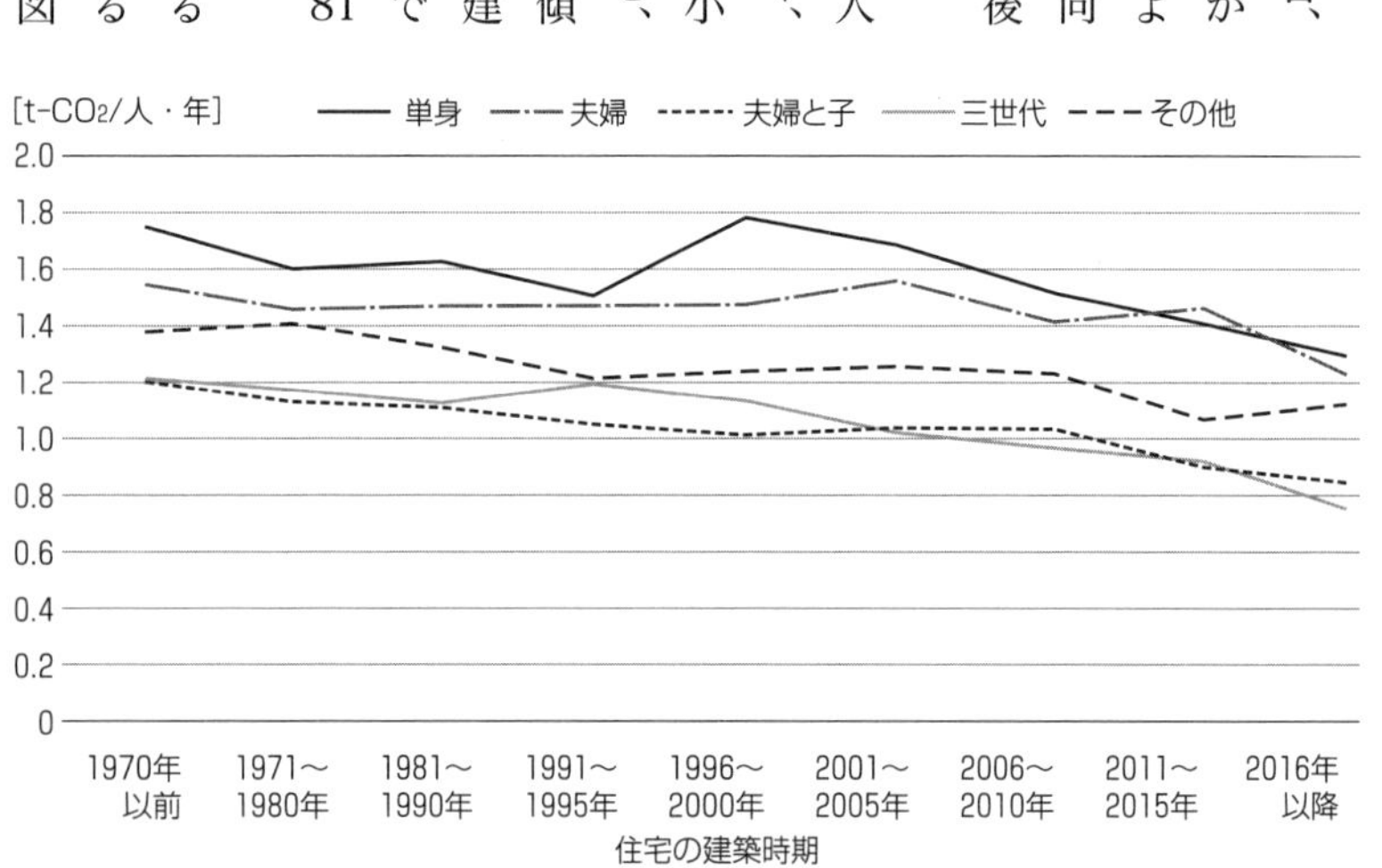

［図７］世帯類型別住宅の建築時期別一人当たり年間ＣＯ$_2$排出量（２０２１年度）

8）。集合住宅では同じ時期の比較で0・20トンに対して0・12トンであり、約6割になっている（図9）。暖房については、住宅の断熱性能や暖房機器のエネルギー効率の向上がCO^2の低排出に寄与していると考えられる。一方、給湯用については、戸建て住宅では2016年以降の排出量が特に少ないが、集合住宅ではそれほどの差は見られない。照明・家電製品等用については、戸建て住宅では建築時期が新しいほど排出量が少ない傾向があるが、集合住宅ではほとんど変化がない。暖房とは異なり、給湯と照明・家電製品などでは、戸建て住宅と集合住宅で状況が異な

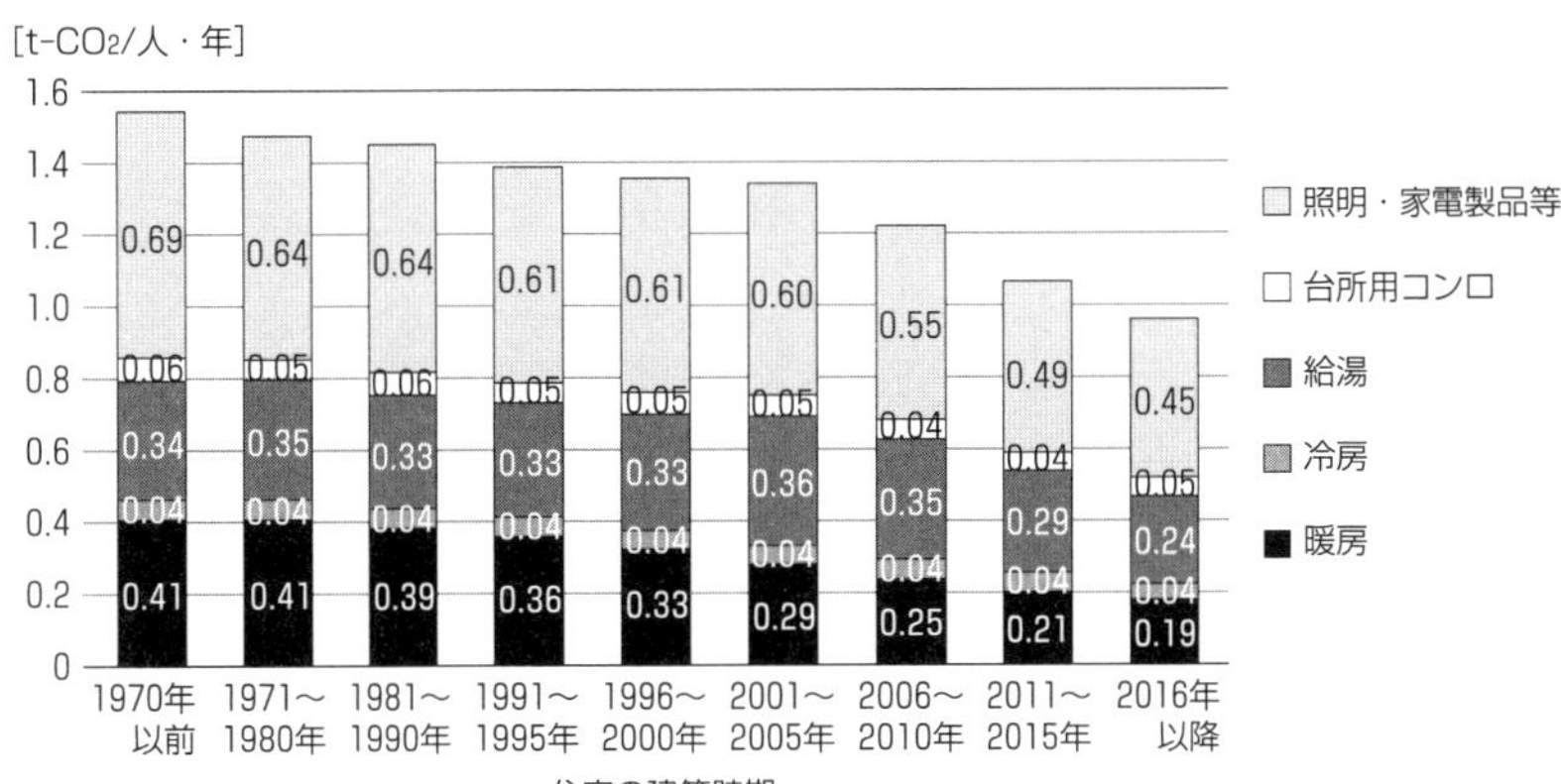

[図8]住宅の建築時期別一人当たり年間用途別CO^2排出量／戸建て住宅（2021年度）

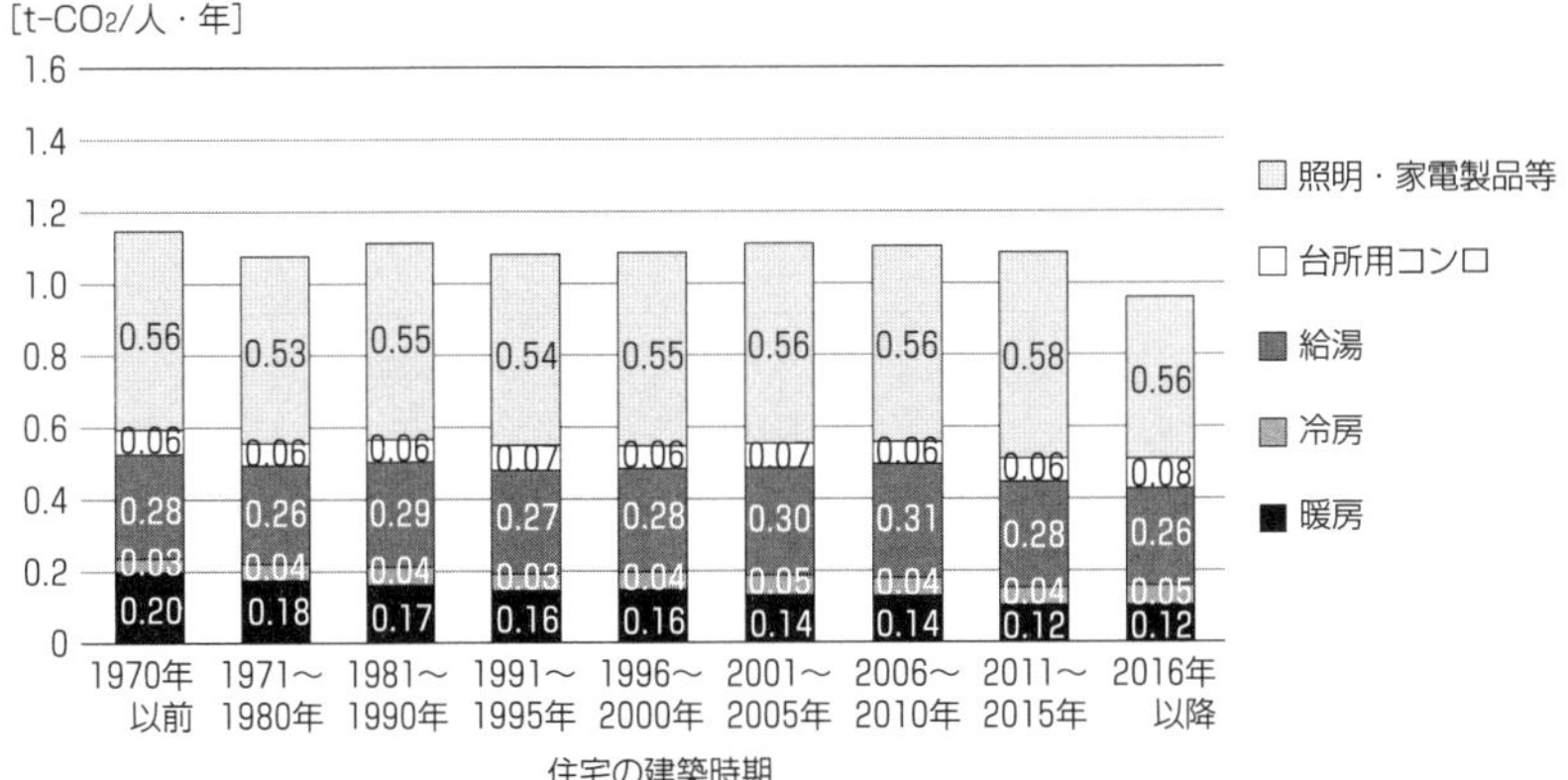

[図9]住宅の建築時期別一人当たり年間用途別CO^2排出量／集合住宅（2021年度）

る。

住宅の建築時期によるCO_2排出量の差の背景について、設備・機器の普及状況から迫ってみよう。CO_2排出量の削減と利便性・快適性の向上の両面について、1980年以前と2011年以降の2区分で比較した（表2）。

まず、CO_2排出量の削減に関連する設備・機器については、製造時期が新しい冷蔵庫を除き、戸建て住宅のほうが集合住宅より「差」が大きく、CO_2排出量の削減が進展していると言える。特に傾向が異なるのは、太陽光発電システムである。集合住宅では太陽光発電システムはほとんど普及していない。集合住宅では規模が大きいほど一戸当たりの設置場所が乏しく、導入費用やその他の障壁も比較的高くなると考えられる。

電気ヒートポンプ式給湯器は2000年代初頭から普及が始まった高効率給湯器であり、エネルギー消費量は従来の電気温水器の

	単位	戸建て住宅			集合住宅		
		1980年以前	2011年以降	差	1980年以前	2011年以降	差
CO_2 排出量の削減							
すべての窓が二重サッシまたは複層ガラス	[%]	10.5	62.2	+51.7	15.2	35.8	+20.6
電気ヒートポンプ式給湯器	[%]	15.1	42.4	+27.3	1.1	11.7	+10.6
LED 照明（居間）	[%]	57.4	85.8	+28.4	55.5	74.0	+18.5
製造時期が 2016 年以降の冷蔵庫	[%]	24.6	38.7	+14.1	28.8	45.5	+16.7
太陽光発電システム	[%]	5.5	27.0	+21.5	0.0	0.9	+0.9
家庭用燃料電池	[%]	0.2	3.6	+3.4	0.0	0.4	+0.4
家庭用エネルギー管理システム（HEMS）	[%]	2.5	10.3	+7.8	0.6	3.7	+3.1
利便性・快適性の向上							
エアコン	[台/世帯]	2.44	3.17	+0.73	1.25	1.67	+0.42
洗濯機（乾燥機能付）	[台/世帯]	0.25	0.50	+0.25	0.19	0.39	+0.20
浴室乾燥機	[台/世帯]	0.16	0.53	+0.37	0.04	0.54	+0.50
温水洗浄便座	[台/世帯]	0.91	1.48	+0.57	0.36	0.73	+0.37
床暖房	[%]	7.0	26.7	+19.7	2.4	17.0	+14.6

[表 2] 住宅の建築時期による設備・機器の普及状況（2021 年度）

3分の1程度である。戸建て住宅では1980年以前で15・1%、2011年以降で42・4%となっている。1980年以前については給湯器の交換時に、2011年以降については建築時（新築時）に導入されたものと考えられる。他方、集合住宅では、1980年以前では1・1%に過ぎず、交換時の導入はほとんどない。2011年以降も11・7%に留まっており、新築時の採用率は戸建て住宅の4分の1程度である。

電気ヒートポンプ式給湯器はヒートポンプユニット（エアコンの室外機に類似）と貯湯タンクで構成されるため、貯湯タンクが不要のガス瞬間式給湯器よりも大きな設置場所を必要とする。既存の集合住宅では、木造アパートの一階や長屋建てを除けば、設置場所に大きな制約がある。新築でも導入率が低い原因としては、省スペースへのニーズが強いことも十分に考えられるが、電気ヒートポンプ式給湯器を導入する新築集合住宅は基本的にオール電化になるため、ライフラインの途絶リスクへの懸念が強かった可能性がある。この懸念は戸建て住宅にも当てはまるが、戸建て住宅では太陽光発電システムをセットで導入することで、ある程度不安を解消できる。また、集合住宅では一般的にLPガスより安価な都市ガスが利用できることが多いため、戸建て住宅に比べオール電化の費用メリットが小さかったことも影響した可能性がある。

利便性や快適性を向上する観点では、エアコン、乾燥機、温水洗浄便座、床暖房について普及状況の差を比較した。戸建て住宅と集合住宅の双方で、2011年以降の住宅ではこれらの機器の普及が進んでいる。延べ床面積や居室数が大きく異なるため、実数で比較することは難しいが、CO_2排出量の削減に関連する設備・機器に比べると、建て方による差は小さいといえる。前述のように、集合住宅では一人当たりの年間CO_2排出量の建築時期による差が小さい。この原因として、戸建て住宅でCO_2削減対策がより進展している可能性と、集合住宅で新しい住宅ほど利便性や快適性が向上し、エネルギー多消費になっている可能性を指摘した。データから見ると、集合住宅で利便性や快適性が特に大きく向上した証拠はなく、戸建て住宅のほうがCO_2削減対策が進展した結果と考えるのが妥当であろう。

7―太陽光発電によるネット・ゼロの可能性

ここまでの検討から、戸建て住宅におけるCO_2排出量の削減に太陽光発電が貢献している可能性が見えてきたが、具体的な数字でさらに検証してみよう。家庭CO_2統計では、太陽光発電の使用有無別に世帯当たり年間CO_2排出量の集計が掲載されている。これによると太陽光発電使用世帯では3・12トン（一人当たり1・01トン）、使用なしの世帯では3・52トン（一人当たり1・38トン）となっている（図10）。

電気については電力会社からの購入量に対するCO_2排出量が計上されているが、太陽光発電使用世帯では、発電量のうち一部を自宅で消費し、余剰分を電力会社に売却（売電）している。統計では売電量が調査されているので、電

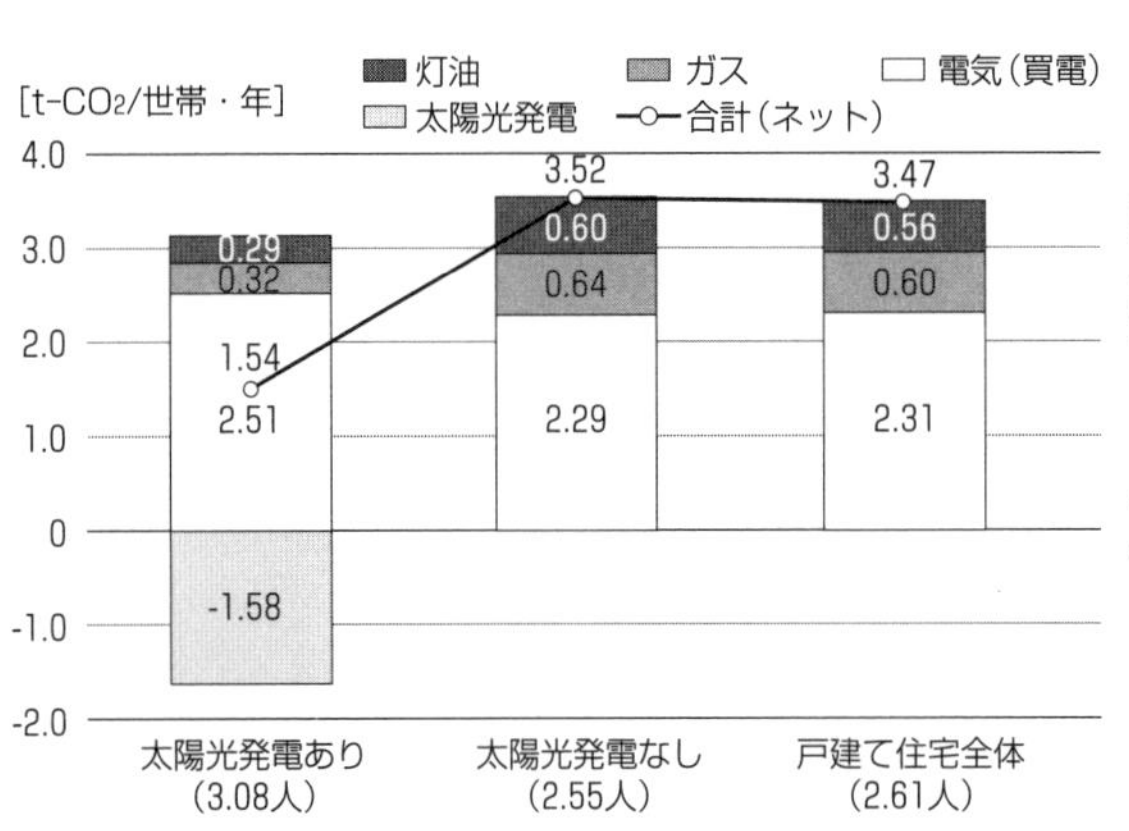

［図10］太陽光売電の使用有無別世帯当たり年間エネルギー種別CO_2排出量／戸建て住宅（2021年度）

気の購入量を売電量で相殺する形でCO_2削減効果を算出すると、その効果はマイナス1・58トンとなる。ネットのCO_2排出量は1・54トン（一人当たり0・50トン）となり、ほぼ半分になる。ここで太陽電池の平均容量は4・84ｋＷである。このように太陽光発電は、住まいのCO_2排出量に関してネット・ゼロの目標を達成するための有力な手段であると言える。

　しかし、太陽光発電使用世帯（戸建て住宅）であっても、ネット・ゼロの目標には道半ばであることも事実である。ここからネット・ゼロを達成するために電気使用量の削減だけで考えると、年間約３６００ｋＷｈの削減が必要である。これは電気使用量をほぼ半減させることに相当する。太陽光発電使用世帯では、電気ヒートポンプ式給湯器の普及率は64・2％に達しており、従来型の電気温水器の普及率は9・0％に過ぎないため、給湯器の交換による効果はそれほど期待できない。ＬＥＤ照明（居間）の普及率も77・5％に達しており、まだ導入余地はあるが、大きな削減量は見込めない。暖房機器の高効率化や断熱性能の改善、冷蔵庫などの家電製品の買い換えなど、さらなるCO_2削減対策を考慮しても、この規模の削減量は望めない。太陽光発電を増設し発電量自体を増やすという選択肢はあるが、現状より高効率の太陽電池が安価に入手できるようになるまでは期待できない。

　もっとも新築住宅でネット・ゼロを達成することは、それほど困難ではない。ネット・ゼロ・エネルギー・ハウス（ＺＥＨ）実証事業の調査発表会２０２２[*2]で報告されたエネルギー消費量と太陽光発電の発電量の都道府県別実績を見ると、13の道県が平均でネット・ゼロ・エネルギーを達成している。サンプルサイズで重みづけし

＊2……一般社団法人環境共創イニシアチブ：ネット・ゼロ・エネルギー・ハウス実証事業調査発表会２０２２のご案内（付録　都道府県ごとのエネルギー消費量及び創エネルギー量実績データ）２０２２年12月2日　https://sii.or.jp/zeh/conference_2022.html

て全国平均を算出すると、発電量はエネルギー消費量の95％に相当するため、ネット・ゼロにかなり近づいている。ZEH実証事業で導入された太陽光発電の容量は平均で6kWの水準にあり、家庭CO_2統計の太陽光発電使用世帯の平均（4・84kW）より大きく、また、各種省エネルギー対策も徹底されているためと考えられる。家庭CO_2統計でも2016年以降の戸建て住宅では平均6・32kWとなっている。太陽光発電に適した屋根と変換効率の高い太陽電池の採用により、大容量化が進んでいると考えられる。家庭CO_2統計ではサンプルサイズの制約から、建て方別住宅の建築時期別太陽光発電の使用有無別の集計は実施されていないが、2016年以降の太陽光発電使用世帯（戸建て住宅）ではネット・ゼロに近づいていると予想される。取り組みやすい新築住宅ではネット・ゼロを超えて、カーボンマイナスを目指していくことが期待される。

しかしながら既存住宅も含めてネット・ゼロの目標の達成が求められている。新築着工件数は住宅ストックの2％に満たないため、半数程度の既存住宅は2050年にも使われているだろう。目標達成の難易度が比較的低い戸建て住宅においても、太陽光発電をはじめとする利用可能な技術的対策だけで達成することは容易ではない。集合住宅においては、太陽光発電の利用のハードルが高く、より困難である。したがって、前述のようにエネルギーの供給側でのCO_2削減対策を進める必要があり、再エネ発電などの脱炭素発電や合成ガス・合成燃料技術の開発と普及が期待される。

8―住まい手はどうすべきか

それでは住まい手は、エネルギー供給側の対策技術の普及を待っていればよいのだろうか。おそらくそうではない。できる限りエネルギー消費を削減して備える必要があると考えられる。なぜなら、これらの技術は従来のエネルギー供給より費用が高くなる可能性が高いからである。家計調査（総務省）によると、家庭（2人以上の世帯）の電気代は2022年に前年より22・9％、ガス代は12・6％、他の光熱費（灯油ほか）は21・9％それぞれ上昇した。すでにエネルギー価格の高騰に直面しているが、さらに価格が上昇することを覚悟しておいたほうがよい。どの程度の上昇になるか、確たる見通しを得ることは難しく、技術的なブレークスルーによって予想に反して低く抑えられるかもしれないが、少なくとも現状では楽観的な見通しは立てられない。

2050年のネット・ゼロの目標達成には、技術的なCO_2削減対策だけでなく、より少ないエネルギー消費で生活のニーズを満たし、人生を楽しむ住まい方や暮らし方を追求する必要があるだろう。決して、「我慢の省エネ」を勧めるわけではない。ほとんどの場合、生活上のニーズに無関係の無駄なエネルギー消費がある。類似の世帯であっても、エネルギー消費量やCO_2排出量には大きな差がみられることは、その一つの証左である（図11）。戸建て住宅の2人世帯の場合、CO_2排出量を少ない順に並べて20％の位置に

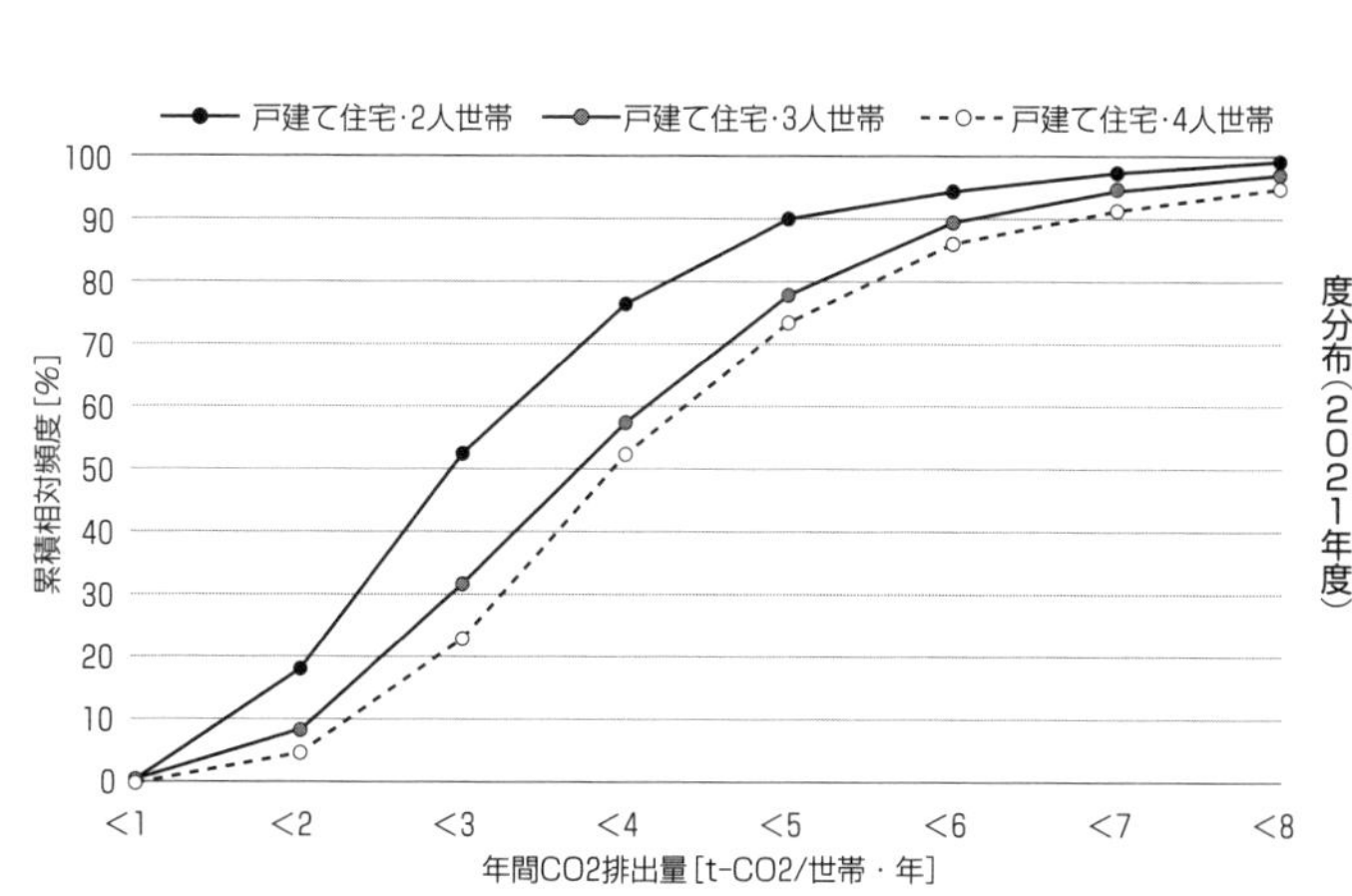

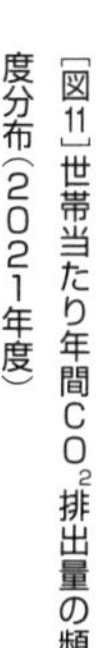
［図11］世帯当たり年間CO_2排出量の頻度分布（2021年度）

いる世帯の排出量は2トン強であり、80%の位置にいる世帯は4トン強である。ここには約2倍の開きがある。3人世帯や4人世帯でも同程度の開きがある。もちろん、すでに見てきたように、太陽光発電をはじめ、各種のCO_2排出量削減技術の導入率に差があるだろう。それを考慮すればこれほどの差はないだろうが、太陽光発電の使用有無別の比較で見たように、CO_2排出量を半減させるには相当の技術的対策の積み上げが必要と考えられる。住まい方や暮らし方の違いがCO_2排出量に及ぼす影響は決して小さくないと考えられる。

それでは、どのようにして住まい方や暮らし方を見直すきっかけをつくればよいだろうか。類似世帯との比較をきっかけに、省エネルギーが進んだ証拠がある。2017年度から2020年度に日本オラクルと住環境計画研究所が環境省の委託業務で実施したホームエネルギーレポートの送付実験では、約2%の省エネ効果が得られた。[*3] このレポートはA4版の両面1枚のボリュームで、エネルギー小売事業者から顧客である一般家庭に郵送で送付された。レポートには自宅のエネルギーの使用量（前月）が示されており、この点は従来の検針票と同様であるが、類似世帯の使用量と並べて比較されるのがポイントである。これが自宅のエネルギー使用に関する「成績表」のような効力をもち、省エネルギーへの関心が高まったところで、省エネルギーのコツをお伝えするという仕掛けである。米国発のホームエネルギーレポートは北米を中心に10年以上の商用サービスとしての実績があり、国内でも日本オラクルが展開している。

読者の中には、ネット・ゼロを目標としているときにたったの2%か、と思われ

＊3……環境省 環境省ナッジ事業について（2021年9月3日報道発表資料）https://www.env.go.jp/press/109939.html

た方もいるかもしれない。しかし、ほとんどの有望な技術的対策は普及に長い時間がかかり、費用負担も大きいことを忘れてはならない。レポートの効果は半年程度で達成されたものであり、すべての家庭に適用できるものである。さらに、これはきっかけにすぎない。このような定期的な刺激によって、省エネルギーに対する関心が高まれば、今後、住宅や設備・機器、自動車などを購入する際に、よりエネルギー効率的な選択を行う可能性が高まるだろう。

国内の実験では紙のレポートを送付したが、デジタル技術の進展とエネルギー使用データの充実（時刻別の使用量の把握など）により、メールやウェブサイト、アプリを通じたレポートの配信や、動画コンテンツを含む関連情報への誘導が行われるようになっている。このようなサービスは、今後、競争環境にあるエネルギー小売事業者の差別化の方策として、また社会的要請への対応として、いっそう充実していくだろう。住まい手としては、最も安価にエネルギーを販売する事業者を探すだけでなく、どのような情報やサービスを提供しているかを重視して小売事業者を選択することが有効である。住まい手がそうした選択を行う助けとなるサービスも今後拡大すると考えられる。

9—太陽光発電の経済性と課題

本章では太陽光発電システムの利点を強調したため、その経済性と課題について補足しておきたい。

太陽光発電システムの経済性に関する情報は、再生可能エネルギーの固定価格買取制度のために毎年、資源エネルギー庁が収集しており、調達価格等算定委員会でとりまとめられ、報告されている。最新の報告[*4]（2023年2月）によると、2022年の住宅用太陽光発電システムの平均設置費用（工事費用を含む）は1kW当たりで26・1万円である。5kWのシステムの場合、130・5万円となる。運転維持費については、20年間使用する場合、パワーコンディショナー（太陽電池で発生する直流の電気を家庭で使用する交流に変換するなどの役割を担う）の交換費用（1回）と定期点検費用（5回）の合計で46・7万円である。廃棄やリサイクルのための費用はこの報告では示されていないが、一般的に住宅用太陽光発電システムの場合、撤去・運搬・処分の合計で15万円程度と言われている。[*5] さらに屋根置きの場合、足場を設置する必要があり、これも一般的な2階建ての住宅で15万円程度を見込む必要がある。[*6] これらを合計すると207・2万円となる。

発電量はどのくらい期待できるだろうか。調達価格等算定委員会では、設備利用率として13・7%と想定されている。この場合の年間発電量は、5kW×365日×24時間×0・137で算出され、6001kWhとなる。ただし、太陽光発電システムの性能は経年的に低下していくことが知られており、年率0・5%程度の低下を見込むのが妥当である。設置から20年後の発電量が10%低下していると想定すると、平均的には設置当初より5%低く見積もれば良いので、20年間の合計発電量は6001×20×0・95＝11・4万kWhとなる。

合計費用が207・2万円、合計発電量が11・4万kWhであるので、発電費用は

＊4……調達価格等算定委員会：「令和5年度以降の調達価格等に関する意見」について　2023年2月8日
https://www.meti.go.jp/shingikai/santeii/20230208_report.html

＊5……タイナビ発電所：【まるわかり解説】太陽光発電の処分・廃棄・撤去費用の積立制度が開始！　2022年2月1日
https://www.tainavi-pp.com/investment/solar/120/

＊6……リショップナビ：外壁・屋根の工事で必要な「足場」の単価・費用はどれくらい？ 設置／組み立て時にかかる相場は？　2023年4月25日
https://rehome-navi.com/articles/442

1kWh当たり18・2円となる。家計調査（総務省）によると、2人以上の世帯の電気価格（全国平均）は2012年～2021年の10年間で1KWh当たり22・7円～27・5円（平均25・5円）であった。2022年には1kWh当たり31・7円に上昇している。このように太陽光発電の発電費用は、電気の購入価格を十分に下回っている。

しかし、余剰分を売却する場合の価格は、電気を購入する価格より低い。設置から10年間は、固定価格買取制度により1kWh当たり16円（年によって異なる。2023年度の場合）で売却できるが、11年目以降は各電力会社のメニューから選択することになる。調達価格等算定委員会の報告によると、その中央値は1kWh当たり10・0円である。標準的なシステムの場合、電気の使い方にもよるが、約7割が売却に回り、自宅で消費するのは約3割である。したがって総合的な経済価値は、電気の購入価格を1kWh当たり30円、売却価格を同13円（当初10年間が16円、11～20年目が10円）と想定し、自宅での消費割合と売却される割合で加重平均すると18・1円となる。つまり、発電費用と同程度になる。

さらに、住まいにおいて、太陽光発電システムのもう一つの価値は、消費電力に上限はあるものの、停電時に電気が使えることである。災害の激甚化などによって停電のリスクは無視できなくなっている、と感じる住まい手にとっては価値が高い。停電への備えを徹底するのであれば、家庭用蓄電システムや電気自動車から住まいに給電する（V2H：ヴィークル・トゥ・ホーム）システムを導入する選択肢もある。

太陽光発電をめぐる負の側面にも留意したい。２００５年頃は日本が太陽電池の生産量で世界一であったが、近年では中国が原材料から太陽電池モジュール（パネル）に至るまで、国別の生産量で圧倒的なトップとなっている。２０２1年のシェアは原材料であるポリシリコンで79％、太陽電池モジュールで75％であり、２位以下を大きく引き離している。[*7]

その中国の国内では、製造拠点が多く存在する新疆ウイグル自治区での人権問題が国際的に懸念されており、米国ではウイグル強制労働防止法により太陽電池関連に限らず、人権保護に懸念のある中国製品を原則として輸入禁止にする措置が講じられている。

日本国内でも、東京都環境局が作成したＱ＆Ａ資料[*8]において、「太陽光パネルの生産は中国に集中しており、新疆ウイグル自治区における人権問題が懸念されていますが社会的な問題はないのでしょうか？」という質問が示されているように、懸念の声はあるようだ。東京都が連携協定を締結している太陽光発電協会は、人権尊重に関する取組みガイダンスを２０２３年４月に公表している。[*9]

このように、世界的に太陽光発電の供給網における人権尊重の動きは強まると考えられる。住まい手としても、販売事業者などからメーカーの取組みに関する情報を取得して評価する姿勢が求められる。

＊7……ＩＥＡ－ＰＶＰＳ：Trends in Photovoltaic Applications（太陽光発電応用の動向報告書）２０２２

＊8……東京都：【新築・中小規模制度】太陽光パネル設置に関するＱ＆Ａ、48ページ　２０２３年6月30日 https://www.kankyo.metro.tokyo.lg.jp/climate/solar_portal/program.files/230630_QAPDF.pdf

＊9……太陽光発電協会：「太陽光発電産業のサプライチェーン等における人権尊重に係る取組ガイダンス～実践の手引～Ｖｅｒ１．０」の策定について　２０２３年４月28日 https://www.jpea.gr.jp/news/8110/

第4章——

住宅省エネ基準の性能レベルと今後の課題

齋藤卓三

1——日本の省エネ基準の変遷概要

日本における住宅の省エネ基準の始まりは、1979年に制定され翌1980年(昭和55年)に施行された「エネルギーの使用の合理化等に関する法律(以下「省エネ法」という)」に定められた基準がその原点となっている。省エネ法は、1979年に発生したイラン革命により、イランでの石油生産が中断したことによる石油需給のひっ迫[*1]を受け、工場等、輸送、建築物および機械器具等についてのエネルギーの使用の合理化等を総合的に図ることを目的に制定された法律となっている。

ここで定められた最初の住宅省エネ基準は、現在の住宅仕様を考えるときわめてレベルの低い省エネ性能となっており、たとえば東京都などの6地域[*2]を考えると、窓にはガラスをきちんとはめたうえ、壁や屋根等の外気に接する部分には何かしら断熱材を入れてくださいというレベル感となっていた。この性能レベルは、住宅の

＊1……いわゆる第二次オイルショック。

＊2……日本全体を気候特性に合わせて8つに分けた地域の区分をいう。北海道等の寒冷地が該当する1、2地域から、沖縄などの常暑地が該当する8地域まであり、日本の大都市の多くは6地域に該当する。

品質確保の促進等に関する法律に基づく住宅性能表示制度[*3]における断熱等性能等級の等級2レベルとなっているほか、住宅金融支援機構による融資を受ける際の基礎基準（最低基準）として、現在も活用されている。

その後、住宅の省エネ基準はいく度かの改正・強化が行われ、省エネ法の対象から建築物のみを抜き出し法律化した、現在の「建築物のエネルギー消費性能の向上に関する法律（以下「建築物省エネ法」という）」へと引き継がれている。表1では、省エネ法制定から現在の建築物省エネ法に至るまでの大きな基準改正等の概要について記載している。

表1における外皮性能基準において、熱損失係数（平成25年改正以降は、外皮平均熱貫流率）の基準と記載している部分がいわゆる「断熱基準」となっている。断熱基準はおもに暖房負荷削減（冬期の暖房エネルギーの削減）を目的とした基準であり、この性能が高いほど、一般的に冬期に暖かい住宅となる。

また、外皮性能基準において、平成4年改正にともない追加された夏期日射取得係数（平成25年改正以降は、冷房期の外皮平均日射熱取得率）の基準と記載している部分がいわゆる「日射遮蔽基準」となっている。日射遮蔽基準はおもに冷房負荷削減（夏期の冷房エネルギーの削減）を目的とした基準であり、この性能が高いほど、一般的に夏期に涼しい住宅となる。通常断熱性能を高くすると、それにともない日射遮蔽性能もあわせて向上するが、夏期のみではなく冬期の日射遮蔽性能も高くなってしまうため、冬期の日射熱を住宅内に取り込みにくくなり、暖房負荷が増えるなど取扱いの難しい指標となっている。

＊3……最大10分野33事項にわたる住宅の性能を、全国共通のモノサシにより、第三者機関が評価、表示する制度をいう。

平成25年基準からは、新たに一次エネルギー消費量基準の追加が行われ、それまでの暖冷房エネルギー削減を目的とした外皮性能のみの基準から、照明や給湯などのほかの設備機器の省エネ措置も勘案できる総合的な基準へと改正が行われた。

その後、それまでの省エネ性能に係る届出義務や、適合努力義務等の中途半端な位置づけの制度から適合義務へと移行するため、平成28年には建築物省エネ法という、現在の法律が定められることとなった。

直近では、令和3年に行われた建築物省エネ法の改正を受け、これまでの一部の用途・規模（300平方メートル以上の非住宅用途）に限られていた省エネ基

省エネ基準の大きな改正年度	1980年（昭和55年基準）	1992年（平成4年基準）	1999年（平成11年基準）	2013年（平成25年基準）	2016年（平成28年基準）
外皮性能基準	・熱損失係数に関する基準	・熱損失係数に関する基準 ・夏期日射取得係数に関する基準	・熱損失係数に関する基準 ・夏期日射取得係数に関する基準	・外皮平均熱貫流率の基準 ・冷房期の外皮平均日射熱取得率の基準	・外皮平均熱貫流率の基準 ・冷房期の外皮平均日射熱取得率の基準
一次エネルギー(*4)消費量基準	–	–	–	基準あり	基準あり
備　考		夏期日射取得係数に関する基準を追加するとともに、昭和55年基準より外皮性能基準全般の強化が行われた。	平成4年基準より外皮性能基準全般の強化が行われた。	外皮性能に関する判断指標の変更（性能レベルの変更はない）とともに、住宅用途の一次エネルギー消費量基準が追加となる。	平成25年基準と性能レベルの変更はないが、根拠法が建築物省エネ法に改まるとともに、一部建築物に対する適合義務化が開始。

［表1］省エネ法から建築物省エネ法に至る基準改正の概要

＊4……化石燃料、原子力燃料、火力・太陽熱など自然から得られるエネルギーを「一次エネルギー」といい、これらを変換・加工して得られるエネルギー（電気、灯油、都市ガス等）を「二次エネルギー」という。建築物では二次エネルギーが多く使用されており、それぞれが異なる計量単位（kWh、ℓ、MJ等）で使用されているが、それを一次エネルギー消費量に換算することにより、二次エネルギーの種別によらず建築物の総エネルギー消費量を同じ単位（MJ、GJ）で比較できるようにしている。

準への適合義務が、令和4年公布の改正建築物省エネ法により、今後は住宅用途を含むすべての建築物が適合義務対象となることとなった（令和7年施行予定）。

以上が、日本の住宅用途に係る省エネ基準の、これまでの変遷の概要となる。

2―住宅の省エネ性能を示す指標について

第1節で記載した住宅の省エネ基準は、今後義務化が行われる省エネ基準の水準を含めて、各基準の策定当時の最低水準として位置づけられている。現在の建築物省エネ法では、より高い省エネ性能[*5]を有する住宅を認定する、性能向上計画認定という任意制度も設けられているが、当該認定以外にも高い省エネ性能の確認を行う制度が設けられているため、どのような性能レベルの確認を行うかを含め、代表的な二つの制度について次に記載する。

建築物エネルギー消費性能表示制度（BELS）

建築物省エネ法では、住宅を含む建築物の販売・賃貸時に、省エネ性能の表示に努めることを事業者に求めている。これまで表示については事業者等の努力義務という位置づけとなっていたが、令和3年の建築物省エネ法の改正により、表示方法の明確化や表示しなかった場合の勧告等を行えるよう強化されることとなった（令和6年4月1日施行）。本表示は自主的に省エネ性能の評価を行い表示することも可能となっているが、第三者機関が評価を行い、専用のマークと評価書の交付を受

＊5……「誘導基準」あるいは「ZEH水準」と呼ばれる性能レベルで、外皮性能の強化と一次エネルギー消費量の2割削減（家電・調理等のその他エネルギー消費量を除く）が必要となる水準。

けることができるのが、建築物エネルギー消費性能表示制度（Building-Housing Energy-efficiency Labeling System、以下「ＢＥＬＳ」という）となっている。特に住宅用途のＢＥＬＳは、２０１６年（平成28年）に開始された制度となっているが、現在は毎月1万戸を超える住宅が取得するなど、急速に普及が進んでいる状況となっている。現在の表示方法は図1のようなマークとなっているが、省エネ基準適合のみではなく省エネ基準からの削減率等の表示も行えるようになっている（建築物省エネ法の改正にともない、今後表示内容が変更される予定）。

また、ＢＥＬＳでは、よりエネルギー消費性能が高い住宅であることを示す「ＺＥＨ（ゼッチ）」の表示を併せて行うことが可能となっている。ＺＥＨとは、ネット・ゼロ・エネルギー・ハウスの略称となっているが、その性能レベルに応じてさまざまな種類が存在しており、具体的には表2を参照していただきたい。

［図1］ＢＥＬＳ評価マーク例

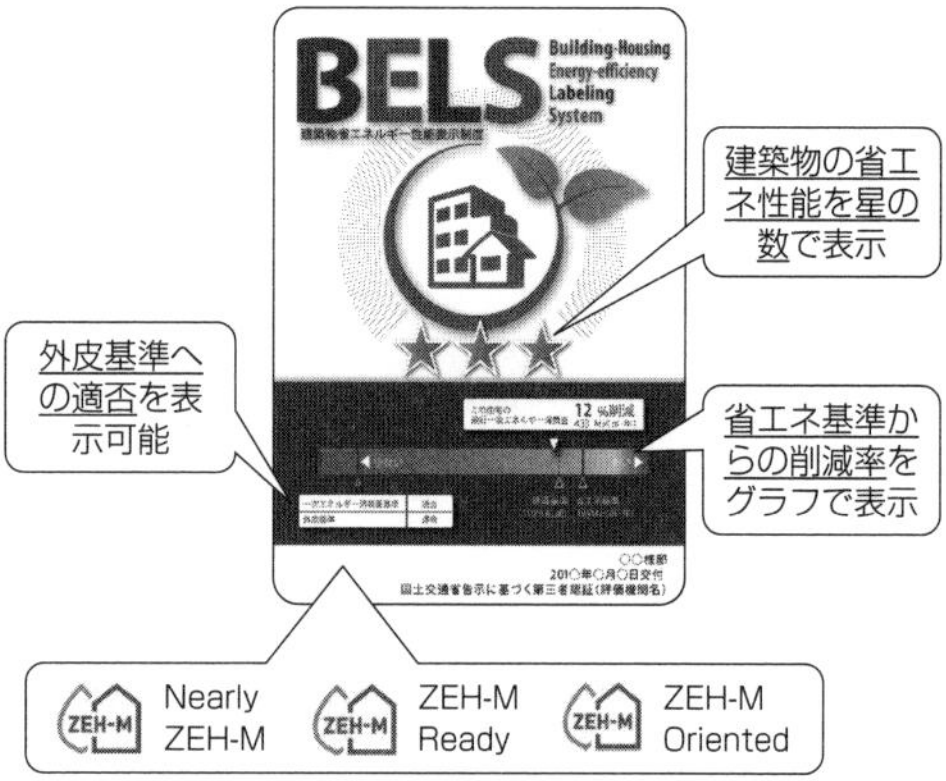

建築物の省エネ性能を星の数で表示

外皮基準への適否を表示可能

省エネ基準からの削減率をグラフで表示

Nearly ZEH-M　ZEH-M Ready　ZEH-M Oriented

住宅品質確保促進法に基づく住宅性能表示制度（住宅性能評価）

日本における、住宅性能を表示する代表的な制度としては、平成12年（２０００年）から開始された住宅性能表示制度が最もポピュラーな制度となっている。本制度に基づく住宅性能評価の取得は任意となっているが、現在新築住宅着工戸数の約３割が本制度を利用しており、制度開始から令和４年12月末時点で４３０万戸を超える住宅が評価を取得している（設計住宅性能評価実績[＊6]）。

＊6……住宅性能評価では、図面の審査を行う設計住宅性能評価と、設計評価した図面通りに建設を行っていることを確認する建設住宅性能評価の二種類が存在する。これまでの建設住宅性能評価の取得住戸数はおよそ３３０万戸となっている。

ZEHの種類		戸建て住宅のZEH			共同住宅のZEH			
		ZEH Oriented	Nearly ZEH	ZEH	ZEH-M Oriented	ZEH-M Ready	Nearly ZEH-M	ZEH-M
強化外皮基準		1・2地域≦0.4　、3地域≦0.5　、4～7地域≦0.6						
再エネ(*7)除き	一次エネ	省エネ基準から20%削減						
再エネ含む	一次エネ	−	省エネ基準から75%削減	省エネ基準から100%削減	−	省エネ基準から50%削減	省エネ基準から75%削減	省エネ基準から100%削減
備　考		ZEH水準と同一。	−	−	6階建以上において目指すべき水準であり、ZEH水準と同一。	4～5階建において目指すべき水準。	1～3階建において目指すべき水準。	

[表2]戸建て住宅・共同住宅における性能レベルに応じたZEHの種類

評価事項	5-1 断熱等性能等級							5-2 一次エネルギー消費量等級				
表示方法	等級1	等級2	等級3	等級4	等級5	等級6	等級7	等級1	等級3	等級4	等級5	等級6
性能レベル	基準なし	昭和55年省エネ基準相当	平成4年省エネ基準相当	省エネ基準相当	誘導基準（ZEH水準）相当	より快適な温熱環境を目指した上位等級		基準なし	誘導基準（ZEH水準）相当	旧誘導基準相当	省エネ基準相当	既存住宅を対象とした省エネ基準相当
備考	誘導基準（ZEH水準）相当とは、表2に記載したZEHの「強化外皮基準」と同一となる。							旧誘導基準は、その他消費エネルギーを除き、省エネ基準からさらに10%削減、現行誘導基準は20%削減となる。また、省エネ基準義務化開始以降は、既存住宅を対象とした基準値は廃止予定。				

[表3]日本住宅性能表示基準／既存住宅(国土交通省告示1364号)

＊7……再エネとは、太陽光発電設備等による再生可能エネルギーをいう。

この住宅性能表示制度においても制度開始当初から、省エネ関係の評価・表示を行っており、より高い省エネ性能等を表示することが可能となっている。

なお、住宅性能表示制度開始当初は、断熱性能のみを評価対象としていたが、現在は断熱性能と一次エネルギー消費性能の二つの性能について評価を行うこととしており、具体的な表示方法とその性能レベルは、表3を参照していただきたい。

3—省エネ性能に応じた具体的な仕様のレベル感

前節では、住宅の省エネ性能の水準を表すさまざまな指標について記載したが、おそらくこれらルールに基づく表示が行われても、一般の消費者にはどのような仕様の住宅であるかを、具体的に把握することは難しいと考えられる。

そこで本節では、戸建て住宅について、実際の仕様をもとに断熱性能および一次エネルギー消費性能に関する計算を行い、具体的な仕様のレベル感を示す。なお、これらの計算結果は、住宅の構造種別、規模、形状、あるいは建設地の別により異なることとなるが、極力一般的な目安となるよう、以下に示す条件に基づき設定した戸建て住宅モデルをもとに計算を行っている。

- 構造種別は、木造軸組住宅とする。鉄骨造や鉄筋コンクリート造の場合、構造熱橋部[*8]に適切な断熱補強を行わないと、計算結果が悪くなる傾向がある。
- 建設地は6地域とする。東京や大阪などの人口の多い主要都市を含む、日本の多くは6地域に該当する。

＊8……構造熱橋部とは、床や壁等の構造部材が断熱層を貫通する部分をいい、ヒートブリッジともいう。

・屋根、壁、床などの外皮面積の約６％を窓などの開口部とする。一般的に断熱壁と比較して開口部の断熱性能は劣るため、開口部の大きい住宅ほど断熱性能は低くなるケースが多い。近年は掃き出し窓などの大きな窓の使用が減少しているため、設定した６％の値より数値が低い住宅も多い。

・住宅の床面積は98平方メートル（面積の内訳は、ＬＤＫなどの主たる居室の面積30平方メートル、寝室などのその他居室の面積45平方メートル、非居室を23平方メートルとした）とする。近年は建設費の増加もあり、比較的小さい面積の住宅が多いため、約１００平方メートル程度の住宅として計算を行った。

・計算を行う住宅の形状は箱型とする。外皮の面積の増加はエネルギー消費量の増加をもたらすが、多少の凹凸は最終結果に大きな影響を及ぼさないのと併せ、なにより計算を簡易化するためシンプルな形状とした。

これらの条件をもとに設定した図２のモデル戸建て住宅について、まずは一般的（最近の新築仕様だと中の下程度のレベルかもしれない）な断熱・設備仕様で計算を実施した結果が表４のとおりとなっている。

計算結果では、外皮基準および一次エネルギー消費量基準のいずれも、問題なく省エネ基準に適合となっている。計算の前提となる表４の仕様を見ればわかるとおり、特段省エネ性能を向上させるための工夫に努めた仕様とはいい難いため、現在の省エネ基準の性能レベルとは、意図的に省エネ性能を低下させた住宅を排除する程度の性能レベルとなっている。

次に、計算結果の内容をより詳細に確認するため、外皮性能および一次エネル

［図２］モデル戸建て住宅

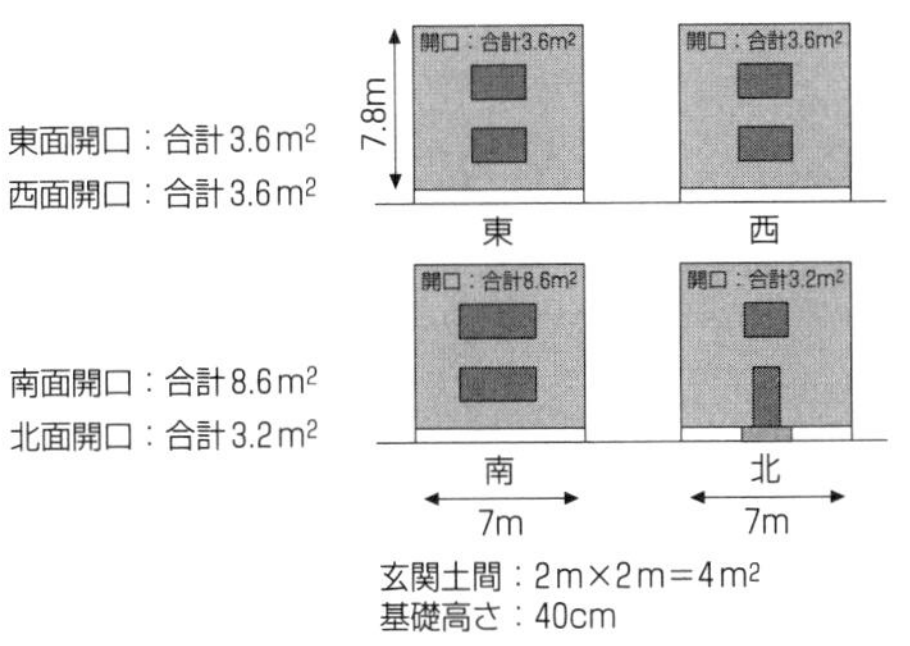

ギー消費性能のそれぞれについて、どこから熱が最も逃げているか（以下「熱損失」という）、あるいは、何の設備が最もエネルギーを消費しているか、その内訳を円グラフで示したものが図3および図4となっている。

まず外皮からの熱損失の内訳を示した図3を見ると、外壁および開口部からの熱損失が大きいことがわかる。一般的に、部位の面積が大きいほど必然的に熱損失が

	部位		仕様等	計算結果
外皮性能	天井（敷込み）		グラスウール断熱材（GWHG16-38）厚89mm	基準値（6地域） ・外皮平均熱貫流率 U_A=0.87 ・冷房期の平均日射熱取得率 η_{AC}=2.8 計算結果（設計値） ・外皮平均熱貫流率 U_A=0.71 ・冷房期の平均日射熱取得率 η_{AC}=2.1
	外壁（充填断熱）		グラスウール断熱材（GWHG16-38）厚105mm	
	その他床（1階床）		押出法ポリスチレンフォーム断熱材1種BC厚40mm	
	基礎壁（玄関土間）		鉄筋コンクリート厚150mm、断熱なし	
	開口部	窓	金属製建具・複層ガラス空気層厚9mm	
		ドア	金属枠・金属製ハニカムフラッシュ構造戸	
一次エネルギー消費性能	暖冷房設備		入居者設置	基準値（設計値）/基準値（その他エネルギー消費量除く。） ・BEI≦1.0 計算結果 ・BEI=0.93 （Webプロ Ver3.3.1 計算） （暖房期の平均日射熱取得率 η_{AC}=1.9）
	換気設備		ダクト式第三種機械換気設備。その他省エネ措置なし	
	給湯設備		潜熱回収型ガス給湯器（風呂追炊き）	
			給湯栓2バルブ以外、その他省エネ措置なし	
	照明設備		居室（LDK、寝室、子供室等）入居者設置	
			非居室（便所、風呂、廊下等）LED照明設置	

［表4］一般的な仕様による断熱性能および一次エネルギー消費性能の計算結果

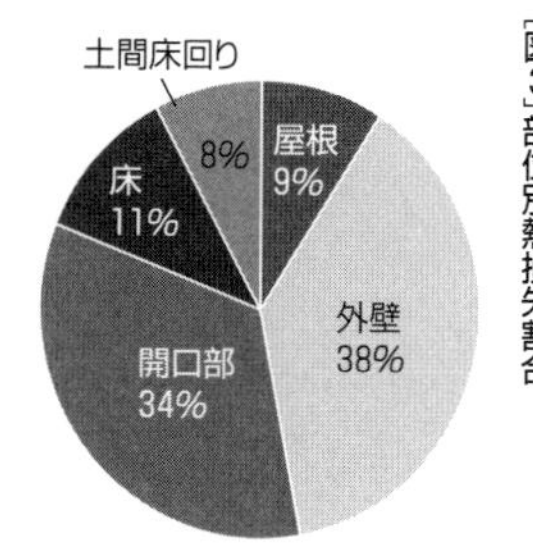

［図3］部位別熱損失割合

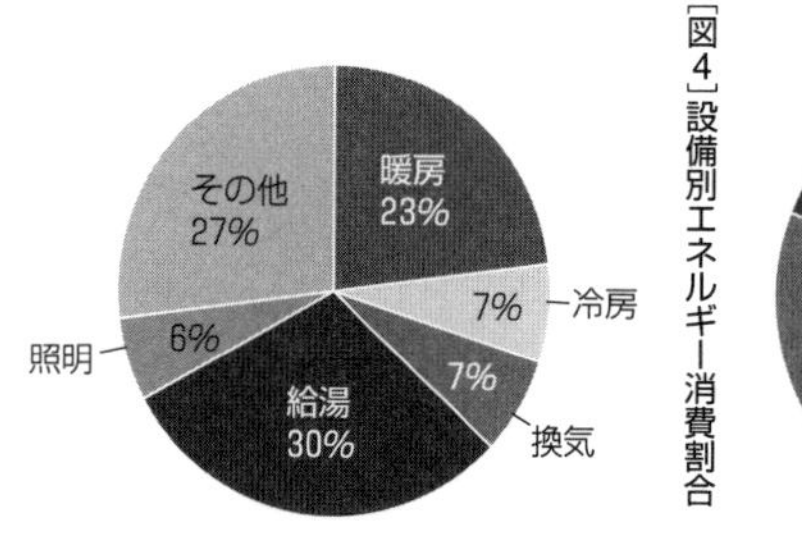

［図4］設備別エネルギー消費割合

大きくなることを考えると、屋根と比べて面積割合の大きい外壁[*9]からの熱損失が相対的に大きくなることは理解できる。ただし、全体面積の6％程度の開口部から、全体の熱損失の34％が生じていることをみると、断熱性能の向上のためには、窓などの断熱性能の向上が重要であることが理解できる。近年は、金属樹脂複合サッシやLow-E複層ガラスなどを使用した、高断熱窓の一般化が著しく進んでいるため、結果として現在の省エネ基準は、容易にクリアできるレベル感となっている。ただし、その他の部位の断熱性能などをおざなりとし窓などのみを高断熱化すると、場合によっては壁体内で結露が発生するなど、さまざまな不具合を生じる可能性もあるため、住宅全体としてバランスの良い断熱化や、壁体内結露を防止するベーパーバリア[*10]の設置などを行うことが重要となる。

　次に、設備別のエネルギー消費の内訳を示した図4を見ると、圧倒的に暖房設備と給湯設備のエネルギー消費が多いことがわかる。欧州の住宅のエネルギー消費はその大半が暖房エネルギーであることに比べ、お風呂文化の日本では、給湯設備に係る省エネ措置が非常に重要な対策であることがわかる。

　前者の暖房設備に係る省エネ対策としては、大きく2つの方法があり、一つ目は住宅の断熱性能の向上、そして二つ目は暖房設備機器自体の省エネ性能の向上が挙げられる。表4で記載した仕様例では、断熱性能は普通レベル、そして暖房設備は入居者設置[*11]としている。

　後者の給湯設備に係る省エネ対策としては、これも大きく二つの方法があり、一つ目はお湯の使用量を減らすための対策、二つ目はお湯を沸かす給湯設備の省エネ

＊9……本計算例では、約68％となる。一般的に階当たりの床面積が大きいほど、外皮面積の割合は小さくなる。

＊10……断熱材の室内側に設置する防湿層のことをいい、気密性を高めたり、室内で発生する水蒸気が壁体内に浸入するのを妨げることを目的に設置する。

＊11……住宅の省エネ計算では、入居者設置（設計時点では性能不明）とした場合、地域の区分ごとに定められた標準的な設備機器により、自動的に計算が行われる。6地域の暖房設備に関しては、標準的な性能のルームエアコンが設置されたものとして計算が行われている。

性能の向上となる。表4で記載した仕様例では、今時の新築で2バルブ水栓を使用しているケースがあまりないこと、さらに従来型ガス給湯器と潜熱回収型ガス給湯器（いわゆるエコジョーズ）でそれほど大きな価格差がないことを考えると、さほど積極的な省エネのための工夫をしていない仕様となっている。

また、図4の中では、「その他」と記載されている部分のエネルギー消費割合が高いこともわかる。ここで「その他」とは、調理や家電に係るエネルギー消費量として、省エネ計算上は定数が設計値と基準値の両方に加算されることとなっている。生活が便利になるに従い、省エネ計算値以上にその他エネルギー消費量も増加していることも考えられるので、家電などの省エネ化に関しても配慮いただきたい。

それでは次に、2030年に予定されている省エネ基準値引上げにともない、適合義務基準となる予定のZEH水準ではどのような仕様になるかを、表5のとおり設定し計算を行ってみた。なお、ここでは一例の仕様をもとに計算を行った結果を示すだけであり、ほかのさまざまな仕様などの組合せでも達成することは可能となるため、注意していただきたい。

ZEH水準とするためには、外皮性能と一次エネルギー消費性能の両方を向上させることが必要となるが、まずは外皮で設定した表5の仕様について記載する。外皮に関しては、基本的に表4で記載した仕様から、工法などの変更が生じないよう建材などの断熱性能を向上させる方向で設定を行っている。そのため、例えば外壁の断熱について、充填断熱から充填＋外張り断熱に変えるなど、工法が若干変わることをいとわないのであれば、窓などの仕様を落として適合することも十分に可能になると考えられる。

次にエネルギー消費性能に関して、日本の場合は住宅取引の慣行上、空調機（おもにルームエアコン）や照明器具（おもに居室）は入居者が設置するケースが多い

	部位		仕様等
外皮性能	天井（敷込み）		グラスウール断熱材（GWHG20・34）厚155mm
	外壁（充填断熱）		グラスウール断熱材（GWHG20・34）厚105mm
	その他床（1階床）		押出法ポリスチレンフォーム断熱材3種aA厚60mm
	基礎壁（玄関土間）		鉄筋コンクリート厚150mm、断熱なし
	開口部	窓	樹脂金属複合建具・Low-E複層ガラス空気層厚9mm
		ドア	金属枠・金属製フラッシュ構造戸
一次エネルギー消費性能	暖冷房設備		入居者設置
	換気設備		ダクト式第三種機械換気設備（ダクト径100φ）
	給湯設備		潜熱回収型ガス給湯器（風呂追炊き）モード熱効率92.5%
			配管ヘッダー方式（分岐後配管径13A以下）、給湯栓2バルブ以外、台所・洗面所水栓（水優先吐水）、浴室シャワー水栓（手元止水）、高断熱浴槽
	照明設備		居室（LDK、寝室、子供室等）入居者設置
			非居室（便所、風呂、廊下等）LED照明設置、便所人感センサー付

	外皮性能	一次エネルギー消費性能
計算結果	強化外皮基準値（6地域） ・外皮平均熱貫流率 U_A=0.6 ・冷房期の平均日射熱取得率 η_{AC}=2.8(省エネ基準基準値) 計算結果（設計値） ・外皮平均熱貫流率 U_A=0.57 ・冷房期の平均日射熱取得率 η_{AC}=1.7	基準値（設計値）／基準値（その他エネルギー消費量除く） ・BEI≦0.8 計算結果 ・BEI=0.77 (Webプロ Ver3.3.1 計算) (暖房期の平均日射熱取得率η_{AH}=1.6)

[表5] ZEH水準の仕様における断熱性能および一次エネルギー消費性能の計算結果

ため、その部分は表4と変えないように使用設備機器の選別を行った。おもには、図4で示したとおり給湯設備に関するエネルギー消費が多いため、使用するお湯の量を減らすための対策（節湯水栓の使用など）と、同じエコジョーズでも熱効率の高い機種を選定するなど、給湯機器の省エネ性能の向上を図る対策を行っている。それ以外にも、換気設備のダクト径を太めにする、あるいは便所の照明に人感センサーを設置するなどの若干の対策を行っているが、すでに一般化しつつある対策なので、特段工費を大きく上昇させる類のものではないと考えられる。以上のような対策を講じた仕様をもとに省エネ計算を行ってみると、表5の最下段に示すように外皮性能と一次エネルギー消費性能の両方について、ＺＥＨ水準をクリアできることとなる。

なお、本計算はあくまでも戸建て住宅を対象とした計算結果であり、共同住宅には当てはまらないことに注意する必要がある。共同住宅は住戸の位置[*12]により大きく性能が変わるほか、耐火性能などの法規上の規制や、共用部分の制約上使用が困難な設備などもあるため、戸建てのような簡易な仕様例の設定が難しい部分がある。

最後に、住宅性能表示制度で設定されている、より快適な温熱環境を目指した最高等級となる断熱等性能等級7がどの程度の断熱仕様となるかを表6に示す。

表6で示した例はあくまでも一例であるため、ほかの仕様で適合することも考えられるが、いずれにしてもかなりの重装備な断熱仕様になると思われる。なお、断熱等性能等級7の外皮性能とすることにより、暖房エネルギー消費量の削減も見込める[*13]が、個人的には努力の割には期待したほどの削減数値ではないという印象であ

＊12……計算対象となる住戸が、最上階、中間階、最下階、あるいは妻側住戸か中住戸か等。

＊13……表6の外皮性能をもとに、表5の設備仕様で一次エネルギー消費量計算を行うと、ＢＥＩの値は0.77から0.68に減少した。

る。なお、外皮ではなく設備機器の変更により、同様のエネルギー削減効果を試してみたものが、表7となっている。

表5で記載した外皮および設備仕様をベースとし、給湯設備を潜熱回収型ガス給湯器から電気ヒートポンプ給湯器（表中の網掛け部分）に変更したのみであるが、トータルの省エネ効果としては表6と同様の結果となる。[*14] このような結果からも、寒冷地を除く年間を通してそこまで暖房設備を使用しない地域では、やはり断熱等性能等級7とは、省エネというよりは良好な温熱環境の維持を目的とした性能レベルと考えられる。

	部位		仕様等
外皮性能	開口部	ドア	金属熱遮断構造枠・金属製高断熱フラッシュ構造戸
		窓	樹脂製建具・三層複層ガラス（Low-E膜2枚、断熱ガス層厚9mm＋樹脂製建具・複層ガラス空気層厚6mm
	基礎壁（玄関土間）		鉄筋コンクリート厚150mm、押出法ポリスチレンフォーム断熱材3種aA厚100mm
	その他床（1階床）		押出法ポリスチレンフォーム断熱材3種aA厚90mm
	外壁（充填断熱＋外張り断熱）		グラスウール断熱材（GWHG20-34）厚105mm＋押出法ポリスチレンフォーム断熱材3種aA厚100mm（密着張り）
	天井（敷込み）		グラスウール断熱材（GWHG20-34）厚310mm
計算結果			断熱等性能等級7 基準値（6地域） ・外皮平均熱貫流率 U_A=0.26 ・冷房期の平均日射熱取得率 η_{AC}=2.8 計算結果（設計値） ・外皮平均熱貫流率 U_A=0.26 ・冷房期（暖房機）の平均日射熱取得率 η_{AC}=1.0（η_{AH}=0.8）

[表6]断熱等性能等級7の部位別仕様

＊14……表6の外皮性能強化仕様でBEIの値は0.68であったのに対し、表7の給湯設備変更仕様ではBEI＝0.69。

一次エネルギー消費性能		
部位	仕様等	計算結果
照明設備	非居室（便所、風呂、廊下等）LED照明設置、便所人感センサー付	計算結果 ・BEI＝0.69 （Web プロ Ver3.3.1 計算） （暖房期の平均日射熱取得率 η_{AH}＝1.6）
	居室（LDK、寝室、子供室等）入居者設置	
給湯設備	配管ヘッダー方式（分岐後配管径13A以下）、給湯栓2バルブ以外、台所・洗面所水栓（水優先吐水）、浴室シャワー水栓（手元止水）、高断熱浴槽	
	電気ヒートポンプ給湯機（CO_2冷媒）（太陽熱利用設備を使用しないもの）某社製品	
換気設備	ダクト式第三種機械換気設備（ダクト径100φ）	
暖冷房設備	入居者設置	

［表7］一次エネルギー消費性能の設備機器による仕様

4―住宅の省エネ性能の向上に向けた今後の課題

令和3年に行われた建築物省エネ法の改正を受け、令和7（2025）年からは、住宅用途に関しても省エネ基準に適合することが義務化されることとなった。その後、令和12（2030）年には、適合すべき義務化のレベルが「ZEH水準」に引き上げられることが、現状大まかに決められたロードマップとなっている。このような住宅の省エネ性能の向上に向けた大きな流れの中で、現在、住宅の省エネ性能に係る審査を行っている審査機関の立場として、今後生じる可能性のある課題を、以下に二つ記載する。

既存住宅の省エネ性能の向上

建築物省エネ法に基づく省エネ基準への適合義務は、住宅の新築、増築および改築に限定され、修繕・模様替えも含めた既存住宅に適合義務は適用されない。今後、住宅用途に起因するエネルギー消費量を減らすためには、膨大に存在する既存ストック住宅の省エネ性能を向上する改修方法の検討が不可欠と考えられる。

ところが、ここで一つ大きな問題が発生することとなる。省エネ改修を行うためには、建築主に多大な負担とならないよう、極力合理的な省エネ改修手法を提案することが必要となるが、その前提となる、現状の住宅の省エネ性能を把握するために必要な情報が記載された、図面などの記録がまったく存在しないケースがほとんどとなっている。このような状況は、戸建て住宅から大規模共同住宅まで、ほとんどが同様の状況[*15]となっており、合理的な省エネ改修手法を提案するためには、まず現状把握の作業から始める必要が生じてしまう。

しかし、建築士などの専門家を派遣して、必要な情報の調査を一から行わせることは、コスト的にも難しいとともに、仮に問題のある個所（例えば外壁の断熱が行われていないなど）がわかったとしても、改修するためには内装材などの大規模な撤去などが必要となり、省エネだけを目的とした改修工事では割が合わないため、現状は耐震改修などの工事に併せて断熱改修などを実施していることが多いようである。また、安易な部分的断熱強化は、見えない部分での結露発生による耐久性低

＊15……住宅品質確保促進法（住宅の品質確保の促進等に関する法律）に基づく建設住宅性能評価を受けている場合、評価書交付日から20年間は住宅性能評価機関に保管されている。

下を招く可能性もあるため、住宅の断熱性能が直接的に影響を及ぼす空調設備以外の設備[*16]の省エネ化を進め、長く使用する住宅であればいつかは実施すると考えられる、大規模改修に併せて断熱強化を実施するというのも一つの方法と考えられる。

それ以外にも、現状の省エネ計算とは直接関係ない(現状は固定値として取り扱っている)が、図4(092ページ)でその割合が相対的に高い、調理、家電などの「その他エネルギー消費量」に関しても、その実態を把握して、消費エネルギーの削減に努めることも重要と考えられる。

より高い省エネ性能を目指すための新技術等の開発

実際にZEHなどを目指す数多くの住宅の申請案件を見ると、ある一定のパターンがあることがわかる。具体的には、給湯器や空調設備に省エネ性能を向上させるヒートポンプを用いた設備を採用する。そのうえで、目指す性能に足りていない場合は、節湯器具などの給湯使用量を削減するための器具などを選択するというパターンである。これは、逆にいうと省エネ計算上の数値を良くするためには、ほかに現実的な方法がないことを意味している。第3節の計算例(090ページ)でも示したとおり、暖房エネルギー消費量の削減に寄与する断熱性能を、大幅な建設コスト増を覚悟したうえでZEH強化外皮基準(基準値U_A=0・6)から、断熱等性能等級7(基準値U_A=0・26)へと強化しても、省エネ計算上のエネルギー消費量がその覚悟に見合うほど減るわけでもなく、現実的な範疇で実施可能な、建築的アプローチによる省エネ性能の向上手法がほとんど存在しない(寒冷地のような

＊16……給湯設備、換気設備、照明設備など。住宅用途の場合、非住宅のような複雑な設備を使用しないため、目視により比較的容易に機器の省エネ性能を把握することが可能。

極端な気象条件の場合を除く）状況となっている。

省エネ計算の対象となる、暖冷房、換気、給湯および照明に係る各種設備機器などの省エネ性能の向上を今後期待することもよいが、建築物省エネ法としては、建築的アプローチによる省エネ性能向上を図れる設計方法や、建材などの新技術や知見が登場することが、今後期待される。

［第２部］

家庭部門に求められる脱炭素の方策

第5章──

住宅の省エネルギー性能表示の現状と普及に向けたカギとは

池本洋一

1──新築への省エネルギーの性能表示がまもなく始まる

2024年4月から省エネ性能の広告表示が努力義務化でスタート

２０２４年４月に住宅を含む新築の建築物の広告に、省エネラベルの掲載がスタートする。また、改正建築物省エネ法に基づき、建築物の販売・賃貸事業者による省エネ性能表示の努力義務の内容を示す表示ルールを告示やガイドラインで定める前段として、２０２３年３月にとりまとめが公表された。その後、詳細検討を行うとともに、関係団体等との調整を図って、２０２３年９月に詳細ルールを含めた告示、ガイドラインが発表された。

それには、以下のことが記されている。今回は住宅について付記する。

①消費エネルギーの削減量を多段階表示で示す
②断熱性能を1～7の段階で示す
③目安光熱費が算出された場合は示す（設計上のエネルギー消費量を年額光熱費に

換算）
④太陽光発電などの再エネ設備の設置の有無を示す
⑤ＢＥＬＳなど第三者認証なのか自己評価なのかを示す

これらを住宅の販売時・賃貸時の広告にラベル画像（図1）を掲載する形で実施していく。努力義務という形で完全な義務ではないが、勧告も行える形となっているので掲載する力学は働いている。ただこのラベル表示については、①②は必ず表示する形になっているが、③の目安光熱費は算出された場合は記載することとなっている。

目安光熱費は消費者に最もわかりやすい指標だが課題も浮上

電気代・ガス代の単価高騰によって実際にその金額にならないじゃないか？という消費者クレームが起きる可能性がある。机上の計算値といっても消費者はそう思わないから優良誤認に当たるのでは？などの反対する意見が出て、必掲載項目から外れている。他方でフランスでは２０２１年のエネルギー気候法の改正にともない、省エネ性能表示の見直しが行われ、ＤＰＥと呼ばれるエネルギー証明書にこの目安光熱費を新たに表示する形となった。日本以上にエネルギー単価が上昇しているフランスでも目安光熱費を表示していく中で、日本は任意となっている。この方向性の違いはいったい何か？本件については第４節で詳述する。

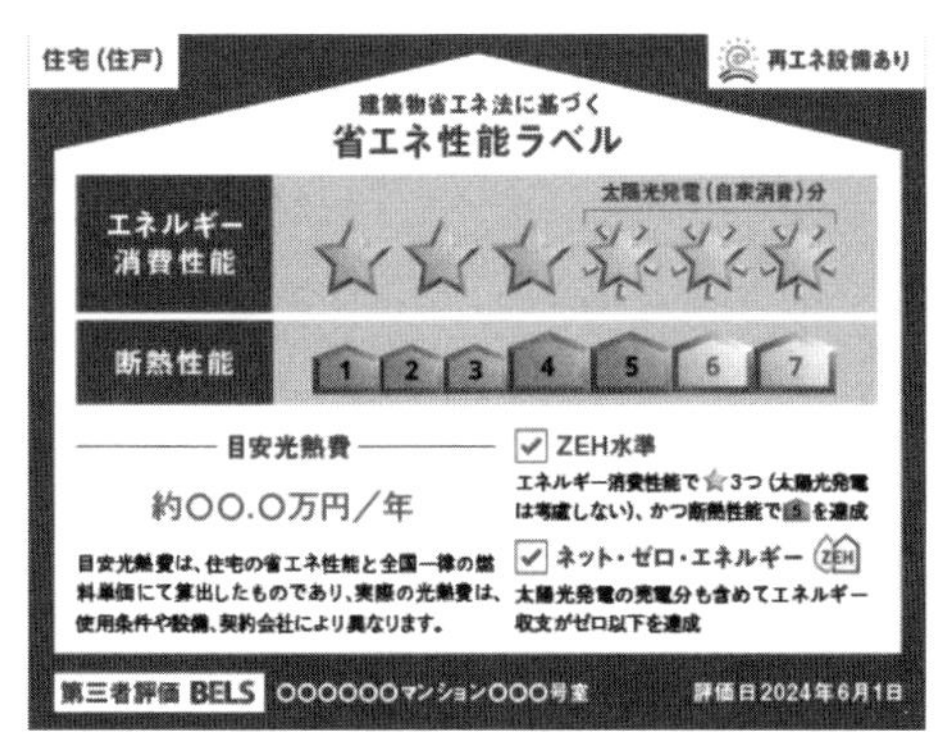

［図1］2023年9月に示された省エネ性能ラベルの素案
〈出典〉国土交通省　販売・賃貸時の建築物の省エネルギー性能の表示ルールについて（とりまとめ）

2―省エネラベルが消費者に届くまでは「旅」がある

新築一戸建ては、旅の途中で頓挫するリスクが

さて、売主や貸主からラベルが発行されれば物件広告に容易に掲載されると思うかもしれないが、実はこのラベルが消費者に届くまでには壮大な「旅」があり、物件種別によっては、いくつもの壁を乗り越えなければならない。新築分譲マンションのその旅はシンプルだが、新築一戸建てや賃貸物件はかなり複雑なのである。

図2は新築分譲マンション・一戸建ての情報伝達のパターンを図示したものである。例えば、新築分譲マンションは、事業主が自らもしくは特定の販売会社によって販売を行うことが一般的である。この場合、省エネ性能表示の努力義務を負う事業主や売主からの情報は、図2における上2つの線上をラベル情報が旅することになる。この場合はラベルを事業主がきちんと発行すれば、基本的には販売会社にも情報は届くと考えられる。

ところが下3本の線の旅のコースをみると、そう簡単に情報が行き届かないことが見えてくる。新築分譲一戸建ては、事業主が特定の販売会社に販売行為を委託せず、不特定多数の仲介会社に販売を依頼するケースが多い。販売する権利を一定程度自由化しているといってもよい。仲介会社からすれば、売った後10年間の瑕疵担保責任が売主側に課せられる新築分譲一戸建ては中

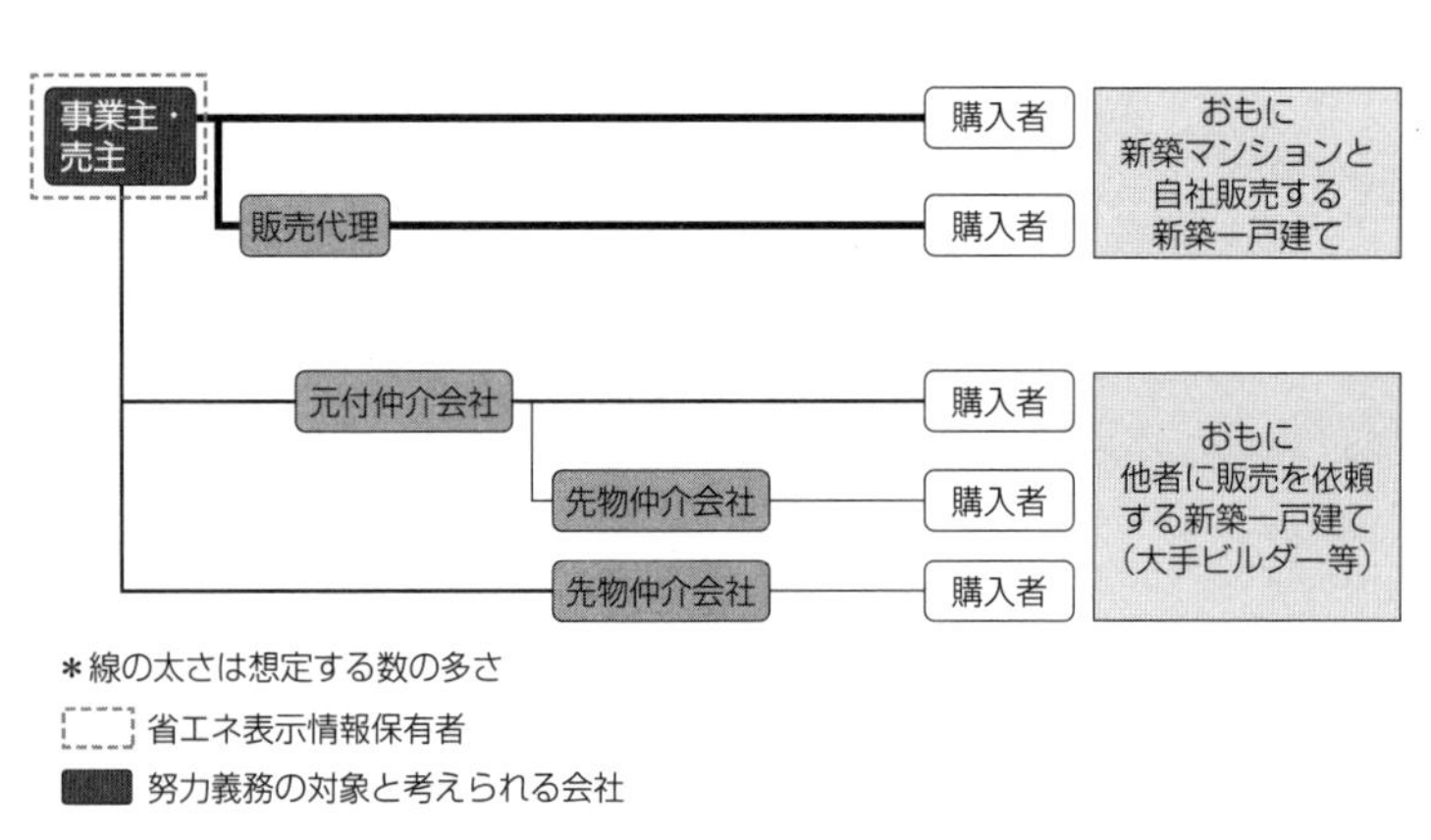

［図2］新築分譲マンション・一戸建ての情報伝達のパターン
〈出典〉不動産情報事業者連絡協議会

古に比べて取り扱いやすい商材である。詳細は後述するが、新築分譲一戸建て市場においては、分譲会社と仲介会社が蜜月の関係になるので、このように不特定多数の仲介会社に販売権を渡すケースが相当ある。販売は元付仲介会社と呼ばれる売主から直接委託を受けた会社と、不特定多数に販売権を渡す物件を先物物件というが、それを扱う会社である先物仲介会社に分かれる。

このような売り方の場合、ラベル情報が消費者に届くまでの旅に頓挫が発生するリスクが内在する。一つは仲介会社まで性能ラベル情報が届かないリスク。もう一つは仮に届いたとしても仲介会社がそれを表示しないリスクである。

前者のリスクはその伝達手段の複雑性によるものだ。図3は物件に付随する情報の流れを記したものである。分譲事業者は省エネ情報を含む物件販売に必要な情報を手作業もしくは自社システムから吐き出す形で用意する。その情報はＲＥＩＮＳ[*1]と呼ばれる宅建免許を持った事業者だけが閲覧できる不動産業者専用の物件管理システムや業プロ[*2]などの民間の物件情報管理サービスシステム、あるいはＦＡＸ、メール添付といったさまざまなツールを介して伝達される。この時点でラベル情報がこの伝達ツールにもきちんと載るように整備される必要がある。またＲＥＩＮＳは、画像情報は閲覧ができてもダウンロードできないので、ＲＥＩＮＳとは別に画像情報を仲介会社が入手できるように整備する必要がある。また今回の省エネ性能情報の追加は、物件情報を一元化して集め、ポータルサイトを含む多数の広告先にいっせいに吐き出せる仕組みをつくっている広告用コンバートシステムにも搭載しなければ情報が途絶えてしまうため、そこへも声がけする必要がある。

＊1……REINSとは、不動産情報（物件概要、間取り図、写真など）を一元管理する仕組みのことで、主要な業界団体が協調してつくっており、一定の掲載ルールを遵守する必要がある。

＊2……業プロは、おもに新築分譲一戸建ての情報を売主から預かり、物件写真、間取り図、近隣写真などを掲載した民間サービス。仲介会社は現場に行かずに最新情報が得られる。

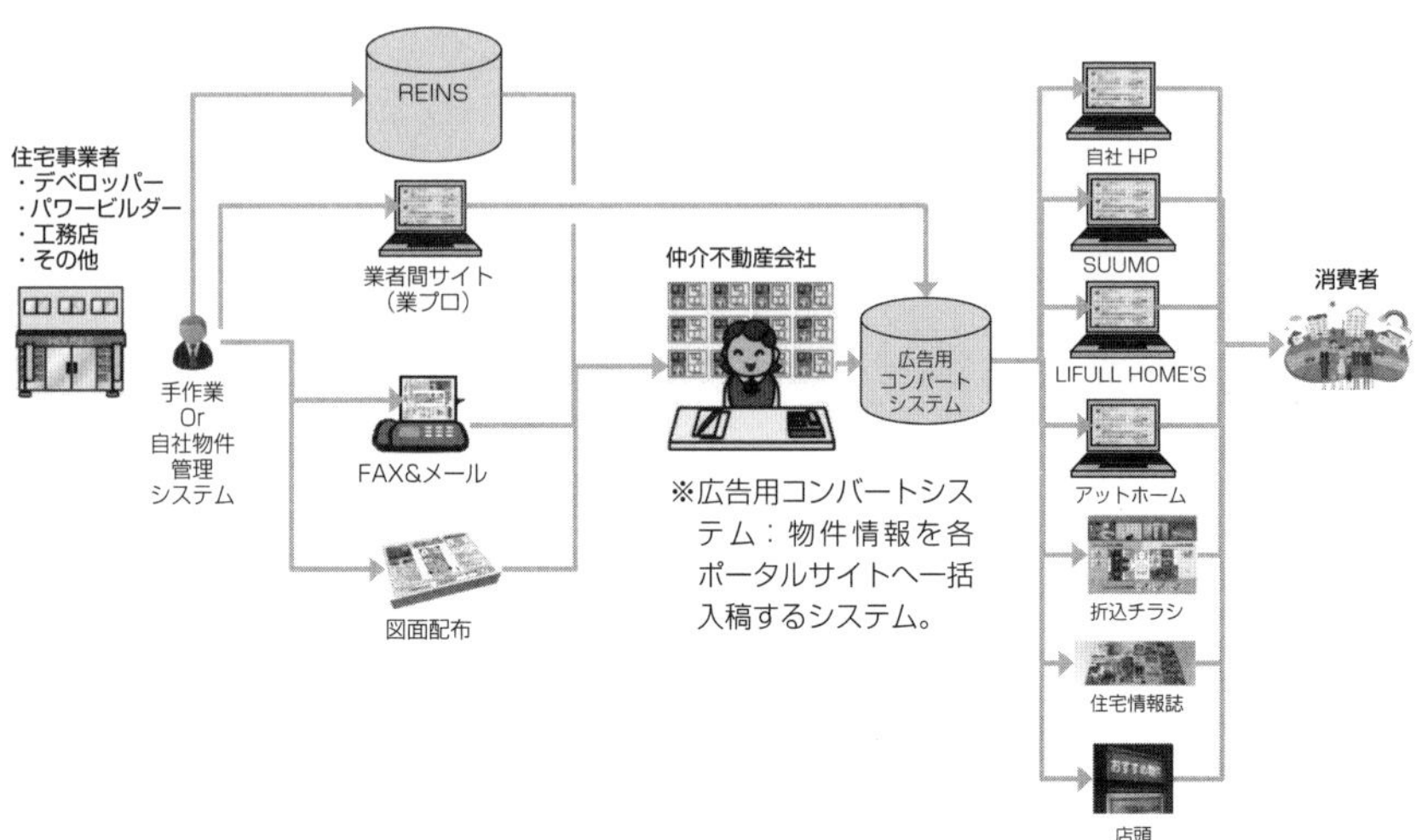

［図 3］新築分譲会社→仲介会社→広告掲載の物件情報伝達フロー
〈出典〉不動産情報事業者連絡協議会

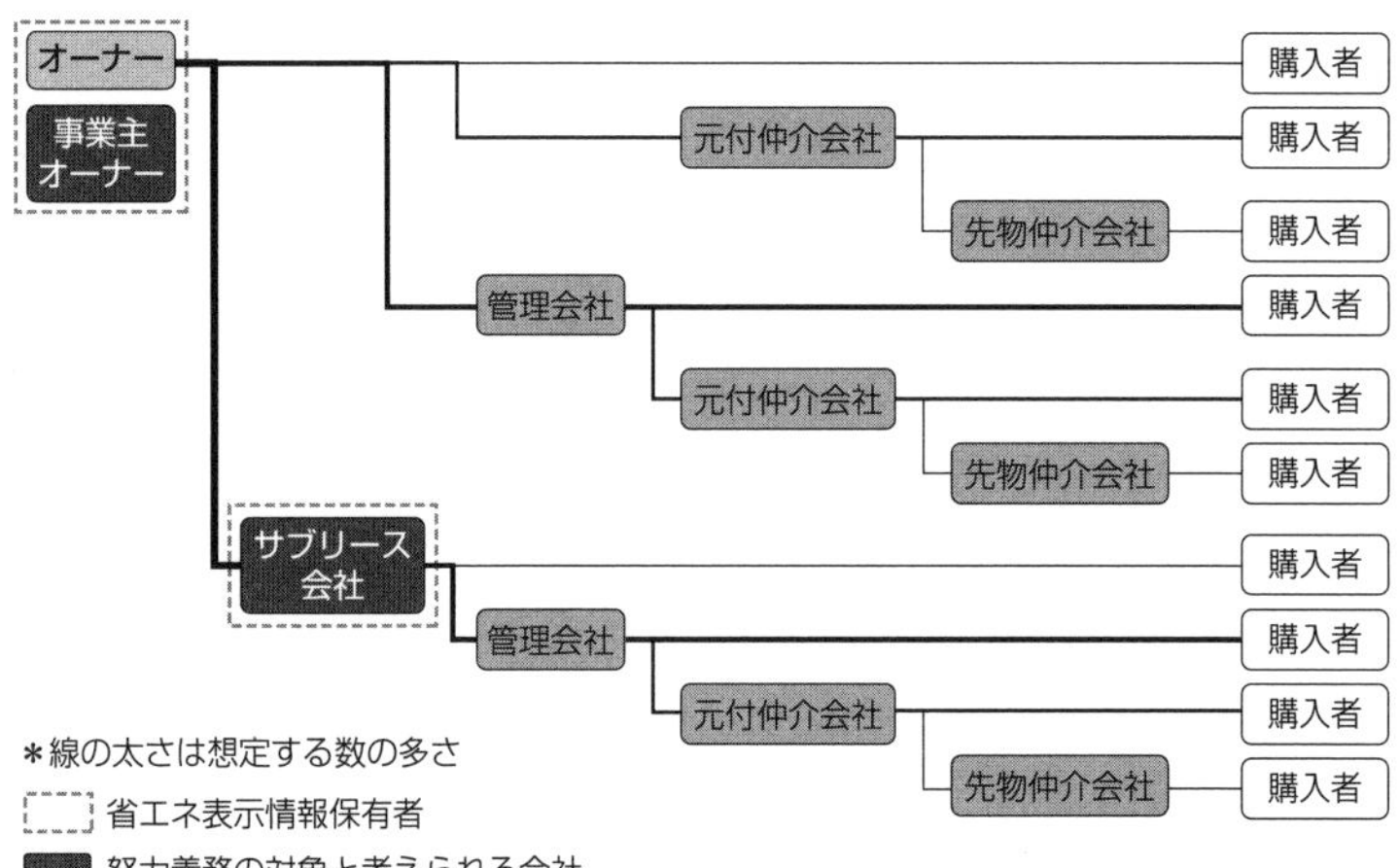

［図 4］賃貸の情報伝達のパターン
〈出典〉不動産情報事業者連絡協議会

また後者のリスクは、努力義務で規定化されていることを仲介事業者にも伝達し、なるべく簡易で理解できる説明ツールを用意するなどの対応が必要である。

賃貸物件の場合は、旅の途中で頓挫するリスクがさらに増大

賃貸物件での情報伝達はさらに複雑である（図４）。賃貸物件は情報伝達するプレイヤーの数がさらに増える。賃貸物件のオーナー、それを管理する管理会社、あるいはオーナーから一定の賃料の支払いを約束する形で、物件の客付けから入退去まですべて委託を受けるサブリース会社がある。さらに、物件の元付仲介会社、その先に先物仲介会社が存在する。また、賃貸は物件数が膨大なためにシステムで管理する会社が多い。それらの会社は、独自の物件管理システムを保有している。ゆえに大手各社にも呼びかけて、このラベルもしくは数値情報を入力できる仕組みを開発しておく必要がある。この場合はシステム開発をともなうので、声がけから半年、1年はかかるはずなので、前もって各社が開発する必要がある。あるいはそれを見越して早めに決定・伝達する必要がある。

今回のような新たに広告表示を始める際に、この複雑な情報伝達の仕組みまで目配せできていないケースが多かったので、今回の政策実装に向けては消費者にきちんと情報が届くよう、早めに要件を固めていく必要があり、住宅ポータル事業者も協力していく構えである。

■ZEH認知状況　建築主（全国）
【単一回答】

	n=	内容まで知っている	名前だけは知っている	名前も知らない	認知計*
2023 建築主（全国）	(1,773)	32.6	46.9	20.5	79.5
2022 建築主（全国）	(1,856)	28.6	48.8	22.6	77.4
2021 建築主（全国）	(1,884)	26.8	46.1	27.1	72.9
2020 建築主（全国）	(1,884)	24.6	48.4	26.9	73.1
2019 建築主（全国）	(1,884)	24.5	45.9	29.6	70.4

＊認知計：「内容まで知っている」＋「名前だけは知っている」　[%]

■ZEH認知者における導入検討状況　建築主（全国／ZEH認知者）
【単一回答】

	n=	導入した	検討したがやめた	まったく検討していない	導入検討計*
2023 建築主（全国）	(1,409)	39.2	29.8	31.0	69.0
2022 建築主（全国）	(1,436)	25.3	32.2	42.4	57.6
2021 建築主（全国）	(1,373)	26.2	32.4	41.5	58.5
2020 建築主（全国）	(1,377)	21.8	35.1	43.1	56.9
2019 建築主（全国）	(1,326)	20.6	36.6	42.8	57.2

＊導入検討計：「導入した」＋「検討したがやめた」　[%]

[図 5]注文住宅建築者に聞くＺＥＨの認知・導入状況
〈出典〉リクルート「２０２３年 注文住宅動向・トレンド」（２０２３年１１月）

■あなたは、ZEH賃貸住宅と呼ばれている住宅があることを知っていますか？

		どのような住宅か知っている	ZEH賃貸住宅という、名前だけは聞いたことがある	まったく知らない	名称認知・計	WB後サンプル数	実サンプル数
	22年調査・全体	7.5	12.9	79.6	20.4	893	915
性・年代	男性 10～20代	12.9	12.1	75.0	25.0	159	147
	男性 30～40代	10.7	23.2	66.1	33.9	198	213
	男性 50～60代	4.2	10.9	84.9	15.1	90	100
	女性 10～20代	6.2	10.1	83.7	16.3	161	159
	女性 30～40代	4.7	10.7	84.6	15.4	195	203
	女性 50～60代	2.5	3.8	93.6	6.4	90	93
在宅勤務	在宅勤務なし	5.6	13.6	80.7	19.3	530	570
	在宅勤務あり	16.5	14.9	68.6	31.4	194	168
個人年収	～300万未満	4.2	9.9	85.9	14.1	436	462
	300～600万未満	9.0	16.1	74.9	25.1	383	373
	600万以上	18.4	14.8	66.8	33.2	74	80

[%]　[%]　[万人]　[人]

[図 6]ＺＥＨの認知や切望度に関する調査
〈出典〉リクルート「賃貸居住者の生活実態と設備に対する切望度に関する調査」（２０２２年４月）

3―住み替えの契約者・検討者の調査から見える認知浸透の要諦

注文住宅・分譲住宅・賃貸住宅でまったく異なる認知状況

果たして省エネ性能の高い住宅に消費者は関心が高いのだろうか？ 図5はリクルートが注文住宅の建築主に定期的に調査しているデータである。ＺＥＨ（ネット・ゼロ・エネルギー・ハウス）の認知率は約8割に達し、内容まで認知している方も三分の一程度存在している。また認知した方の中で、実際にＺＥＨ住宅を選んだのが約4割。ＺＥＨにするには相応のコストがかかることを考慮するとよい数字であると考える。

次に分譲の新築マンション・一戸建て住宅を検討している人に同じくＺＥＨを知っているかを聞くと、名前を聞いたことがあるレベルも含めて50％弱の方が認知している。ただし、ＺＥＨに関心があるかと尋ねると16～17％と決して高いわけでもないことがわかった。

図6のように賃貸の居住者にも聞いてみたが、ＺＥＨの認知率は約20％にとどまった。どのような住宅か知っているという内容認知は7・5％にとどまっている。少し詳細にみると、この賃貸居住者の中でも、30～40代の男性に絞るとＺＥＨ認知率は約34％、また在宅勤務が一定日数ある方だと約31％、さらに年収600万円以上の方だと33％と高くなる。

ではなぜ検討・契約種別、ライフステージなどによって認知に差が生じるのだろうか？

「視認体験」が認知浸透のカギの一つ

一つは「視認体験」の違いと考える。注文住宅検討者は、住宅展示場に行くケースが多い。展示場には各ハウスメーカーが自社に呼び込むためにのぼりを立てたりしているが、そこにＺＥＨが相当数うたわれている。同じくモデルハウス内にもその説明書きがパネル展示され、持ち帰り資料にもＺＥＨの説明資料が入るケースもある。このように注文住宅建築の検討者においては、その検討プロセス上で「ＺＥＨ」を視認する確率が高いと考えられる。

他方で新築分譲マンションではどうか？最近でこそ、ＺＥＨマンションであることをうたうマンションが増えてきているが、それでもマンション購入検討者が最も気にするのは、交通利便や生活利便、設備や仕様、そして間取り、最近では資産性の見立てなどである。モデルルームにおいてＺＥＨや省エネが導入ムービーに使われたり、接客動線のつかみとしているマンションもあるが、多くはまずは立地の希少性や魅力、続いて構造、そして共用部・室内の設備仕様、間取り、想定価格・資金計画という流れで、長い接客動線の中で省エネに関する説明をていねいに入れていないケースが多い。そもそもマンションは、戸建てに比べて暖かい、保温性が良いと消費者が考えていることも影響している。

賃貸においてはさらに「視認体験」が少ない。居住中に省エネ性の高い賃貸の存在を知ることはほぼなく、また次の賃貸を探す際にもＳＵＵＭＯなどのポータルサイトをみても省エネ・ＺＥＨをうたっている物件が少なく、検討者が気づく位置に表記しているケースもほぼない。また集客・接客をする仲介会社の担当者に省エネに関する知識があまりないため、積極的に話すことは少ない。

このように「視認体験」は住まいの中での種別差が大きい。本来は住み替えの最初のエントリーとなる一人暮らし、同棲・結婚などによる二人暮らし生活は賃貸で始まるケースが多いため、賃貸での「視認体験」あるいは「入居体験」は重要だ。

今後の浸透を考えると、若年層が省エネ性能の高い部屋に関心をもってくれるのかは重要である。図６でも比較的若年世代のほうがＺＥＨ賃貸の認知が高いというデータがあるが、もう一つ興味深いデータがある。図７は今住んでいる賃貸と、生まれ育った実家とどちらのほうが断熱性が高いと感じるかを聞いたもの。これを年代別に分けてみると、50代以上は生まれ育った実家より今の賃貸のほうが断熱性が高いと答える方が多いのだが、10代、20代になると、それが逆転し、実家のほうが断熱性は良かったと回答する方が多い。さらに２００１年以降に建てられた実家に育った10・20代に絞ると倍近くが、実家のほうが断熱性が高いと回答している。なぜこのように年代によって、あるいは実家の築年によって異なるのだろうか。

「品確法」により持ち家の性能は向上したが、賃貸は向上しなかった

２０００年以前、２００１年以前で区切って分析したのはある仮説があったからだ。１９９９年に住宅の省エネルギー基準の全面改正が行われ、さらに２０００年に品確法（住宅の品質確保の促進等に関する法律）ができ、この年以降から新築分

［図7］実家と賃貸の品質への感度
〈出典〉リクルート「賃貸居住者の生活実態と設備に対する切望度に関する調査」（2023年7月）

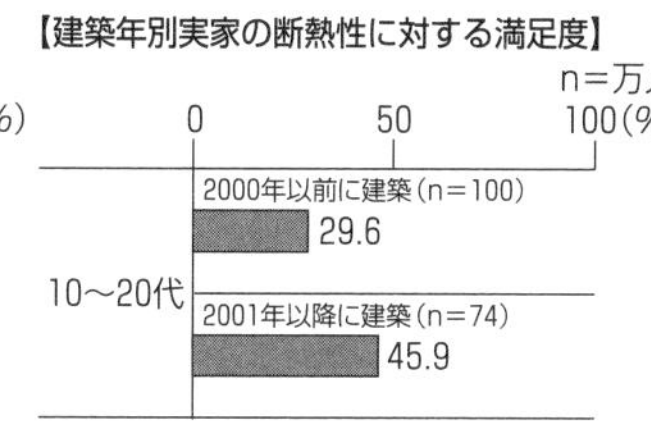

【年代別実家の断熱性に対する満足度】

	(%)
10〜20代	31
50代以上	16

譲や注文住宅には、住宅性能評価書が発行される物件が増えてきた。この制度を活用して今まで見えにくかった住宅性能を広告時点、接客時点で提示できることは事業者にとって魅力的で、利用する会社も多く、結果、新築分譲や注文住宅の住宅性能を上げることに大きく貢献した。ところが、賃貸においてはこの性能評価書を取る動きがほとんど見られなかった。なぜか？　一つは入居時に見えない性能を上げても家賃に反映できず、建築コストだけがかかってしまい、利回りが落ちてしまう懸念があること。もう一つは貸し手と借り手の感覚の違い。貸し手である大家さんは相対的に高齢の方が多く、高齢の方ほど暑さや寒さに耐えたり、工夫してしのいだ世代なので、あまり省エネ性能向上に理解が得づらいこと。また、アパートローンを取り扱う金融機関がそれに対して融資条件を緩和、優遇などをしていない、国の減税・優遇など誘導策がなかったことも要因だ。

「性能体感キッズ」の登場。若者は「結露、カビ」に違和感。退去リスクも

新築の分譲や注文住宅は性能を向上させたなか、賃貸はそこまで上がらなかった。その結果がこの図7に表れていると考える。ぬくぬくとした実家で育ってきている今の若年層を私は「性能体感キッズ」と呼ぶが、このキッズたちは、実家において結露を実感していない可能性がある。新たに住んだ賃貸において、冬、結露が毎日のように発生したり、部屋の壁にカビが繁殖していたりすると「大いなる違和感」になる。

つまり従来は、仕方ないと思われていた断熱不足による生活の不満が、「性能体

感キッズ」以降は入居時に避ける、入居後にすぐ退去してしまうリスク材料になってきている。

図８は若年層に限らず広く聴取したものだが、断熱性や気密性が低いことで引き起こされる冬の床の冷たさ、結露の発生、拭く手間などが気になる声は一定数あり、さらに床の冷たさは在宅勤務やファミリー層では15％以上の方が、退去を検討するほどのレベルだ。たった15％と思うかもしれないが賃料収入が15％も下がる影響は、オーナーや一括借り上げを行うサブリース会社からみれば大きな数字である。

今は学校教育の中でＳＤＧｓや地球温暖化を教わっているので、この傾向はさらに強くなるだろう。子どもが小学校に上がる前のタイミングで２００１年に新築の家を買ったとしよう。当時６歳だった子どもは、２０２３年では27歳になって、すでに一人暮らしを始めていたり、なかには結婚して新居を探している可能性もある。この世代が住み替えのメイン検討層になっていることを認識し、省エネを意識した賃貸建設、改修が必要であることを大家さんに伝えていくツール、現状報告書などをつくる必要がある。また入居前に性能の良し悪しが判別つかないとその分の賃料アップ、価格アップがされにくいので、多くの方が利用される不動産ポータルサイトをはじめとする広告での表示、見える化もきわめて重要な施策であることはいうまでもない。

［図8］断熱・気密不足の退去リスク
〈出典〉リクルート『賃貸居住者の生活実態と設備に対する切望度に関する調査』（2022年4月）

		WB後サンプル数	実サンプル数	冬場は床が冷たく、底冷えする		結露が発生しやすく、ふき取る手間が発生する		脱衣所や浴室など、部屋によって寒暖差が激しい		夏場と冬場で部屋の温度差が激しい	
				気になる	引っ越したいほど気になる	気になる	引っ越したいほど気になる	気になる	引っ越したいほど気になる	気になる	引っ越したいほど気になる
全体		893	915	29.5	12.6	28.9	11.1	28.7	8.0	25.5	7.3
在宅勤務	在宅勤務なし	530	570	27.2	10.9	28.0	10.1	28.0	7.4	24.1	6.4
	在宅勤務あり	194	168	32.3	15.2	25.7	9.5	29.3	9.6	26.3	7.5
ライフステージ	シングル	402	396	28.4	10.6	25.2	9.1	25.7	5.7	26.4	7.2
	夫婦のみ	212	222	29.3	13.0	26.0	11.9	29.7	8.1	24.6	8.1
	夫婦＋子ども	196	212	33.0	16.5	39.0	13.8	32.5	11.2	24.6	6.4
	その他	84	85	26.6	11.8	29.8	12.2	31.7	11.7	25.7	8.0
		[万人]	[人]								[%]

4―先行する欧州でのエネルギー性能表示の実態と最新動向

EUは20年近くのエネルギー性能表示実績。特にフランスが先行する

さて不動産広告でのエネルギー性能指標の表示に関して、ＥＵ諸国はすでに20年近くの実施経験をもっている。検討のスタートは古く、１９９７年のＣＯＰ３京都議定書で定義された気候目標の達成に向けて検討がスタートしている。

ＥＵにおける、エネルギー政策の枠組みは「建物のエネルギー性能に関する欧州指令（EPBD：Energy Performance of Buildings Directive）」がベースとなっており、その大枠の中でＥＵ加盟国がそれぞれに各国の法制度において実現していくことを課している。

このＥＰＢＤは、２００３年に施行された。これを受けて、フランスでは２００６年に、ＥＰＣ[＊3]（フランスではＤＰＥと称する）制度を導入し、エネルギー性能の計算方法を示し、新築・既存住宅販売に書類を添付することを義務づけた。同様にドイツでは、２００８年にＥＰＣ制度が導入された。ＥＰＢＤは、その後２０１０年に改定され、「最小エネルギー性能要件」、「エネルギー性能証明書（ＥＰＣ）」が強化された。これを受けて、フランスでは２０１１年に、ドイツでは２０１４年に「広告表示」が義務化された。

さらに、ＥＰＢＤは２０１８年に改正され、「長期的な改修戦略[＊4]」や「わかりやすい表示指標[＊5]」について導入することが定められた。これを受けて、フランスでは

＊3……ＥＰＣは、Energy Performance Certificatesの略で、ＤＰＥは、フランス語のLe diagnostic de performance énergétiqueの略で、いずれもエネルギー証明書のこと。

＊4……２０５０年カーボンゼロに向けて省エネ性能の劣る既存住宅の改修ロードマップを求めた。

＊5……省エネ性能にランクに加え単位面積当たりの年間消費エネルギーの数値、温暖化ガスの排出量や光熱費換算など消費者にわかりやすい指標を求めた。

２０２１年にエネルギー気候法の改正を行い、性能に劣る既存住宅の順次取引制限や省エネ改修の義務づけのロードマップを、ドイツでは２０２０年に建築物に係る省エネ関連法の３法を統合し、制度・基準の強化を予定している。現在は、２０２３年中の改正を目標に検討が進められている。

エネルギー性能証明書の広告表示、契約書添付はすでに義務化

すべてのＥＵ諸国では、不動産取引において、ＥＰＣやＤＰＥの取得・表示・提供が義務化されている。そのルールと流れは以下のとおりである。

①物件の売主・貸主、もしくは新築事業者はＥＰＣを取得する義務がある。

②不動産仲介会社はＥＰＣの指標情報をすべての物件広告に記載する義務がある。指標情報の広告表示方法に関しては、例えばポルトガルはガイドラインへの適用を任意、フランスはガイドラインへの適用を義務として運用するなど各国で差異がみられる。

③不動産仲介会社は、購入・賃貸の契約者にＥＰＣを手渡す義務がある。

④公証人（契約時の弁護士的な役割）はＥＰＣが契約書に添付されているか確認する義務がある。

日本は新築時の省エネ性能表示の要件を決定したが、欧州では中古（既存）物件の取引が圧倒的に多いため、既存住宅をベースに考えられている。図９がフランスでの流れだが、発行義務が課せられているのは物件を売ろう、貸そうとする個人や法人であり、彼らがコスト負担をして行う前提である。これは日本と少し考え方が

［図９］フランスの不動産取引の中におけるＤＰＥの流れ
〈出典〉２０１９年の筆者の訪問調査のヒアリングに基づき作成

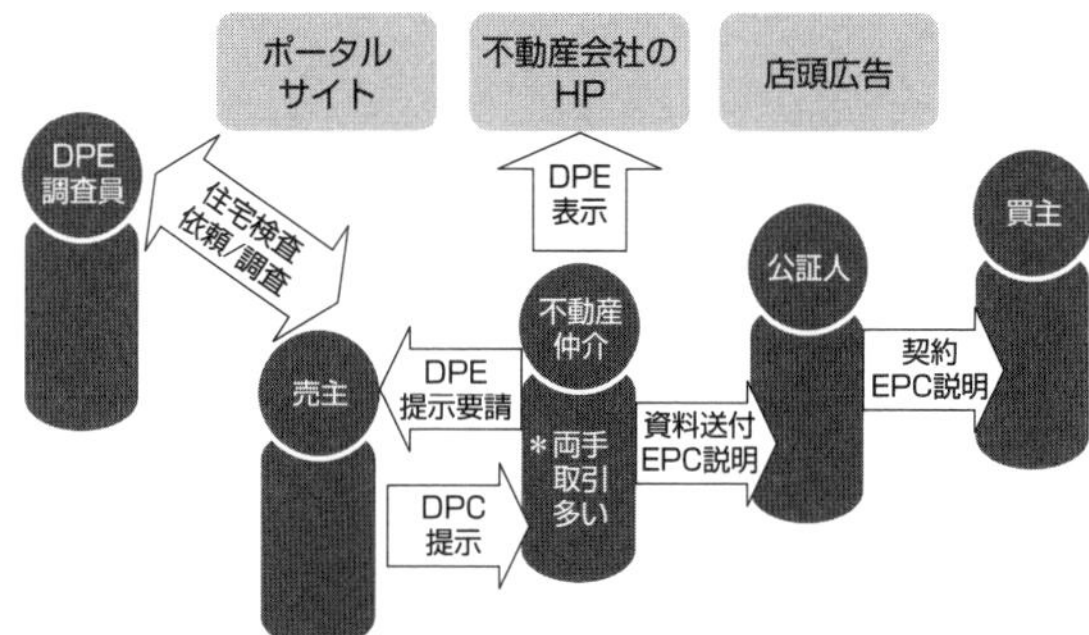

違う。また、欧州においては、不動産仲介会社が広告に表示しているか、接客時に提示していないなどの課題はあり、それは後述する。

年間エネルギー使用支出額の広告表示を義務化。低ランク物件は賃貸禁止に

エネルギーの計測・計算方法は、各国ごとに多少は異なるが基本的には「設計仕様の評価法」を利用している。ただし、今回調べたドイツとフランスは光熱費の請求書に基づく「実光熱費の評価法」も利用していた。していたというのは、フランスは2021年にエネルギー気候法の改正が行われ、実光熱費、つまり電気代やガス代の伝票で評価する方法は禁止になった。またドイツはその物件の暖房費用や熱源設備を広告に入れる慣習があるので、義務づけられているEPC以外に実際の光熱費の情報を消費者は得ることができる。

さて、ここでフランスのこの数年のルール変更を紹介したい。日本の建築物のエネルギー表示のあり方を考えるうえでとても参考になる。

①2021年、エネルギー気候法が改正され、算出方法が「設計仕様」のみに統一された。

②過去発行された古いDPE（エネルギー証明書）は段階的に無効にする。

③広告表示に「エネルギー使用年間支出額」、「DPEグレードが低い物件へ注意書き」を義務づけた。

④不動産取引にDPEグレードが低い建物の賃貸を禁止する段階的な制限のロードマップが示された。

⑤すべての集合住宅に対してDPE実施義務のロードマップが示された。

まず①の設計仕様に統一というのは、④にあるように今後、エネルギー消費量が多すぎる物件については改修を行い、一定の消費量以下にすることを課していく政策に切り替えたため、居住人数や生活スタイルなどにより変動する「実光熱費」による算定は、排除せざるを得ないという背景と推察する。②も同様だ。過去の算定方式による証明書は排除せざるを得ない。またDPEは「情報提供のための証明書」から「強制執行可能な証明書」に強化された。この変更によって虚偽記載の起訴が可能になる。またこの法律変更により、④のDPEランクに基づいた賃貸禁止などの規則が可能になる。

③は、施策後のDPE表示の実際を見て解説したい。表示されているのはA～G（7段階）のエネルギー消費性能と7段階のCO_2排出量、それにエネルギー年間支出額（「標準的な使用における年間エネルギー消費量の推定値」）。これは専用のアプリで算出される。2610ユーロ～3580ユーロと幅があるのは、エネルギーの単価変動幅の考慮、エネルギー事業者ごとに異なる単価の考慮、年によって異なる暖房期間を考慮して算出しているからと聞いた。[*6]また証明書の有効期限は10年間。賃貸の有効期限は3年間である。

④は2021年のエネルギー気候法の改正により、エネルギー性能が低い住宅の賃料の値上げが禁止された。エネルギー性能証明書（DPE）の格付けで、その対象を定義する。具体的には、2022年8月から、F・Gランクの性能が低い住宅の賃料を値上げすることが禁止された（通常は年1回の値上げが規定されている）。

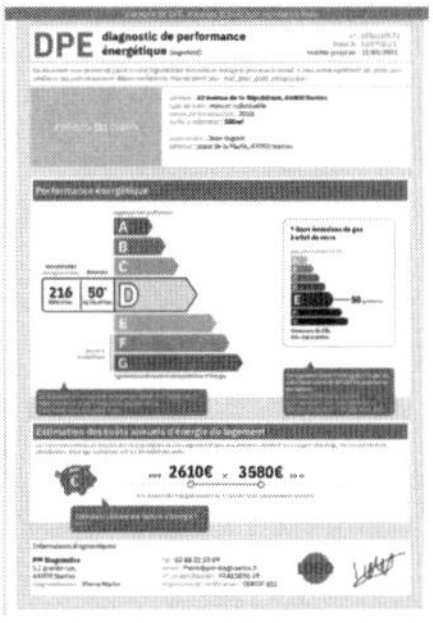

[図10]フランスの現在のDPE見本
〈出典〉ADEMEのWebページより

[図11]フランスの不動産広告におけるFランクの表示の実態（パリの店頭広告より）

*6……フランスでの取材でエネルギー診断業務従事者への筆者のヒアリングによる。

また、2023年1月から、最も低いGランクの中でも450kWh／平方メートル以上のエネルギーを消費する性能が低い住宅は賃貸が禁止された。2025年からGランクすべての住宅は賃貸が禁止される。賃貸の禁止は、2028年にはFランクまで拡大される。2034年にはEランクまで拡大される。

さらにF・Gランクは、2023年4月から売却前に「エネルギー監査」が義務づけられる。2025年からEランクも売却前に「エネルギー監査」が義務づけられる。「エネルギー監査」とは、買主に省エネ・断熱改修の規模を知ってもらうために行う調査だ。ランクを上げるためにどれくらいの改修が必要なのかを提示する。1回の大きな改修と段階的な改修の2パターンを示す。F・GランクをCに上げるための改修、E・DランクをBに上げるための改修などが提示される。ちなみにフランス・パリでは、Eランク以下の住宅が4割にのぼることから不動産オーナーから反発があるという。45平方メートルのワンルームで約187万円の省エネ・断熱改修費がかかるという試算もある。*7

⑤のDPE発行義務をすべての集合住宅に拡大する件は、建物の条件によって、1棟で一つのDPEで良いのか、各戸で調査する必要があるのかが異なる。

また、実際の不動産広告にも規制がある。DPEとCO_2排出量のスケールとグレードを最小180×180ピクセルの大きさで表示、モノクロ表

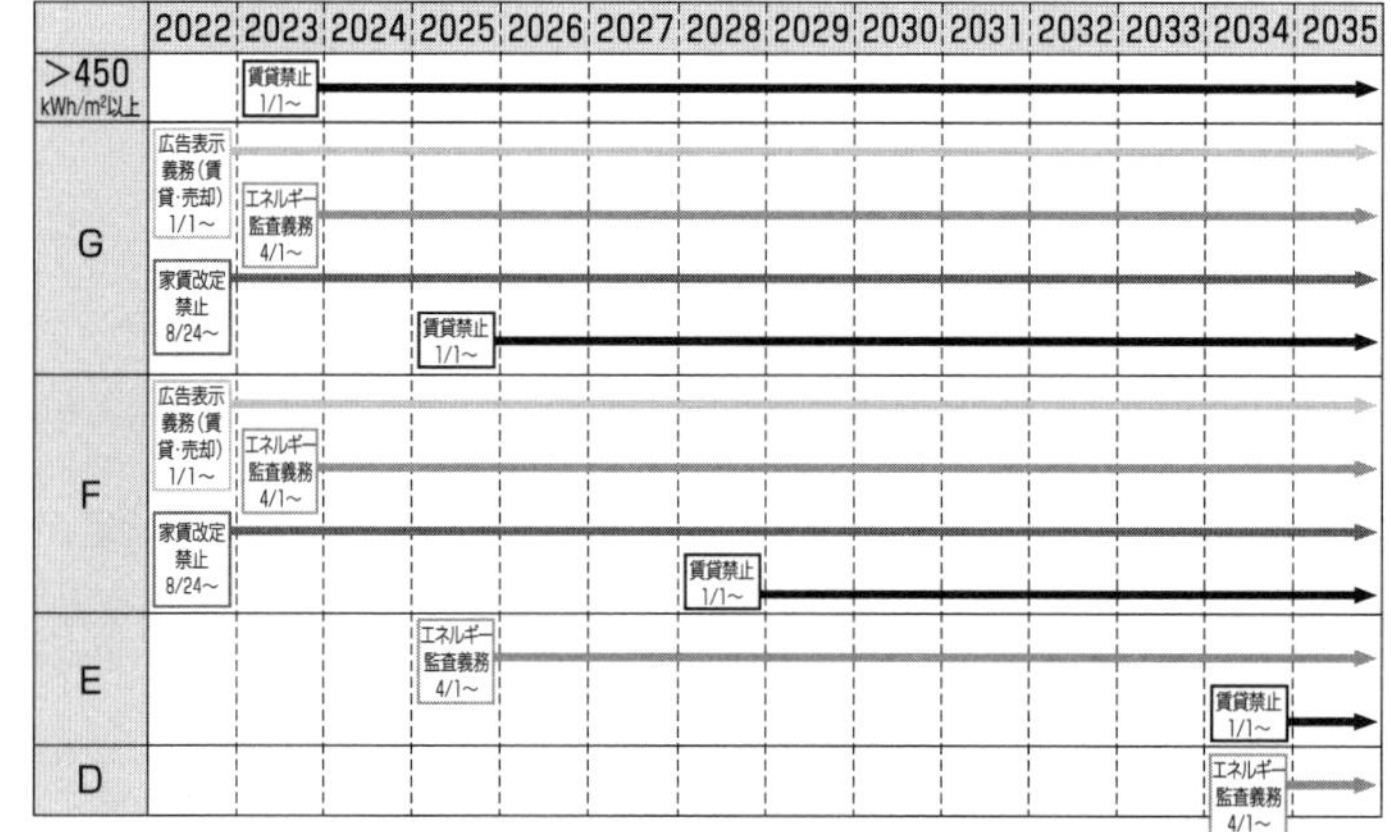

[図12]フランスにおけるDPEグレードの低い建物の賃貸禁止へのロードマップ

*7……出典：『東洋経済オンライン』2023・3・12号の記事より。

示は不可、エネルギー年間支出額を記載し、推定値の設定に使用したエネルギー価格の基準年を明記。またF・Gという低いランクの物件については「エネルギー消費が過剰な住宅」と表記し、極端に小さい文字は認められないという規制もある。Fランクについて「エネルギーが筒抜け」と表示され、またGの下には「エネルギー性能がとても劣る」と赤字で注意書きが入る。

広告にDPEを表示しなかった場合、個人は3000ユーロ、法人は1万5000ユーロの罰金が課される。私が2019年にフランスに現地訪問した際に、パリの不動産会社を3社ほど訪問したが、罰金を支払っている会社はなかった。ただ抜き打ち検査的にチェックされるので気が抜けないという声を聞いた。

欧州の消費者は、省エネ性能表示を認知・重視しているのか?

さてここまで施策を講じている欧州で、果たして消費者は省エネ表示を認知しているのであろうか? 図13は2019年に欧州5か国の首都およびその近郊に住み、過去5年以内に住み替えした方にオンライン調査したものだが、それによると7割程度は視認されていることがわかる。この中でも高いのはフランスである。2019年に私はドイツ・フランス・ポルトガルの3か国を訪問したが、不動産会社の店頭で省エネ表示を最も多く見たのはフランスのパリであった。先に述べたように広告表示義務化に早期から取り組み、また、罰金や大きさの指定までしている国は認知が高いという納得の結果である。他方で「確かに見た」は5割に満たない国が多い。

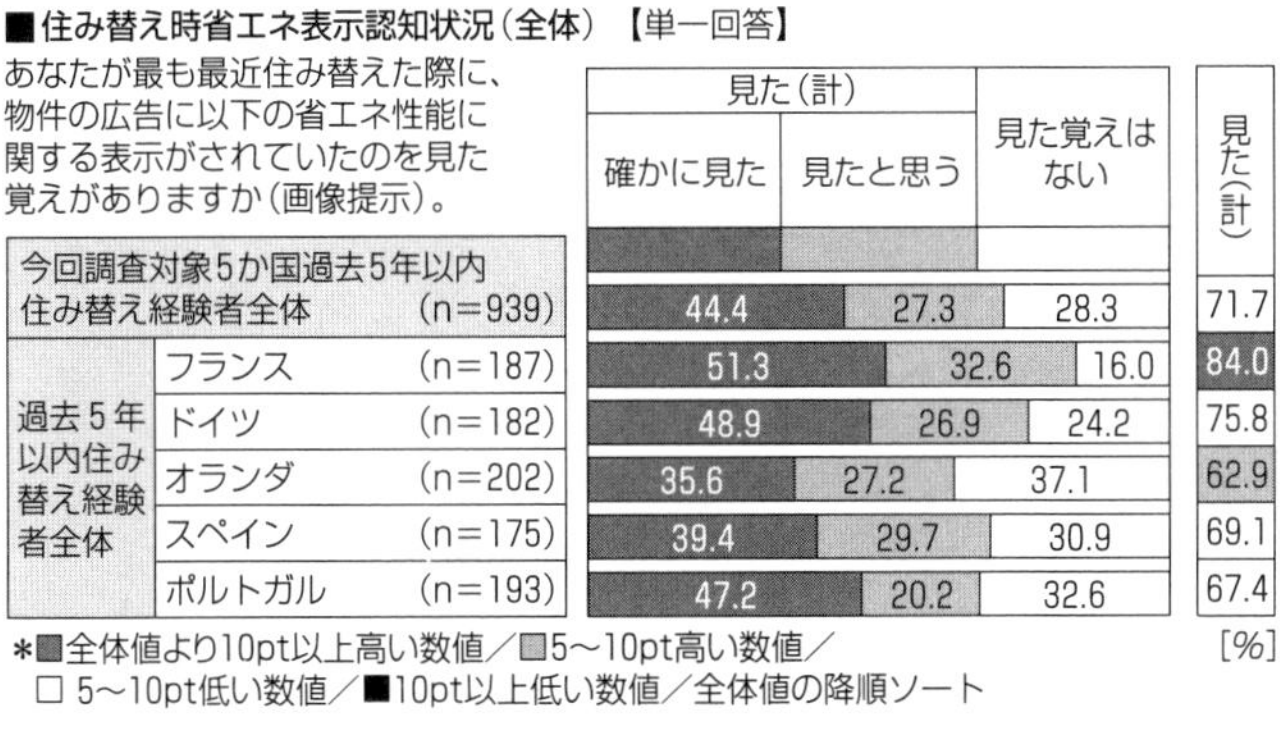

［図13］欧州5か国の住み替え検討層に聞いた省エネ表示の認知状況
〈出典〉令和元年度RSC受託事業「省エネルギー性能表示の不動産広告表示方法・運用方法検討委員会」海外調査の報告より

■住み替え時省エネ表示認知状況（全体）【単一回答】

あなたが最も最近住み替えた際に、物件の広告に以下の省エネ性能に関する表示がされていたのを見た覚えがありますか（画像提示）。

			見た（計）		見た覚えはない	見た（計）
			確かに見た	見たと思う		
今回調査対象5か国過去5年以内住み替え経験者全体		(n=939)	44.4	27.3	28.3	71.7
過去5年以内住み替え経験者全体	フランス	(n=187)	51.3	32.6	16.0	84.0
	ドイツ	(n=182)	48.9	26.9	24.2	75.8
	オランダ	(n=202)	35.6	27.2	37.1	62.9
	スペイン	(n=175)	39.4	29.7	30.9	69.1
	ポルトガル	(n=193)	47.2	20.2	32.6	67.4

[%]

＊■全体値より10pt以上高い数値／■5〜10pt高い数値／□5〜10pt低い数値／■10pt以上低い数値／全体値の降順ソート

２０１９年に３か国を訪問して、実際に物件売買をした消費者８名にヒアリングを行ったのだが、広告時にはあった気がするという声が多かった一方で、物件案内時にエネルギー証明書の説明を受けた人は、自分から求めた人以外はほぼいなかった。

また、不動産会社５社に案内時に説明を行っているかなどの実態も聞いた。買主・借主に対してＥＰＣの説明を行うことになっているが、ほとんど説明していなかった。買主・借主から聞かれることも少ない。特にパリやベルリンでは物件が希少で住み替え希望者が多いマーケットのため省エネを気にしていたら買えない、借りられないという現状もあるという。

広告表示は義務化されているが、ＥＰＣのグレード表示は検査中と提示すれば広告可能なのでいくつかはそうしている。買う人が決まってから取りに行くケースもある（２０１９年時点）。

この欧州のインタビューからは、消費者に最終的に的確に伝達する役割は販売や賃貸を行う仲介会社・販売会社であり、その方々が説明しようと思う、これなら説明できるというツールを用意することの重要性が見えてきた。

では次に、消費者に省エネ性が高い住宅をどう紹介して、関心を高めていただくべきかについて論じていきたい。欧州５か国の住み替え検討者に省エネ表示の認知状況や省エネ性能の重視度を聞いてみたが、認知、重視度ともに20代、30代の数字が高かった。これは３節で「性能体感キッズ」

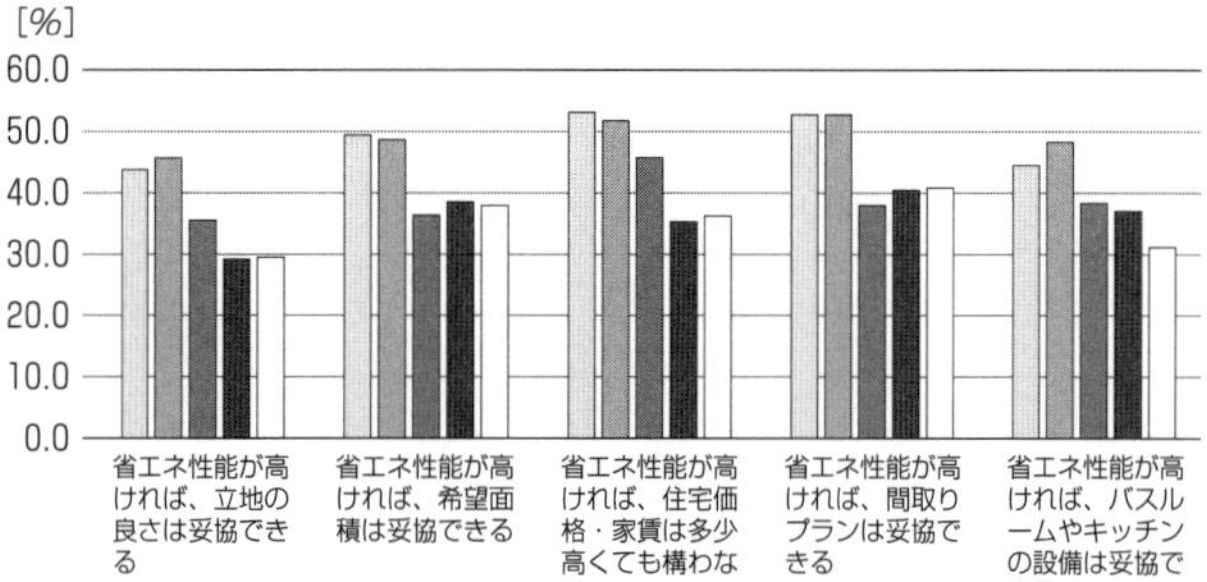

[%]

	省エネ性能が高ければ、立地の良さは妥協できる	省エネ性能が高ければ、希望面積は妥協できる	省エネ性能が高ければ、住宅価格・家賃は多少高くても構わない	省エネ性能が高ければ、間取りプランは妥協できる	省エネ性能が高ければ、バスルームやキッチンの設備は妥協できる
□20代	44.1	49.9	53.7	53.4	45.1
□30代	46.0	49.2	52.4	53.5	49.0
■40代	35.8	36.8	46.3	38.6	39.1
■50代	29.6	39.0	35.8	40.7	37.7
□60代	29.9	38.3	36.8	41.3	31.8

［図14］欧州５か国の住み替え検討層に聞いた省エネ性能と妥協の関連
〈出典〉令和元年度ＲＳＣ受託事業「省エネルギー性能表示の不動産広告表示方法・運用方法検討委員会」海外調査の報告より

の存在を示した日本と似たような状況だ。

さらに図14を見ると、「省エネ性能」と「立地」、「広さ」、「家賃・価格」、「間取り」、「水回り設備」を天秤にかけたときに、どちらを妥協できるかについて聞いたところ、20代、30代の半数以上が家賃や価格が多少高くても、間取りを妥協しても、省エネ性能を選んでいる。同じ設問で、50代、60代は3割強しか省エネを選んでない。欧州の若年層は日本よりもさらに省エネ・環境意識が高いことを感じさせる結果だ。いずれにせよ若年層は、省エネ性能の良し悪しは伝われば関心をもつということだ。

次に省エネ性が高いことだけを訴求するだけで良いのか？について興味深いデータを紹介したい。図15は、今後の住み替えの際に省エネ性能の表示をどの程度参考にするかを聞いたものである。各国とも6割〜8割の検討者がある程度参考にすると回答しているが、「とても参考にする」に絞ると、ポルトガルが約53％と突出して高かった。なぜ温暖で光熱費もそこまで高くなさそうな国が最も高いのか？それは現地でのインタビューならびに図15の調査結果で見えてきた。

まずはポルトガルでのインタビューから。EPCがAグレードの物件を購入した30代男性からは、EPCが高いに越したことはないが、EPCの多寡で決めたわけではない。ただAグレードは物件の品質全体が優れている、それを選ぶのは心地良いとの声があった。次に図16を見ていただきたい。省エネ表示から何を得ているかを聞いたものだが、各国ともに「客観的な省エネルギー性能」が1番である。また多くの国で2番、3番にきているのが「光熱費の目安」、そして「暖

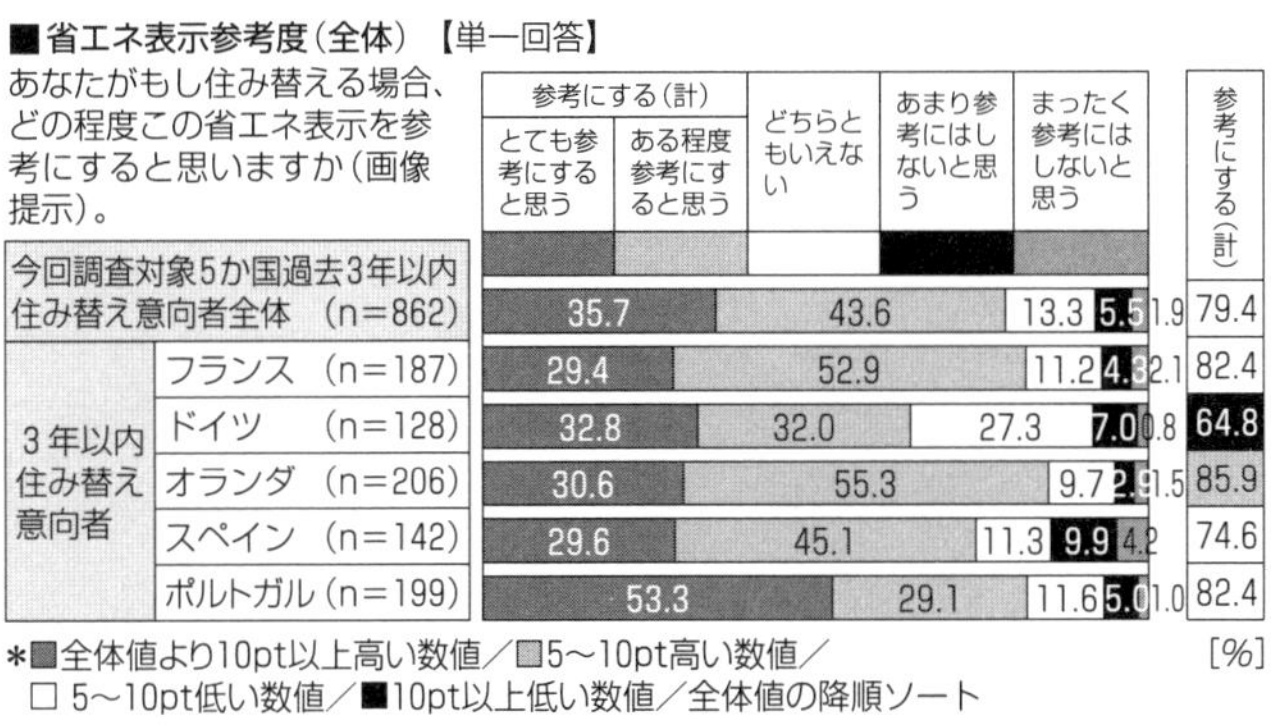

■省エネ表示参考度（全体）【単一回答】

あなたがもし住み替える場合、どの程度この省エネ表示を参考にすると思いますか（画像提示）。

		参考にする（計）		どちらともいえない	あまり参考にはしないと思う	まったく参考にはしないと思う	参考にする（計）
		とても参考にすると思う	ある程度参考にすると思う				
今回調査対象5か国過去3年以内住み替え意向者全体	（n=862）	35.7	43.6	13.3	5.5	1.9	79.4
3年以内住み替え意向者	フランス（n=187）	29.4	52.9	11.2	4.3	2.1	82.4
	ドイツ（n=128）	32.8	32.0	27.3	7.0	0.8	64.8
	オランダ（n=206）	30.6	55.3	9.7	2.9	1.5	85.9
	スペイン（n=142）	29.6	45.1	11.3	9.9	4.2	74.6
	ポルトガル（n=199）	53.3	29.1	11.6	5.0	1.0	82.4

[%]

*■全体値より10pt以上高い数値／▨5〜10pt高い数値／□ 5〜10pt低い数値／■10pt以上低い数値／全体値の降順ソート

〔図15〕欧州5か国の住み替え検討層に聞いた省エネ表示の重視状況

〈出典〉令和元年度RSC受託事業「省エネルギー性能表示の不動産広告表示方法・運用方法検討委員会」海外調査の報告より

かさや涼しさという快適さの目安」という結果であった。少し違いがあるのがポルトガル。温暖な気候の影響もあるのか「光熱費の目安」、「暖かさや涼しさ」の回答は他国に比べて低いのだが、その右の「物件全体のグレード」が高い。スペインもこの項目が高い。欧州の中でも温暖で日本の首都圏の気温と近いであろう2か国は、省エネ性能が高い＝物件のグレードが高いという認識をもっている。これは日本においての省エネ意識の向上、あるいは省エネ性能表示を行う際の一つの考察となるのではないか。つまり省エネ性能が高いことを単体で訴求するのではなく、他の物件と比べてグレードが高いひとつの指標として捉えるという説明の仕方を行う。そのためには、ぱっと見ではわからない省エネ性能だけではなく、物件のグレード感、洗練感を合わせて出すという考え方だ。もちろん昨今のエネルギー価格の上昇を受けて、省エネ性能、太陽光発電への意識は以前より高まってきており、省エネ分野にコストをかけた分の家賃や物件価格への転嫁は以前よりは合意を得やすくはなっているが、見た目のグレード感も高めていくことを推奨したい。

■省エネ表示から得られる情報（全体）

【複数回答】

あなたは、物件広告の省エネルギー性能表示ラベルからは、どのような情報が得られると思いますか。

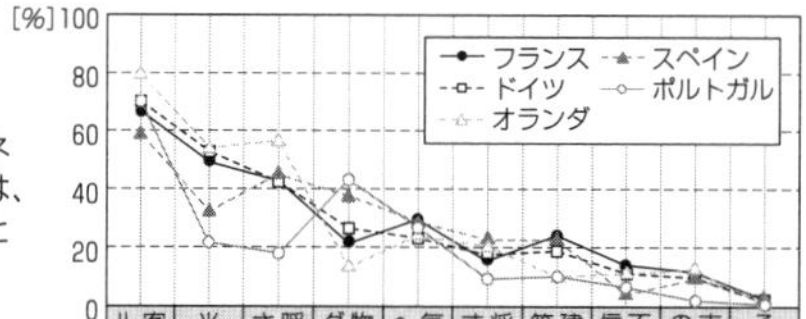

		客観的な省エネルギー性能	光熱費の目安	暖かさや涼しさの快適さ	物件全体のグレード	気候変動対策への貢献度	将来的に改修すべき箇所	建物の管理状態	不動産会社の信頼性	売り主・貸主の信頼性	その他
今回調査対象5か国過去3年以内住み替え意向者全体	(n=862)	69.5	41.5	40.7	28.5	27.3	17.3	16.8	10.1	9.9	1.9
3年以内住み替え意向者 フランス	(n=187)	66.3	49.7	41.7	21.9	29.4	16.6	23.5	13.9	12.3	2.7
ドイツ	(n=128)	69.5	53.1	43.0	26.6	24.2	18.8	19.5	11.7	10.2	1.6
オランダ	(n=206)	79.1	52.4	56.8	15.0	25.7	20.4	10.7	12.1	15.0	1.0
スペイン	(n=142)	58.5	32.4	45.1	38.0	29.6	23.2	23.2	4.2	8.5	3.5
ポルトガル	(n=199)	70.4	21.6	18.6	43.2	27.1	9.5	10.6	7.5	3.0	1.0

[%]

*■全体値より10pt以上高い数値／■5〜10pt高い数値／□5〜10pt低い数値／■10pt以上低い数値／全体値の降順ソート

[図16] 欧州5か国の住み替え検討層に聞いた省エネ表示から得られる情報
〈出典〉令和元年度RSC受託事業「省エネルギー性能表示の不動産広告表示方法・運用方法検討委員会」海外調査の報告より

5―省エネ性能表示の普及に必要な取組みとは?

高性能賃貸の建設にチャレンジ。省エネに加え、内装の高品質化がカギ

　私自身が住宅ポータルサイトの編集長であり、また省エネ関連の省庁や自治体の委員になっている関係で、人前で講演したり事業者と意見交換する機会が多い。その中で性能を高める追加費用があるなかで、実際の家賃や価格に転嫁できなければ事業者としては取り組みづらいという声も聞いていた。また体感が大事だから、最初の一人暮らし、二人暮らしの経験になる賃貸住宅で高品質なものを増やし、その体感数を増やすことが重要であることを私自身も主張してきた。ならば実際にやってみようということで、2022年、筆者自身が初めて賃貸集合住宅の建築・経営にチャレンジしてみることにした（写真1）。全15室の一人暮らし用賃貸をさいたま市内で建築した。窓を複層Low-Eガラスの樹脂サッシに、断熱材も通常よりも多めに入れて、賃貸住宅としては断熱性の高い集合住宅を建ててみた。ターゲットは20代女性とした。20代女性にした理由は先に述べた「性能体感キッズ」世代なので省エネ・断熱に対して関心があるだろうということと、女性は在宅時間が長く、家に対して洗練さやグレード感を求めるニーズが同世代の男性よりも高いだろうという仮説を立てた。ただし社会実験的観点から女性専用とはしなかった。また部屋のグレード感を出すために、床・壁紙・室内ドアを内装デザイナーに依頼して洗練されたものにし、キッチンと洗面化粧台は1グレード高いものを選定した。当然コ

［写真1］筆者が建築した賃貸住宅の内装
写真提供：池本洋一

ストアップするので、その分を家賃に転嫁して、周辺相場より6％アップで設定した。また内装や使い勝手のいい間取りを売りにしたので、先行して2部屋を仕上げ、レンタル家具を設置したモデルルームをつくり、完成前から募集を開始した。

結果、建物の完成引き渡し時には15室中13室の契約が入った。もっと家賃を上乗せしても大丈夫だったかも知れない。入居者のプロフィールは全員20代で、15室のうち13室が女性であった。また契約時にアンケートをお願いして何が入居の決め手になったか、その後の満足度を聞いた。実際に賃貸契約した15人に対し入居前の2022年3月と夏を経過した10月の2回に渡って聞いた。決め手になった項目を聞くと、内装デザイン、キッチンや洗面化粧台などの設備の評価が高く、残念ながら省エネ性能を決め手にあげた人はいなかった。ところが夏を過ごした10月にその後の満足度を聞くと、窓の性能・断熱性能は、5点満点中の5点をつけた人が回答者12名中7名に。つまり入居後にはその性能を体感し、長期入居につながる可能性が高いことが見えた。

省エネ化の推進には、仲介会社への浸透と金融機関の担保評価反映がたいせつ

今回課題もいくつか見えた。一つは、今回の物件の売りとしていた省エネ性能について、仲介会社から検討者への説明の中ではふれられていなかったこと、もう一つは、銀行の融資において、省エネ化への追加費用が考慮の対象にならなかったことである。

まずは仲介会社の話から詳述する。第4節で述べた欧州の調査を行ったときの話

だが、合計8名の住み替えユーザーにインタビューしたが、全員が仲介会社の案内時にＥＰＣ（エネルギー証明書）のランク説明を受けなかったと回答した。うち２名は自分から求めて出してもらったというレベル感である。欧州ではすでに広告表示は義務化されているが、接客時にそれが双方で対話されていないことは課題である。

日本においても建築士が建物の省エネ基準の適合性について、施主への説明が必要になる制度ができたり、２０２４年4月にはエネルギー性能の広告表示も努力義務化され表示が始まるが、消費者への伝達を担う仲介会社、販売事業者が説明してくれるかがキーとなる。その仲介・販売側の声を聞くと、省エネの説明優先度は相対的には低いとの声が多い。

ではそれを踏まえてどうすれば良いか？まずはＺＥＨ、Ｎｅａｒｌｙ ＺＥＨ、認定低炭素住宅、長期優良認定住宅、太陽光発電、ＰＰＡモデル、蓄電池、高効率給湯器など多数の省エネに関係する用語があるが、一言で言うとどんなレベル感なんですか？ということをポイントも絞って、1分で解説できる紙1枚のツールを作成することが必要である。そのために全体感を指し示す客観指標である、エネルギー性能ラベルの普及はまずもって重要であり、そのラベルによって世の中の新築の最低基準に対してどの程度省エネ・断熱化が図られているのかを説明すること。

また★（星表示）などの多段階評価も視認性の観点では必要だが、光熱費に落とし込んだ「目安光熱費」がさらに重要だ。目安光熱費に対しても、20年前の家と比べて、２０２５年の新築の義務化の基準とどの程度削減できそうかの比較観点が重要である。あるいは、ＺＥＨや省エネの普及漫画、ショート動画を作成し、それを広く仲介会社に活用いただくことも肝要である。この際にも意識したいのは「削ぎ落し、簡潔化」である。

金融機関の融資についても言及したい。省エネルギー性に優れた賃貸建設は推進していかねばならないが、現状は金融機関の融資において、省エネルギー性を高めるための建築コストの増加分を考慮する仕組みがない（一部金融機関ではＺＥＨ水準住宅で金利優遇はある）。

他方で金融機関からすると、どういったものだと担保評価を高めにすることができるかを評価するモノサシがない。つまりアパートローンの融資妥当額を算出する評価システムに建物の省エネ性能を織り込む必要がある。これは省庁間の連携も含めて、また省エネだけでなく、建物の良質性全体をどう担保評価システムに織り込んでいくかの議論が必要である。これがもし実現できれば、省エネ性の高い新築賃貸住宅はもちろん、既存住宅の省エネ改修も担保評価につながる＝販売価格への反映に期待ができるので大きな推進力になる。同じく固定資産税の減免などの減税、あるいは補助金など国の推進策も期待したい。

さらに、世の中一般に向けたキャンペーンや告知の強化も必要だ。国の予算には施策のためのプロモーションの予算取りが少ない。中高年齢層にはテレビで、若年層には動画サイトやＳＮＳチャンネルを活用した発信を計画したい。

ポルトガルではエネルギーラベルの普及期に、ＴＶスポットＣＭ、ＴＶドラマとのタイアップ、教育用ビデオ、各種広告、フェア出展、パンフレット（バウチャー）、シミュレーションアプリ開発などＥＰＣの利点を広め、実施することの重要性をアピールした。その結果、温暖な国でも一定の普及と国民の関心を得ている。

ぜひ日本においても、一般消費者が認知する有用策を検討するタスクフォースを組成するなどして、チャンレジすることを期待するとともに、支援したい。

第6章——

住まい手の行動を変える

高口洋人

1——行動変容の重要性

ジェボンズのパラドックス

19世紀に英国で活躍した経済学者ジェボンズ[*1]は、産業革命による石炭の大量消費に起因する大気汚染に対し、石炭利用の効率改善が必ずしも石炭の使用量抑制にはつながらないと主張した。ジェボンズのパラドックスとして知られる逆説だが、近年、省エネ機器のリバウンド効果の説明として再注目されている。ジェボンズは、石炭の利用効率が高まって、エネルギーコストが低下すると、その低下分は新たな投資、例えば生産数を増やすとかに回って、新たなエネルギー需要を喚起するので、エネルギーの削減分は相殺されると説明した。

現代の例でいえば、エアコンの効率が改善されてより省エネになったとしても、光熱費が下がると使用時間が長くなったり、従来はエアコンが設置されなかった子供部屋や浴室にエアコンをつけたりするようなリバウンド現象があり、全体として

＊1……ジェボンズ（Willam Stanley Jevons, 1835-1882）英国の経済学者。おもな著書に『石炭問題』（1865）、『経済学の理論』（1871）がある。

みればエネルギー消費量は減らないような現象を指す。後述する家計調査をみても、光熱費はおおむね所得に比例する。所得が変わらなければ光熱費も変わらず、使用するエネルギー消費量も変わらない。何かを省エネ型にしても、浮いた光熱費は「生活の質」を高める別の用途に振り向けられる。

すなわち、「生活の質」の改善余地がある限り、省エネ機器を導入しても、エネルギー消費は減らないことになる。全館24時間空調を行って、照明などもつけたいだけつけて、これ以上「生活の質」を上げようがない、というところまで私たちの生活が成熟して、ようやく効率改善の効果が出ることになる。

一方、ワケナゲル[*2]などの環境経済学者は、このようなパラドックスを脱する方法は、効率改善による費用削減効果を環境税などの手法を用いてなくすべきとしている。所得に占める光熱費の割合は一定であるから、効率が改善されても光熱費が減らないように調整できればエネルギー消費は減るという論理である。つまるところ増税、あるいはエネルギー単価の引き上げということであるが、近年のエネルギー価格の高騰に対して、政府の反応は脱炭素化、あるいは省エネ投資が進むことを歓迎するのではなく、エネルギー単価を抑えるために莫大な補助金をつぎ込んだことからもわかるように、この手の社会的な合意形成には慎重な議論が必要だろう。

ではどうすればよいのか。

行動変容とナッジ

そこで期待されるのが、ヒトの考え、マインドを変えるという方向性である。エ

＊2……ワケナゲル（Mathis Wackernagel, 1962-） 環境負荷を確認する方法としてエコロジカル・フットプリント（Ecological Footprint）を開発し（人間生活において、どのくらい自然環境に依存しているかを伝える指標）、その普及に取り組んでいる。
Wackernagel, Mathis; Rees, William (1997). "Perceptual and structural barriers to investing in natural capital:Economics from an ecological footprint perspective". Ecological Economics 20 (3): 3-24

アコンが高性能になって光熱費が下がったとしても、浮いたお金がエネルギー消費を喚起しなければよい。時間当たりのエネルギー消費が低い活動に振り向けられれば、リバウンドは起こらないことになる。所得に対する光熱費の割合を下げることができれば、ジェボンズのパラドックスを脱せられる。この活動の満足度が高ければ、省エネルギーと生活の質の向上を両立できる。例えば、屋外でのスポーツや地域の集まりやお祭りなど、時間当たり、一人当たりのエネルギー消費が少ない活動を活発にすることも省エネルギーに効くことになる。行動変容はそういった生活の質向上の方向性、マインドを変えることといえる。

環境税も解決策の選択肢の一つではある。環境税は負担を大きくすることで、エネルギー消費量を強制的に抑制する仕組みである。強制的な負担増に対し、庶民は所得に対する光熱費割合を一定に保つため省エネ行動をとる。エアコンの使用や風呂の回数を我慢するといった反応をするが、これは生活の質の低下にほかならない。庶民としては受け入れ難い。

環境税の負担増圧力に対して生活の質を下げずにすます方法は、負担増を相殺できる省エネ投資ということになるが、こちらは初期投資が必要となる。負担増分を超えて光熱費削減が見込め、初期投資を回収できる見込みがあれば、後者のほうが賢い選択であることは明らかなのだが、実際は初期投資というハードルが判断を鈍らせることが多い。例えば、冷蔵庫やエアコンといった比較的省エネ効果が大きい家電でも、壊れるまで買い換えされないことが多い。行動心理学でいうところの現在志向バイアスである。

＊3……ローレンス・レッシグ(Lawrence Lessig、1961-) ハーバード大学法学教授。クリエイティブ・コモンズの創始者。パセティックドットセオリーとして、人の行動に影響力を与えるものを、法(Law)、規範(Norm)、市場(Market)、アーキテクチャー(Architecture)の四つとした。

レッシグ[*3]は、人の行動に影響を与える要素を法（Law）、規範（Norm）、市場（Market）、アーキテクチャー（Architecture）の四つに整理したが、環境税などは法、生活の質の方向性を変えることは規範、省エネ投資などは市場に相当する。残るアーキテクチャーの一つがナッジ[*4]（Ｎｕｄｇｅ）といえるのではないだろうか。

セイラーらが提唱したナッジは、省エネルギーの分野でも負担をかけずに人の行動変容を促す仕掛けとして関心を集めている。「デフォルト変更」と呼ばれるナッジは、後から変更できる選択肢の一つであった家電機器の省エネモードを初期設定にするというものだが、人間はずぼらで、例えそれに多少不便や不快感があったとしても、初期設定を変えたがらないという行動心理学の知見に基づいている。

宗教は環境問題の解決ツール

行動やマインドを変えることで問題を解決しようとするのは何も新しいことではない。写真1は京都の禅寺にもある有名な蹲踞（つくばい）で、そこには「吾唯足知[*5]（われただたることをしる）」という仏教の教えを意匠化して描かれている。貧しい者とはものごとに満足しない者のことであると説き、豊かさとは心の問題であると指摘している。このような教えは他の宗教にもみられる。仏教やキリスト教が発達した紀元前5世紀からの約一〇〇〇年は、農業革命による食料の生産増が一段落し、人口増加が停滞し始めた時期と一致している。つまり物理的な生活の質に大きな変化や向上が期待できない定常社会において、人はどのように生きれば幸せになれるかを追求した結果、仏教やキリスト教が生まれたとも考えられる。現代も先進国において

*4……もともとは肘で人を小突く、というような意味で、人に第一歩を踏み出させるきっかけとなり、選択肢の提示方法を工夫することで、人に気づかれずに、望ましい行動をとらせるよう後押しするアプローチのこと。シカゴ大学のリチャード・セイラー教授らが提唱した。

*5……仏教の遺教経にある偈文。原文は「若し諸の苦悩を脱せんと欲せば、まさに知足を観ずべし。知足の法は即ち富楽安穏の処なり。知足の人は地上に臥すといえども、安楽なりとなす。不知足の者は富むといえども、しかも貧し。不知足の者はつねに五欲のために牽かれて、知足の者のために憐愍せらる。是を知足と名づく」とある。

［写真1］龍安寺蹲踞（京都市）

は人口の停滞が顕著で、日本を含む一部の国々では人口減少期に入っている。中国やその他の新興国においても、将来の人口減少は予想されている。産業革命による生産力向上が一段落し、農業革命後の人口定常化と同じく、心の時代が再来するかもしれない。現代社会において宗教に再び定常型、つまり持続可能な社会における指針を期待するのは難しいが、省エネルギーの取組みは、それに代わる豊かさのあり方を探す取組みにほかならない。

人口減少、低成長下における行動変容

日本は急激に人口が減少しており、社会の至るところで労働力が不足するようになった。２０２１年の一年間だけで約50万が減少しており、とても移民でまかなえる減少幅ではない。この急激な減少はまさにかつてない事態である。図1は紀元後の日本の人口の推移を示したものである。人口は右肩上がりに緩やかに増加しており、江戸時代にはその傾きが食料の増産を背景にやや急になっている。明治に入ると、耕作地の拡大や治水の向上により食糧増産がさらに進み、１９０６年（明治39年）にはハーバー・ボッシュ法[*6]が発明され、人口は急増期に入る。その後も人口は太平洋戦争により一時減少したが、全体からみればその影響は微細で、戦後も一貫して急増を続けた。

そして、日本の人口は２００８年の1億２８０８万人をピークに減少に転じる。２０２２年は前年比で55万人も減少しており、宇都宮市に匹敵する人口が毎年蒸発すると予測されている。この人口減少は社会の多方面にも大きな影響

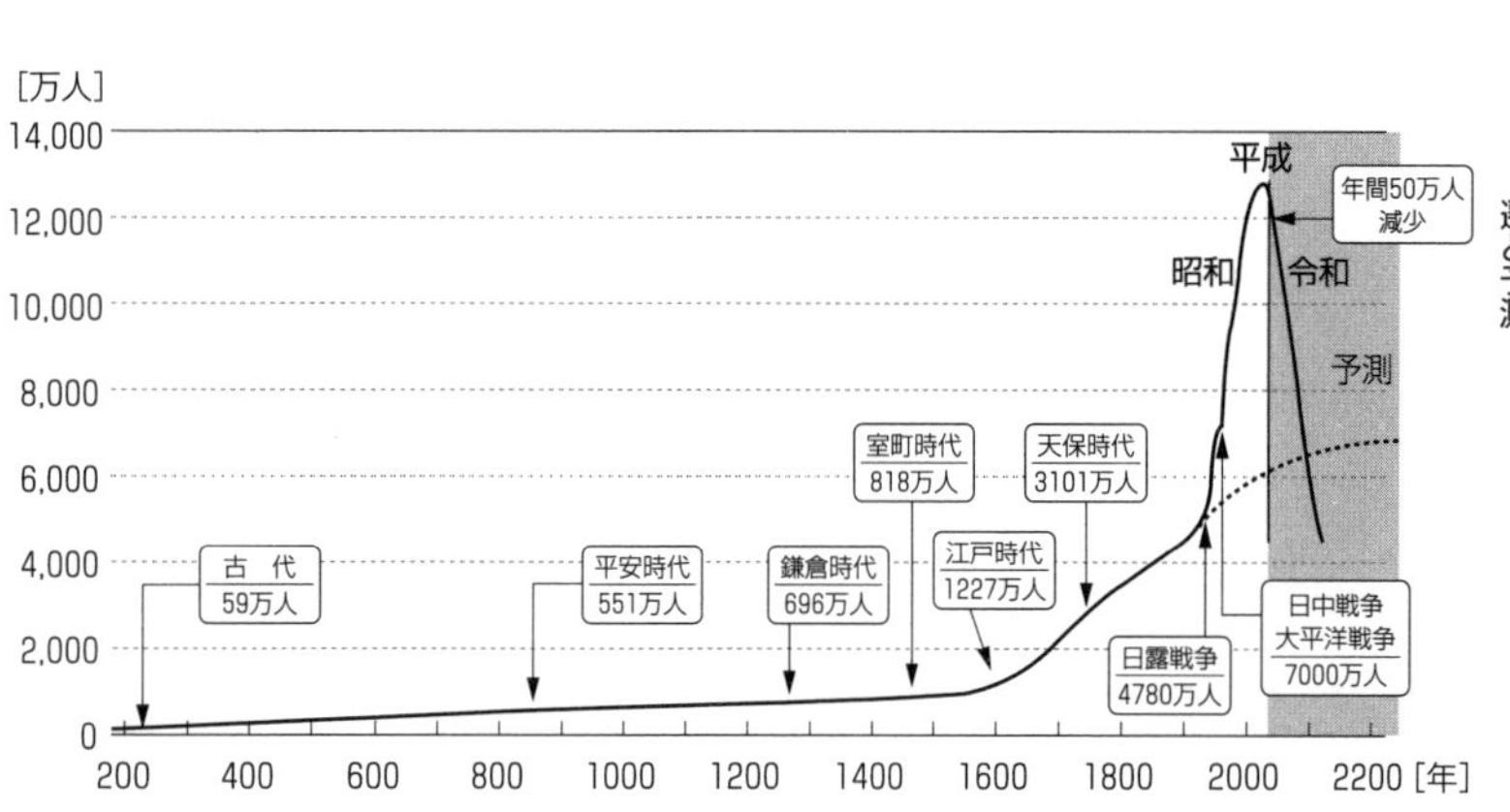

［図1］日本の過去2000年の人口の変遷と予測

を与えているが、人の行動にも大きな影響を与えると考えられる。

表1に示したのは、人口減少を起点として、人の価値観や行動の変化を考えたものである。人口増加期を昭和、人口減少期を令和としている。人口増はすなわち需要増であり、将来の予想も容易で安定している。大量生産が必要であるので、同じ物を効率よく作れる熟練工が求められるが、一つ当たりの付加価値、すなわち生産性は低い。モノのない生活を脱し、所有すること、定住することを目的とし、自分が幸せになること、自利を追求した。

一方、人口減少は需要の減少で、今がこのままは続かない不安感が強い。モノが余る時代で、併せてAIやロボットも高度化することから、ロボットが作れない製品を少ない人数で生産する必要があることから、1人が何役もこなす多能工化する。作れる製品の数は少ないので、一つひとつの付加価値は高くなければ成り立たない。モノは充足しているので、モノよりも経験やソフトのコトが重要になる。そのことはつまり、所有よりも使用することが大事であり、シェアや移動、利他へとつながる。

人口の増加期、停滞期、減少期は偶然ではあるが昭和、平成、令和という年号、時代とほぼ一致する。人口増加期であった昭和の常識が、減少期である令和で通用するはずがなく、改めて昭和のマインドを脱し、令和の価値、行動様式を打ち立てる必要があろう。

昭　和　→	令　和
人口増	人口減
需要が増える	需要が減る
将来安定	将来不安
熟練工が主役 （やることは同じ）	非熟練工･多能 AIやロボットができないこと （やることが多様に）
低い生産性 （付加価値額／投入資本）	高い生産性 （そうでないと 働いてくれる人がいない）
モノ	コト
所有・定住	使用・移動
自利	利他

［表1］昭和と令和の行動様式

＊6……窒素と水素を触媒を用いて直接アンモニアを合成する方法。1906年にフリッツ・ハーバー（独）とカール・ボッシュ（独）により発明された。アンモニアは化学肥料や火薬の原料となることから、食料の増産や戦争の長期化に大きな影響を与えた。高温高圧下での化学反応となることから、大量のエネルギーを消費する。現代の食料は肥料の生産を通じ、化石燃料が姿を変えたものといえる。

2―家計からみた光熱水費の位置づけ

光熱水費が安すぎる

改めて家庭におけるエネルギー消費を家計と光熱水費の観点からみてみたい。図2は2人以上の世帯のうち勤労者世帯を取り出した家計調査の結果で、各支出の経年変化を示したものである。実支出以外の支出、例えば投資や借入金の返済も含めている。この種の議論では実支出に占める割合が取り上げられることが多いが、ここではすべての支出に占める割合とすることでより負担感を明確にしたい。2017年における光熱水費の割合は全体の2・1%に過ぎず、教育娯楽や交通・通信費よりも少ない。量としても大きくないことを指摘したいが、重要なのは経済成長下において支出の金額が増えたとしても、この割合はおおむね横ばいで大きくは変化しなかったことである。

1997年をピークに支出総額は減少に転じ、日本人は年々貧しくなっていることがわかるが、光熱水費の割合は微増という程度で大きな変化はない。つまり光熱水費、エネルギー量ではなく費用、はおおむね収入の2%と、所得によって規定される。つまりエネルギー単価が変わらなければ、所得が増えれば光熱水費も増えてエネルギー消費も増え、所得が減れば光熱水費も減ってエネルギー消費も減る。パーキンソンの第2法則[*7]と似た状況だ。つまり、家庭におけるエネルギー消費を削減するには、所得を減らして貧しくするか、エネルギー

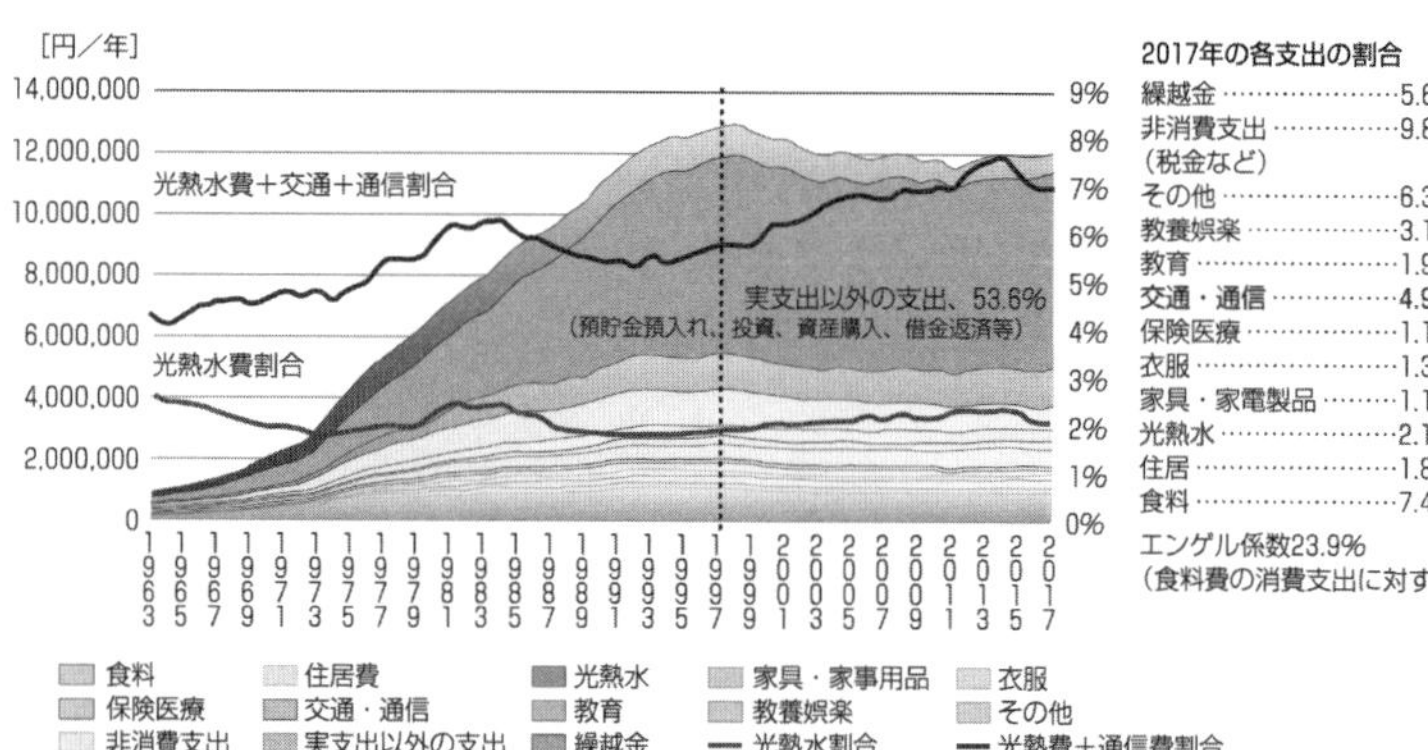

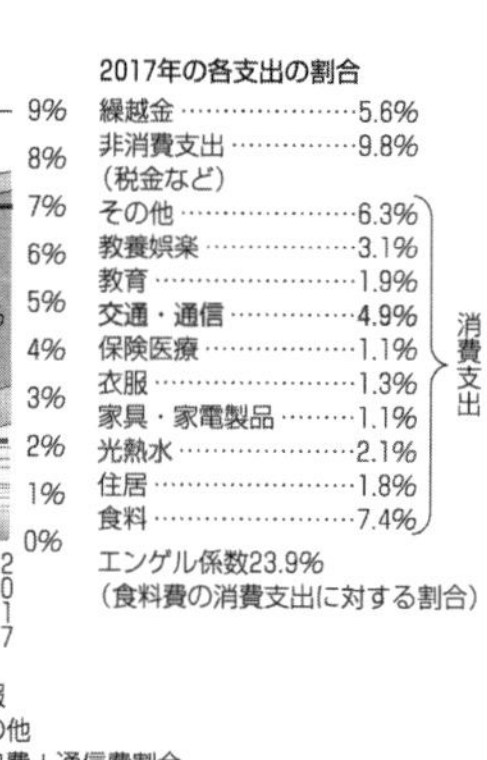
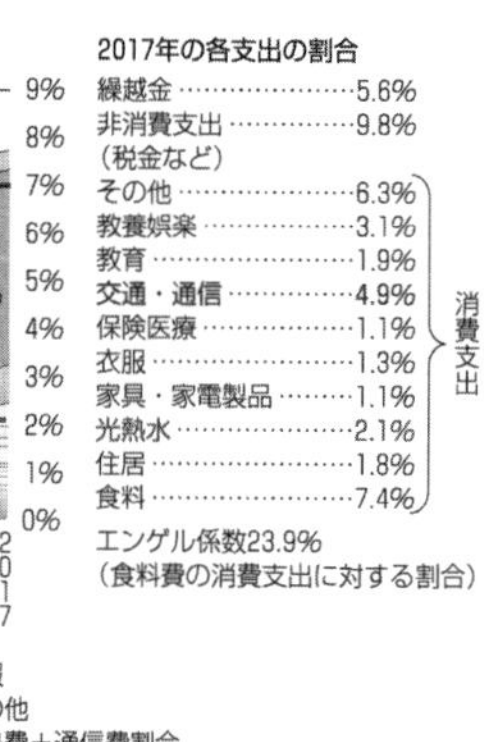

[図2] 家計における光熱水費の割合

単価を上げるしかないことになる。そもそも支出の２％に過ぎない光熱水費に家族の関心が低いのはある意味当然なのだ。省エネや脱炭素のかけ声が大きくなっても、なかなか効果に現れないのは、エネルギー価格が安すぎ、省エネ機器や省エネ型の機器に更新するにしても、エネルギー削減によって費用を回収しようとすると、その期間が長期になりすぎ、投資にならないからである。１９９７年以降、収入が低下するにともない光熱水費の割合が若干上昇するが、これは収入が減少しても生活水準を下げられない現状維持バイアスが働いているからであろう。[*8]

過去を振り返ってみたい。家庭部門では、１９９６年から世帯当たりのエネルギー消費量が減少に転じている。業務部門、つまりオフィスでのエネルギー消費も、２００５年をピークに、単位床面積当たりのエネルギー消費量が減少に転じている。このピークを迎えた時期に何があったのか。すでに述べたように、１９９７年から日本人の所得は減少に転じて日本人は貧しくなり始めた時期であり、２００５年は前年の石油価格の高騰を受けた、事業用電力単価の大幅な値上げが行われた年と重なる。省エネ技術普及の効果と見る向きもあるが、このような経済状況の影響も忘れてはならない。

電力単価の高騰―脱炭素から見れば良いことなのに

このように、家庭におけるエネルギー消費を削減するには、所得を減らすかエネルギー単価を上げるかのいずれかを実践することが必要ということになるが、２０２２年に起きた電力価格の高騰は、これを実践する好機といえる。

＊7……パーキンソンの法則は、英国の歴史学者シリル・ノースコート・パーキンソン（Cyril Northcote Parkinson 1909-1993）が、母国の官僚制について唱えた考察で、第1法則と第2法則からなる。第1法則は、仕事の量は完成のために与えられた時間をすべて満たすまで膨張する。第2法則は、支出の額は収入の額に達するまで膨張する、としている。エネルギーに関していえば、光熱費は収入が許容する額に達するまで膨張するとなろうか。

＊8……現状維持バイアスとは、現状を変えることによるメリットより、変えないことによるメリットを大きく感じてしまう心理状況のこと。行動心理学におけるプロスペクト理論（損失回避の心理）では、新しいモノを得たときに感じる喜びを1とすると、それを失うときに感じる悲しみは2倍から2.5倍にもなり、この行動の原因とされる。

電力価格の高騰を好機と捉え、省エネ機器への投資や置き換えを推進する。そのような政策をさらに推進すべきだと思うが、残念ながらそのような政策を政府が採用するのは政治的に非常に困難であったようだ。政府は影響を少なくすべく、巨額の補助金を電力会社や家庭、石油元売り会社に配り、光熱費の急増を抑制する対策を実施した。脱炭素からみれば、好機であるエネルギー単価の上昇は、政治的にはなかなか受け入れられない選択肢であることが確認できたわけで、残る選択肢はいよいよ限られる。

宗教なき時代の代わりになるものは何か?

では、人々の経済的な負担を増やすことでエネルギー消費を抑制することもできず、所得を下げることもできず、また神との契約や指示を待つこともできない現代人には何ができるのだろうか。

ジェボンズのパラドックスでは、効率化して浮いたお金が投資に回り、別の消費を喚起して、結局消費は減らないが、浮いたお金がエネルギーや資源の消費をともなわない活動に振り向けられたとすればどうだろうか。光熱水費は支出の2%程度を占めるものだと述べたが、これはこの2%を1%にするにはどうすればよいのかという問いと言い換えてもよいだろう。例えば習いごとや屋外でのスポーツは、エネルギー消費が少ない、あるいは使わない消費先としては有望だ。江戸時代は資源やエネルギーが乏しくその制約が大きかったが、その一方で浄瑠璃や小唄などの習いごとは貧しい庶民から大名までが広く楽しんでいた。物質的な消費が高くついた社会で、どのように生活を豊かにするかを追求した結果だと思うが、学ぶべき点があるのではないかと思う。さらに加えるなら自分で手作りする家づくりも、エネルギー消費が少ないお金と時間の使い道だろう。昨今の日曜大工やセルフビルドのブームも、無縁ではないように思う。

3―やる気を科学する

自己決定理論

先に紹介したナッジがセイラーらによって提唱されたのは２００８年になってだが、その先駆けとなる動機づけのマクロ理論、自己決定理論は１９７０年代にエドワード・デシ[*9]らによって提唱されている。その主張の核は「外から与えられる報酬（外的報酬）が、内発的なモチベーションを低下させる」というものである。当時の動機づけ理論は、ある条件を与えれば、人間は一定の反応をするという考えで、例えば報酬を与えれば、人間はやる気を起こすという単純な発想だった。今日では外発的動機づけと呼ばれるものである。デシは、人間をやる気にさせるのはこれだけではなく、内発的動機づけと呼ぶ、人の心の内面から湧き出てくる感情も重要であることを指摘した。例えば大きな成果を上げたときに得られる達成感や、感謝されることによる充実感。またそれらを繰り返すことによる自己成長感などがそれにあたる。デシらは被験者実験を通じ、アンダーマイニング効果[*10]と呼ばれる、動機が報酬を与えられることによって低下することを発見し、逆に高める方法として、

＊9……エドワード・デシ（Edward L. Deci 1942-）米国の心理学者。ローチェスター大学教授として活躍し、リチャード・ライアン（Richard Ryan）とともに動機づけのマクロ理論である自己決定理論を提唱した。

＊10……「過剰正当化効果」ともいう。外発的なインセンティブが、期待に反して当人の内発的動機づけを低下させてしまう効果。例えば、無償ボランティアに多少の対価を支払うプログラムを導入するとやる気が低下してしまうような現象。

①自己有能感を刺激する―やれば達成できる、達成感を得られる内容にする。
②自己決定感を刺激する―自分たちで考えて決定させる。
③他者受容感を刺激する―相互に理解し合い、関心を向け合う関係を築く。
の3つを提案した。

デシの動機づけに関する考察は、経済的な動機づけが現時点では乏しい省エネルギーや脱炭素分野でも、ヒトが行動を変えうる可能性を示しており、その仕組みを考えるうえで重要な枠組みを提供してくれている。

動機づけの理論なき情報の見える化

家庭におけるエネルギーの使い方に関し、人の行動を変えようとする初期の仕組みに、HEMS[*11]などの見える化[*12]がある（写真2）。Mはマネジメントであるから、本来は動的に家電機器などを制御して省エネルギーを目指す仕組みだが、対応する家電が少なく、実際のところモニタリングのMにとどまっている。導入当初は目新しさもあって頻繁に閲覧されるが、しばらくすると飽きられて見られなくなってしまう。他者のエネルギー消費の状況を表示することで、競争心をあおるような取り組みもあるが、効果を継続的に持続させるには成功していない。HEMSを使う側からすると、光熱費が安くなるという外発的動機づけに役立ちそうではあるが、強制や義務ではなく、自然と目に入るようなデザインでもない。内発的動機づけを刺激するような機能もないため、人の行動変容を促すには力不足、機能不足ということになって使われなくなるのは当然ということになる。

＊11……HEMSはHome Energy Management System の略。本来はエネルギー等をモニタリングしながら、家電機器などを適切に制御することで、エネルギー消費と生活の質を最適化しようとするものであるが、制御できる機器がある場合が少なく、多くの場合は情報の単なる見える化機器であった。

＊12……HEMSの反省を活かし、環境情報を「見せる化」する取組みも見られる。日本テクノ社が開発した「SMART CLOCK」は、エネルギー消費量が一定の値を超えた場合、時計の回りのリング状のイルミネーションが色を変える仕組みで、誰もが時々は見てしまう時計に情報伝達の手段を負荷することで、情報の「見せる化」を実現している。

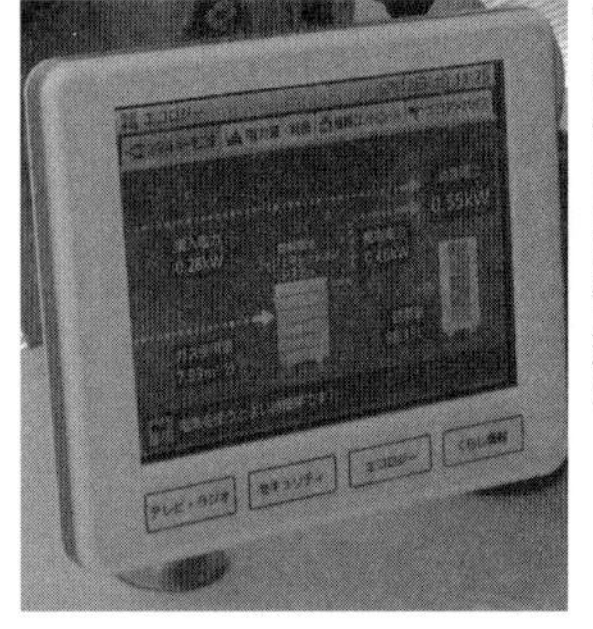

［写真2］HEMS導入状況

省エネ行動促進7要素

ではこのような自己決定理論を援用しながら、人々に自発的な省エネルギーや脱炭素へ促すには、どのようにすればよいかを考えてみたい。まず省エネ・脱炭素をしなければならないという目標、目的意識をもたせ、外発的動機づけとして、自分自身に責任があることを理解させる。社会や家族からの圧力や義務感が生じるよう工夫する。行動することでなにがしかの利得は生じたほうがよい。また、内発的動機づけから見れば、実践することで達成感が得られ、自分の創意工夫を通じて実践方法の改良にも関与できるようにする。一人で取り組むのではなく、仲間で取り組め、ということになる。

これをHEMSを例に、そのバージョンアップを検討すると、見える化機能に加えて、

①具体的な省エネ行動の例示
②省エネ行動をするタイミングの通知
③利得性を刺激するために、実際に行動したかどうかを記録する機能
④省エネ行動の起こすハードルを下げるための遠隔操作機能
⑤省エネの仕組みを理解するための詳細情報の提供
⑥他者の省エネ行動実践状況の提供
⑦実践による省エネ量のフィードバック

といった機能が追加されれば、人の行動を変えられる仕組みに進化させることができるのではないだろうか。

［図3］電力の使用状況を「見える化」する時計
〈参考〉日本テクノ株式会社

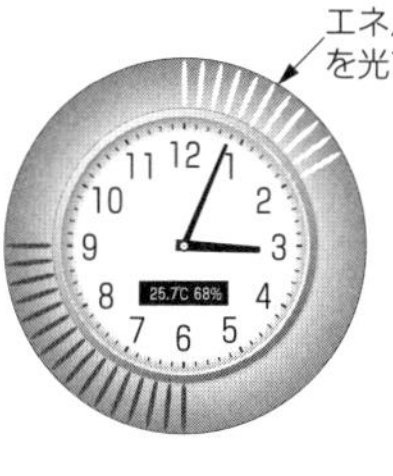
エネルギー消費効率を光で表示
12
1
2
3
4
5
6
7
8
9
10
11
25.7℃ 68%
時計周囲のベゼル部にエネルギー消費効率が表示されたり、時計下部には各種情報が表示される。

行動プロセスモデル

ＨＥＭＳは、導入しようと考えた時点で省エネしたいという意図、目標意図がある程度はあったと考えられる。そうでない場合、例えば利用者が省エネルギーに関心がなかったり、子どもだったりする場合、具体的な行動に誘導する前段階として、目標意図を形成するところから始めなければならない。広瀬らによって提唱された要因連関モデル[*13]は、目標意図を形成する要因として、「環境リスク認知」、「対処有効性認知」、「責任帰属認知」の三つを挙げて、それらによって行動しようという動機が形成され、「行動可能性評価（具体的な行動が自分に取れるかどうか）」、「社会規範評価（自分が属する集団がその省エネ行動を期待し評価するか）」、「便益費用評価(省エネ行動による便益が負担を上回るかどうか)」といった要素の思案の結果、具体的な行動を起こそうという動機である行動意図が形成されると整理している。このような意図や行動、動機を形成する要因は「規定因」と呼ばれている。広瀬らの研究以降、さまざまな規定因が提案され、それらを組み合わせた行動モデルや心理モデルが提案されるようになった。これらのモデルを利用することで、何をすればどの規定因が刺激され、どの程度効果があるのかを定量的に把握できるようになってきた。

筆者らは、小学校の中高学年以上を対象とする環境教育プログラムを開発するに当たり、関心をもたせて行動に移させ、その行動を習慣化することを意図した行動プロセスモデルを提案している（図４）。このモデルでは、子供の成長段階を、

①無関心期（関心もなく行動もしていない）

＊13……広瀬幸雄「環境配慮的行動の規定因について」社会心理学研究、第10巻第1号、44～55頁、日本社会心理学会、1994

②関心期（省エネルギーや脱炭素を自分の問題として捉えている）
③行動期（省エネ行動の実践を行っているが、習慣化には至っていない）
④習慣期（身についている。習慣として省エネ行動をしている）

に分け、無関心期から関心期への移行に必要な規定因と関心期から行動期、そして行動期から習慣期に移行するための規定因を整理している。例えば、無関心期から関心期に移行させるには、危機感や社会規範、個人がもっている規範といった規定因を刺激する。最期の段階の行動期から習慣期への移行、つまり習慣として定着させるには、費用や便益に対する理解、行動することが有効であるという理解などに関わる規定因を刺激するプログラムが重要ということになる。

　このようなモデルを使うことで、環境教育プログラムを実際に検討する際に、学習目標に応じてどのような規定因をプログラムに盛り込む必要があるかを整理することができ、効果の高いプログラムを効率的に作成できる。

環境行動プラン法

　最期に、その具体例として筆者らが子供向けのプログラムとして開発した環境行動プラン法を紹介する。子供が夏休みに親と一緒に省エネに取り組むプログラムで、規定因を念頭に作成したプログラムである。環境行動プラン法では、まず家族会議を開催してその家でどのような省エネができ

［図4］行動プロセスモデル

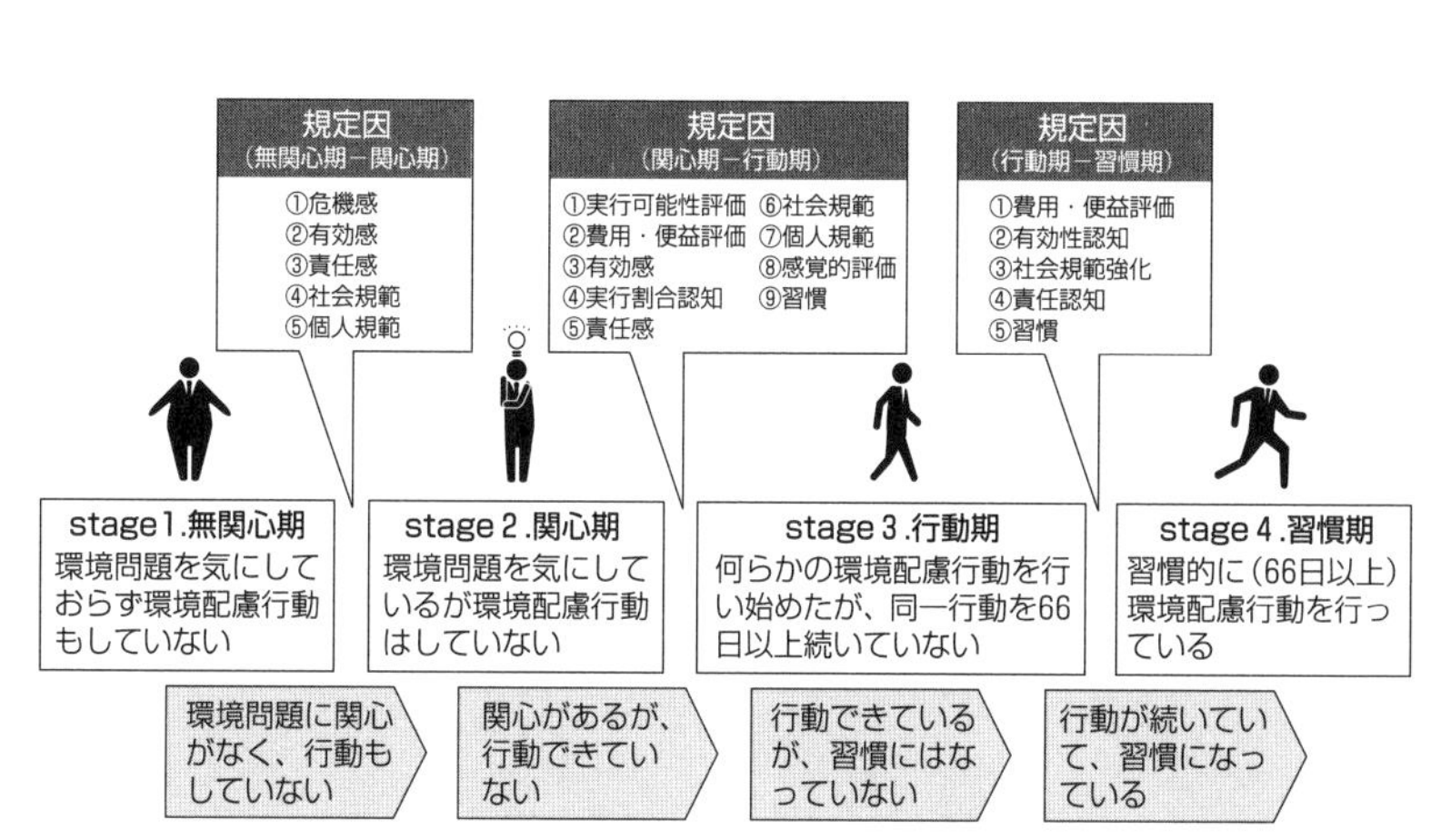

るかを確認する。実施例として例示した行動には、一回実施するとどの程度の省エネになるかを数字で確認する。どの省エネ行動を実施するかをそれぞれが宣言して、ノートに記録する。一カ月後に、その結果を確認する家族会議を開催する。

家族会議で相談しながら行うことで、規定因の「規範」が強化される。省エネ行動の効果を見ながら、やるかやらないかを自分で決めることで「実行可能性評価」と「責任認知」が強化される。また、一カ月後にその実践度合い、頻度を確認することで「有効性認知」も強化できる。家庭のことでもあるので、報酬を与える「費用・便益評価」を強化する（お小遣いをあげるなど）のは一律にプログラムに含めるのは難しいが、工夫のしようはあるだろう。小学校の夏休みの宿題として実際に実施して検証を行った結果、習慣化には「責任認知」の強化の影響が大きく、その「責任認知」に対しては家族会議による規範強化の影響が大きいことがわかっている。

4—グレートリセットはもうすぐ

脱炭素の確実な実践のためには、エネルギー単価を上げるのが効果的ではある。2022年に電力単価の値上りがあったが、政府は脱炭素が進むと喜びはせず、補助金を出して高騰を抑制しようとした。2023年度からは、二酸化炭素の排出量取引を強化するとともに、2028年には事実上の炭素税の導入を決めるなど、いわゆるカーボンプライシングの導入も進む。いずれにしても社会をいきなりリセットするほどのインパクトはない。ラディカルな変化には人々の反発があるから、大きな反発が顕在化しないよう段階的に徐々に進めようとしているようだ。

つまりリセットに近いようなラディカルな変化を実現するには、それが受け入れられるようまず人が変わらなければならない。そのための理論は紹介したようにすでにある。良いきざしとしては、ＳＤＧｓといった切り口で、このような理論に基づく学習プログラムが、小中学校や高校で熱心に行われるようになっており、大人のわれわれが思う以上に充実してきている。日本でＳＤＧｓの取組みが本格化したのは、２０１６年だが、それ以降に教育を受けた若者の環境意識は、明らかに昭和世代とは異なるものになるだろう。今後、令和世代がこれから続々と社会に出てくることになり、昭和世代も欧米同様その影響を強く受けるようになるだろう。リセットはそう遠くないと期待したい。

第7章——住まいの木造化・木質化による吸収源対策

腰原幹雄

1——第二の森林

樹木は、光合成により空気中の二酸化炭素を吸収して酸素を放出して生長している。このため、樹木が生長している間は、空気中の二酸化炭素を樹木の中に固定しているとみることができる。もちろん、樹木が腐ったり、燃やされたりすれば再び空気中に二酸化炭素を放出することになる。石油などの化石燃料も、地質時代に生息していた動物や植物の死骸が地中に堆積し、長い時間をかけて地圧や地熱の影響を受けて燃料に変化したものであり、二酸化炭素のもととなる炭素を閉じ込めているものであるが、樹木と異なるのは、閉じ込めている炭素が数億年前のものであることである。樹木の場合は、その生長した時代の空気中の二酸化炭素であり、通常は数十年単位のものということになる。

樹木は、伐採され製材されて木材の形になっても、さらに木造建築に使用されてもその中に二酸化炭素を固定していることには変わらない。つまり、炭素固定とい

[写真1] 整備された森林

う意味では、木造建築そのものも森林の樹木と同様の役割を果たす「第二の森林（都市の森林）」として機能しているのである。さらに、木造建築の中で木材として二酸化炭素が固定されている間に、伐採された森林では、次の樹木が植えられ、再び二酸化炭素を固定して生長している。森林の植林—伐採の循環と木造建築の建設—解体の循環をうまく調整することができれば、最低でもこの分野での空気中の二酸化炭素の排出は、プラスマイナスゼロに抑えることができるのである。さらに、木造建築の寿命を延ばし、長く使えば使うほど、二酸化炭素の固定効果はプラスに転じることになる。

また、地下資源に乏しい日本にとっては、豊富にある地上資源である森林資源を有効活用しない手はない。森林資源の有効活用であれば、単純に木材を利用した商売を行っている林業がしっかりしていけばよいと思うかもしれない。もちろん、森林からは物質生産として木材を利用して収益を上げることも可能であるが、森林の働きは、生物多様性保全、地球環境保全、土砂災害防止・土壌保全、水源涵養、快適環境形成、保健・レクリエーション、文化機能、物質生産など多面的な機能を有している。このような機能を考えると、都市も森林から間接的にさまざまな恩恵を受けていることがわかるが、身近に森林がないとこうした恩恵を受けていることを忘れがちになってしまう。都市部で木造建築を建設することは、都市部に快適な空間を提供するだけでなく、国内の森林資源の状況にも関心をもって森と都市の共生を考える機会ももたらすことを意識する必要がある。地域の木材を用いて住宅を建設するという地産地消という考え方だけでなく、建築需要の高い都市部でも、地方の資源を都市部で消費するという地産都消の考え方も重要なのである。

建築物に利用した木材の炭素貯蔵量は、林野庁から「建築物に利用した木材に係る炭素貯蔵量の表示に関するガイドライン」（令和3年10月1日）が示されており、次式で算出することができる。

$$Cs=W\times D\times Cf\times 44/12$$

ここで、Cs は建築物に利用した木材に係る炭素貯蔵量（$t\text{-}CO_2$）

W は建築物に利用した木材の量（m^3）（気乾状態の材積の値とする）

Cf は木材の炭素含有量（木材の全乾状態の質量における炭素含有率とする）

※平衡含水率15％、気乾状態の材積に対する全乾状態の質量の比に換算する係数　0・87（=100/115）

100平方メートル（30坪程度）の木造住宅を例にとると、単位床面積当たりの木材量を0.2 m^3/m^2 とすると、構造材（製材…スギ（気乾密度0・38））として、

$Cs=0.2\times 0.38\times 0.87\times 0.50\times 44/12\times 100=12.1$（$t\text{-}CO_2$）の二酸化炭素を貯蔵していることになる。

2―住宅と木材

現在、建築分野における木材の利用としては、戸建て住宅が中心である。新築の木造住宅は1973年の最盛期には、年間112万戸にも及んでいた。その後、住

宅の着工戸数は減少し、２０２０年には47万戸となっている。戸建て住宅では、木造率（新設住宅着工戸数に占める木造住宅の割合）は91％と高い水準にあるが、共同住宅では15％にとどまっている。共同住宅のうち木造３階建て以上の共同住宅の建築確認棟数は、２０１８年には３６０４棟に達したが、２０１９年は２７４７棟に減少している。

こうした戸建て木造住宅の大半は、現在、軸組工法で建設されている。軸組工法住宅は、柱、梁といった線材と床や壁といった面材で構成されている。

木材

木造住宅は、伝統的に柱と梁を軸組とし、土壁、板壁を用いて建築されてきた。竪穴式住居など原始的な住宅では、長さだけを加工した丸太が用いられ、丸太どうしを縄で縛ることで接合してきた。屋根は、枝や葉などの植物も用いられていた。農家型民家では、丸太から表面を削ることによって木材の耐久性の高い赤身部分を使用するようになるが、樹木の自然の形を生かし曲がり材や枝分かれ材も柱として用いられていた。曲がった柱と柱の間には、土壁が塗り込まれ、変則的な形状に対応していた。小屋組も強度の高いマツが用いられるが、直材は入手しにくいため、曲がった材を立体的に組み合わせた曲がり梁の小屋組が用いられる。接合は、渡り顎（あご）など部材のずれを抑えたり、部材どうしが接合す

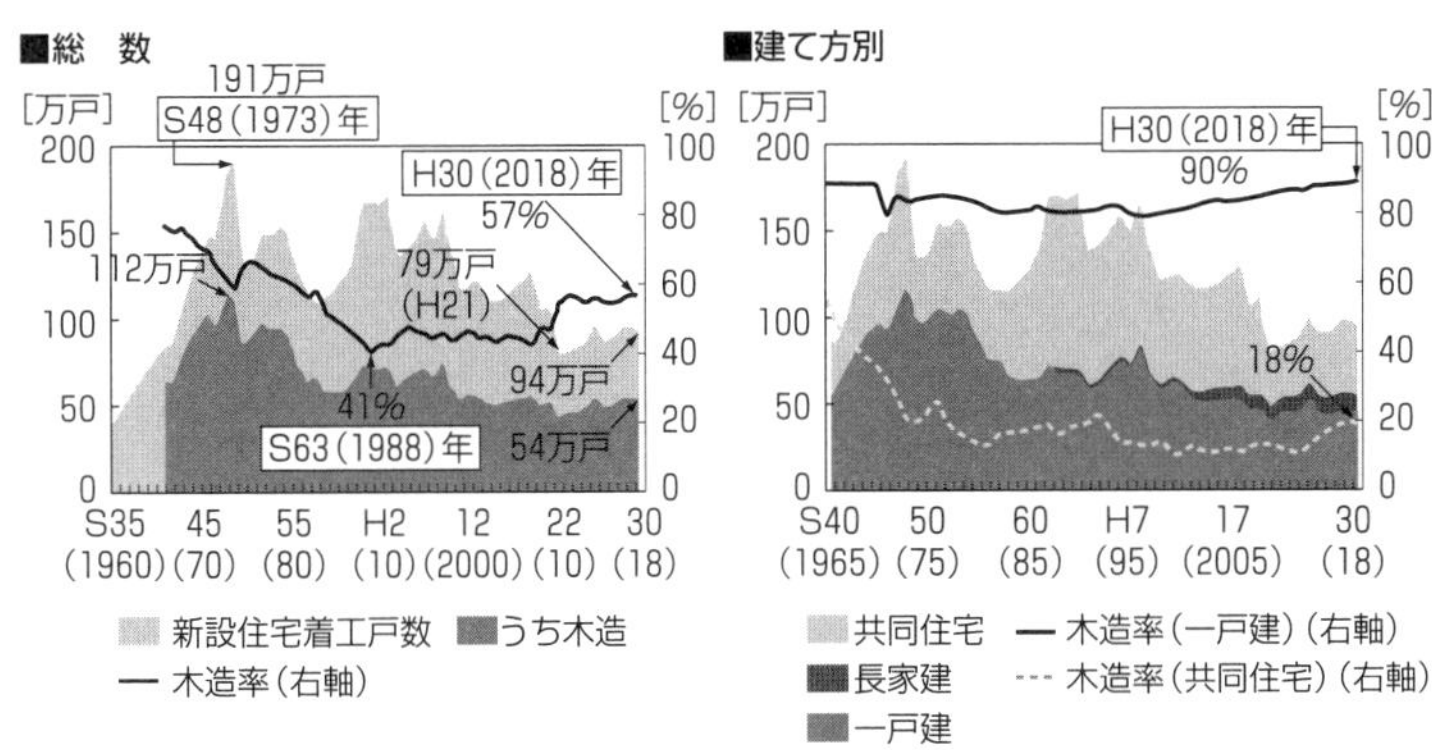

注１：新設住宅着工数は、一戸建て、共同住宅（おもにマンション、アパート等）における戸数を集計したもの。
　２：昭和39（1964）年以前は木造の着工戸数の統計がない。
資料：国土交通省「住宅着工統計」より

［図１］新設住宅着工戸数と木造率の推移
〈出典〉令和２年度　森林・林業白書（令和３年６月１日公表）

る側面のみを平面とした太鼓（たいこ）材などを用いた木材に対しては、最低限の加工により組み立てられていた。また、根曲がり部分を釿梁（ちょうな）として用いて天井高さを有効に活用するなど、自然形状を積極的に活用するものもみられた。

町家型民家になると工法は洗練され、梁間方向、桁行方向に直交する部材がきれいに組み合わされるように、継手・仕口の木組が発展する。外観からはわからないような複雑な加工が施される反面、部材の接合が集中する柱では、大きな断面欠損を生じることになってしまった。

こうした軸組工法は、現代まで続いているが、人口増大による住宅が大量に建築されるようになると、大工職人の技術だけに頼ることができず、大量生産、工期短縮のための省力化が目指されるようになる。柱、梁の部材は住宅用流通製材として三寸五分（１０５ミリ）、四寸（１２０ミリ）を標準とした長さ3メートル、４メートル、６メートルなどの定尺が用いられるようになる。壁も施工に時間のかかる土壁などの湿式工法から、合板などのパネルを用いた乾式工法により工期短縮が図られた。接合方法も、大工職人の技術に頼る木組の継手・仕口から、補強金物を用いた簡略化された接合が用いられるようになるとともに、木組の加工もプレカットマシンによる機械加工が中心になっている。工法の洗練化により、規格化された木材が好まれるようになり、曲がり材や角に丸みの残った材などは使用されにくくなってしまった。

小曲材も森林資源の一つであり、本来は有効に活用すべきである。粉砕して、パルプやバイオマス材料として使用するだけでなく、小曲材の建材利用として開発されたのが再構成材である。厚さ3センチ程度の厚さに挽いた挽板（ラミナ）を、繊維方向を平行に積層した集成材は、長尺、大断面の部材を容易に入手できる軸材料として開発、整備された。また、丸太を厚さ3ミリ程度にかつら剥きした単板（ベニア）を繊維平行方向に積層した単板積層材（ＬＶＬ）も同様に長尺大断面の建材として活用されている。同じ単板を繊維直交方向に積層した合板は、面材として壁や床に用いられるようになり広く活用されている。２０１３年には、ラミナを繊維直交方向に積層した木質系厚板面材である直交集成板（ＣＬＴ）のＪＡＳが制定され、小曲材の活用の幅が広がった。集成材、ＬＶＬ、合板、ＣＬＴなどの再構成材は、自然材料である木材を用いながら接着剤を使用する点から一部の関係者からは敬遠されがちであるが、森林資源の有効活用という意味では、製材活用と並んで大事な役割を担っているのである。

さらに、戦後植林された樹木から産出される木材は、スギ、ヒノキが多くを占め、現在、活用期を迎えていることもあり、使用される樹種に大きな偏りが生じてしまっている。日本の木造文化の中では、クリやケヤキなどの広葉樹も用いられ、森林資源の有効活用、豊かな木造空間を形成するためにも多様な樹種の活用方法の見直しも必要である。

木造住宅

木造住宅に目を戻すと、軸組工法でも多様なものが建築されてきた。同じ構造形式であってもさまざまな外観、空間が構成できるのが軸組工法の自由度の高さで

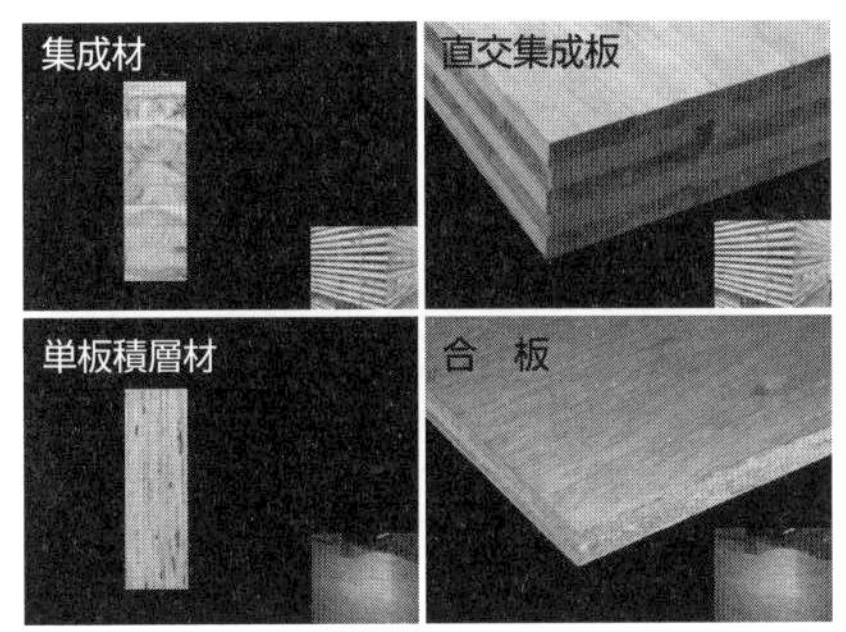

［写真2］さまざまな木質材料

ある。

木造住宅は、生活スタイル、森林資源の状況、住宅生産システムにおいて時代とともに変化してきたのである。戸建て木造住宅でも、伝統木造建築の農家型民家、町家型民家から、近代には木造モダニズム建築、擬洋風、看板建築、現代に入るとモルタル外壁の防火木造や窯業系サイディングで覆われたハウスメーカーの住宅、軸組工法だけでなくラーメン構造やトラス構造、シェルなどの構造システムを用いた現代住宅など多岐にわたる。「木造住宅とはこういうもの」といった定義はなく、木を使った住宅と考えれば、さまざまな価値観のものが建てられてきたのである。

また、木造住宅は、炭素貯蔵という面だけでなく、使用している木材自体が、鉄やコンクリートなどの資材に比べて製造や加工に要するエネルギーが少ないことから、製造および加工時の二酸化炭素の排出削減につながることになる。例えば、住宅の建設に用いられる材料について、その製造時における二酸化炭素排出量を比較すると、木造は鉄筋コンクリート造や鉄骨プレハブ造よりも、二酸化炭素排出量が少ない。

3―集合住宅

木造住宅は、戸建てだけでなく長屋やアパートといった集合住宅も建設されてきた。木造というと2階建てのアパートを想像するかもしれないが、建築基準法制定以前は、3階建て以上の集合住宅も木造で建設されていた。建築基準法の制定によ

［写真3］さまざまな木造住宅

①農家型民家 ②町家型民家 ③木造モダニズム ④防火木造住宅 ⑤在来軸組工法住宅 ⑥現代木造住宅

り、3階建て以上の共同住宅は「耐火建築物」でないと建築することができなくなってしまった。再び建設可能になったのは、1992年の建築基準法改正によるもので、防火地域・準防火地域以外の区域では木造3階建て共同住宅（木三共）の建設が可能になり、さらに2019年の建築基準法改正により、防火地域以外に建築する場合は、延べ床面積が1500平方メートル以下（準防火地域以外では、3000平方メートル）で、主要構造部の耐火性能、避難上有効なバルコニー、敷地内通路、防火設備など一定の条件を満たせば、「木三共」として建築することができるようになった。

さらに、2000年の建築基準法改正により木造でも耐火建築物が建設可能になると、階数、規模の制限が緩和され中高層の木造集合住宅も登場することになった。大規模な集合住宅の分野では、従来、鉄骨造や鉄筋コンクリート造により建設されてきたが、これを木造や木造との混構造で建設することができれば、炭素の貯蔵効果およびエネルギー集約的資材の代替効果を通じて、二酸化炭素排出量の削減につながるのである。

大規模な木造住宅である集合住宅への挑戦は、木材業界関係の社員寮から始まり、現在では、多様な木質材料を用いてさまざまな規模、構造形式の集合住宅が建設されている。

3階建てCLTパネル工法による、おおとよ製材社員寮

2013年のCLTのJASの制定、CLTに関する法整備が進められるなか、

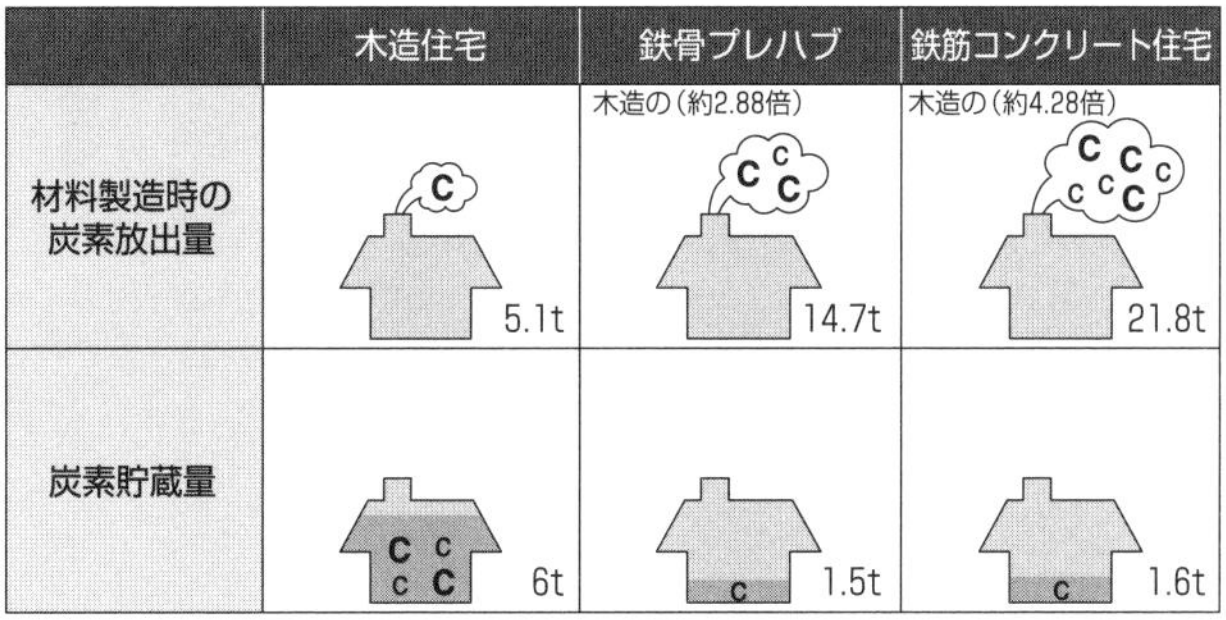

［図2］住宅一戸当たりの材料製造時の二酸化炭素放出量と炭素貯蔵量
〈出典〉大熊幹章（2003）地球環境保全と木材利用、一般社団法人全国林業改良普及協会：54、岡崎泰男、大熊幹章（1998）木材工業、Vol.53-No.4：161-163.

	木造住宅	鉄骨プレハブ	鉄筋コンクリート住宅
材料製造時の炭素放出量	5.1t	木造の（約2.88倍） 14.7t	木造の（約4.28倍） 21.8t
炭素貯蔵量	6t	1.5t	1.6t

2014年に高知県で製材会社の社員寮として日本初の3階建てCLT集合住宅が完成した（写真4）。

従来なかった新たな木質材料を用いており、法整備が十分でなかったことにより、構造設計は、通常、超高層ビルなどの設計に用いられる時刻歴応答解析による方法を用いて、建築確認を取得している。設計にあたっては、振動台実験などによる耐震性検証などを参照しながら、耐震安全性の検証が行われた。また、CLTでは、燃えしろ設計がまだ適用できなかったため、CLTをあらわしにした準耐火建築はできず、石こうボードによる耐火被覆を用いて耐火性能を満足している。木質系の厚板面材として、壁式構造で床や屋根にもCLTが用いられている（写真5）。

日本の伝統的な柱梁の軸組工法と異なり、厚板面材のCLTを用いる場合には、壁と床をCLTとした壁式構造が主流になる。軸組工法でも地震や風などの水平力に対しては、土壁や合板などの耐力壁が抵抗することになるが、CLTパネル工法では、水平力だけでなく自重や積載荷重などの鉛直荷重に対しても壁で支持することになる。これまで、壁式構造は鉄筋コンクリート構造で用いられるのが普通で、中低層の集合住宅ではおなじみの構造形式である。そのため、この建物も一見鉄筋コンクリート造のように見えるかもしれない。

壁が鉛直荷重を支える壁式構造では、平面的に均等に壁を配置する必要がある。このため、空間があまり大きくなく、壁が多く設置でき、同じような空間が繰り返し配置される集合住宅にはCLTパネル工法の長所を生かしやすい。同じサイズのパネル、接合金物を使用することで、部品の生産効率を向上させるとともに、施工

［写真4］おおとよ製材社員寮（2014年／高知県）
設計：日本システム設計

効率を上げることができれば、工期短縮、人件費削減も含めてコスト削減が可能である。日本初のCLTパネル工法ということで、ここでは、現在の小幅パネルに相当する1メートル程度の幅のパネルがおもに用いられている。

一方、壁150ミリ、床、屋根180ミリの厚さのCLTのパネルを用いたこの建物では、1平方メートル当たり0・45立方メートルの木材が使用され、同じ規模の通常の木造住宅の2倍以上の木材が用いられていることになる。ただ、決して無駄に多くの木材を使用しているわけではなく、CLTの当初の目的であった森林資源の有効活用である、低ヤング率材、小曲材活用という視点に立てば、性能の低い木材でも量（厚さ）で補えば中層集合住宅にも適用できるのである。厚い木材が構造体としてだけでなく、防耐火性能や断熱性能、遮音性能を兼用することができれば、木材の無駄使いということにはならない。

いわきCLT復興公営住宅

この建物は、東日本大震災の復興公営住宅の大規模な共同住宅として整備されたものである。CLT生産工場の拡張、整備によって、大判パネルが製造可能になったことを受けて、製造、運搬、揚重を考慮して最大6・8メートルのCLTパネルを使用した集合住宅となっている（写真6）。

同形式の空間が繰り返される集合住宅の特徴を生かしながら単純な平面・断面とし、計4棟、延べ床面積4680平方メートルを全体工期約5・5カ月で完成した。CLTの使用量は2300立方メートルになり、樹齢50〜60年のスギ1万2000

［写真5］厚板面材を使用したCLTパネル工法（おおとよ製材社員寮）／写真：銘建工業

本分に当たる。こうした大量の木材を限られた地域で短期間で調達するのは困難であり、地域材に限らず周辺地域を含めた国産材が用いられた。大規模プロジェクトでは、従来の小規模な木造建築における地産地消にこだわらず、少し広い地域での木材供給の連携が必要となる。

内部空間でも、2016年に国土交通省より制定された「CLTを用いた建築物の一般的な設計法等に関する建築基準法に基づく告示」によりCLTでも燃えしろ設計が可能になり、60ミリの燃えしろを考慮したCLT壁をあらわしで用いることができるようになった。

パネル工法の場合には、使用するパネルの大きさは、使用するパネルの枚数に影響し、接合部の数、接合部品、接合のための人工が建設コストに影響する。なるべく大きいパネルを使用すれば、部品数は減少し、接合手間が減ることになる。現在、日本で製造可能なCLTパネルは幅3メートル、長さ12メートルであるが、道路交通法により運搬の制限があるとともに、大型車両での運搬は輸送費が割高になる。運搬費と施工費のバランスを考慮したパネルの割り付けが必要になる。

4階建て接着パネル工法による赤羽の集合住宅

この建物は、東京の北部、戸建て住宅や中層ビルが混在する防火地域に建つ木造4階建ての店舗併用共同住宅である。1階を店舗、2～4階に12戸の賃貸ワンルームが中央の階段室を井桁状に囲む集合住宅であり、1時間耐火建築物の性能が要求される。

［写真6］いわきCLT復興公営住宅（2018年・福島県）
設計：設計：ふくしまCLT木造建築研究会「木あみ」設計共同体

耐火木造建築は、当時まだ発展途上の建物であり、技術開発を並行しながらプロジェクトを進行するため、部材の性能検証や認定などの費用もあり、コスト的には、すでに普及している鉄筋コンクリート造や鉄骨造の集合住宅に比べて割高にならざるを得ない。それでも絵本店を営む施主の新しい木造への関心が高く、木造での長所を生かしながら計画を進めていった。

地盤の軟弱な地域であり、木造による建物の軽量化は、杭・基礎工事においてコストメリットができる。この建物で用いられている木質接着パネル工法は、これまでは、3階建てまでの戸建て木造住宅を中心に用いられてきた工法である。合板を枠材に釘打ちするのではなくあらかじめ工場で接着するため、生産効率が高いとともに、合板のせん断性能を余すことなく利用することができる。つまり、同じ厚みの合板壁でもより高い耐力をもつとともに、変形に対するずれが少なく剛性が高いため、中層建物で不安材料の一つである変形（揺れ）に対しても高い性能をもつことができる。この高耐力・高剛性の構造パネルによって、1階に広々とした店舗を実現するとともに、各部屋でも大きな開口を多数設けることが可能となり、どの住戸も2〜3方向の窓から十分な明るさと風通しを得ることができている。ランダムに設けられた大きな出窓は、同じユニットが積層するワンルームマンションのイメージから離れ、つるっとした現代建築とは異なる凹凸のある建築として捉えられる（写真7）。従来の木造住宅の深い軒や下見板のザラザラ感を連想することもできる。4階建ての集合住宅として、1時間耐火建築物が求められる。準耐火構造であれば、「燃えしろ設計」を用いて木材をそのままあらわしで用いることが可能で

［写真7］赤羽の集合住宅（2014年・東京都）
設計：KUS

あるが、耐火構造では「燃えしろ設計」を適用することができない。耐火建築物として「燃えどまり型」木質系耐火部材も開発されつつあったが、まだ面材耐力壁（鉛直荷重支持）で木材をあらわしで使用する耐火部材は存在していない[*1]。そのため、メンブレイン（被覆式）型の石こうボードによる耐火被覆が採用された。その上に、内装の仕上材として、北海道産のトドマツを壁柱部分に用いられている。床もトドマツのフローリング、天井はクロス仕上げとなっている。住空間は、全面石こうボード＋クロス貼りでもなく、全面木仕上げでもなく、適度なバランスで木材が用いられている。東京の建物で地域材となると多摩産材となるかもしれないが、建設需要の大きい都市部では、全国の木材を消費すべきである。であれば、どこの地域の木材でもよいかもしれないが、この建物では、建築家が第二の故郷と呼ぶ北海道とのつながりからトドマツを選定している。森と都市のつながりは、こういった人と人のつながりから生まれるものなのかもしれない。

このプロジェクトは、本来非公開であるハウスメーカー独自の建材や構法を外部の設計者が活用するという初めての試みでもあった。４階建ての木造集合住宅という新たな建物の登場が、従来の枠組を超えた連携を生み出して実現された。

5階建て軸組工法による下馬の集合住宅

「木造耐火が可能ならば、木造で集合住宅を建てたい」という施主の一言から始まった。いくつかの賃貸物件を扱い貸出前に自らその物件に住んでみるという施主は、鉄筋コンクリート造の建物に少し違和感をもちだしたという。しかし、事業的

［写真8］住戸内から見た内装仕上げと出窓／写真：淺川敏

＊1……2023年8月現在

には木造で3階建てというわけにはいかない。そんななか、２００３年に設計者たちが立ち上げたteam Timberizeの前身となる研究会の活動を全国紙の記事で読み、木造で5階建ての集合住宅ができるのであればやってみたいとその設計者を訪ねてきた。設計者も法改正はされたものの、木造の耐火認定部材はまだなく、実際の建物の建築となればさらに越えなければならないハードルが多数あり、建築ができるまではかなり時間が必要であるため躊躇したが、施主は時間をかけてでも世の中にこういう建物ができることを示してチャレンジしたいということで計画は進められた。

東京の敷地は小さく不整形、北側は幹線道路、南側は静かな小道を挟んで低層住宅地に面し、東側は境界線いっぱいに共同住宅の外壁という具合いに、雑多な都市環境が集約されている。住戸全体の面積を圧迫せずに、敷地の様相を住人が共有でき、住戸間の関係性を喚起させるものとして、各階住戸をつなぐ共用階段を外周にぐるりと廻らしている。平面計画も住戸入口位置も各階住戸で変わり、いわばこの共用階段は通りの延長であり、住人が街を眺め季節の変化を感じる場所となっている。積層する住戸間の関係性を階段状の通路が変えていくことが期待されている。

準防火地域の5階建て集合住宅は、1階部分は2時間、2階〜5階は1時間の耐火性能が要求される。小規模の商用空間の並ぶ駒沢通りに面する敷地周辺状況を踏まえ、1階を貸し店舗として「ＲＣ造」、2階〜5階を「木造」としている（写真9）。

木造部分の構造は、各階のフラットスラブを柱が支え、外周を覆う「木斜格子」が水平力を負担する形式となっている。当時、フラットスラブ構造としたのは、耐

［写真9］下馬の集合住宅（２０１３年・東京都）／写真：淺川敏
設計：ＫＵＳ

火建築物では、柱、梁、床、屋根、内壁、外壁、階段の7部位で耐火部材を用いる必要があるが、1部材を開発し検証実験、大臣認定を取得するには、1000万円程度必要である。そこで、部材を省略、兼用することで開発部材数を減らしコストを抑えた。フラットスラブであれば、梁は不要で屋根と床は同じ仕様、階段も屋根の上に設置する形になっている。

耐火部材の開発費を抑えるために柱、床（屋根）を石こうボードによる一般被覆型耐火部材としたため、柱、床が仕上材として木のまま露出することはないが、水平抵抗要素であるブレースの「木斜格子」（写真10）は、火災時に消失しても建物崩壊にはつながらないため、木材あらわしとすることができている。建物外周部に「木斜格子」をふんだんに使うことで、内部空間のみならず外観にも木の魅力があふれ出るようなデザインが目指されている。このあと、鉛直荷重支持部材（倒壊防止）と水平抵抗要素を分けて木材をあらわしに用いる構造・防耐火計画が普及することになる。

また、厚板面材のCLTがない時期のため、集成材を現場で2層貼り合わせることで、木質厚板のフラットスラブを実現しているのも先駆的であった。

5階建てツーバイフォー工法によるMOCXION稲城

宅地開発が進む東京の郊外に建つ5階建て集合住宅。戸建て住宅と集合住宅が混在する地域であり、鉄筋コンクリート造、鉄骨造のマンションの中に木造マンションとして建設された（写真11）。従来、木造の集合住宅は、アパートと称されてき

［写真10］内部から見た「木斜格子」

たがこの建物をきっかけに、不動産として「木造マンション」と登録されるようになった。現在は、4、5階建ての集合住宅の木造化率はわずか1％にも満たない。

この建物の構造はツーバイフォー工法（枠組壁工法）が用いられている。ツーバイフォー工法は、2×4材の枠組に合板を釘打ちしたパネル構造であり、CLTパネル工法と同じ壁式工法である。開発の中心となる日本ツーバイフォー建築協会は、2000年代からいち早く4階建て以上の木造建築を想定した耐火木造建築の開発整備を活発に行ってきた。

中層大規模の木造建築では、耐震性、防耐火性能が新たな課題であった。構造的には、規模が大きくなれば各部材に生じる応力は大きくなり、高性能な耐震要素がないと壁だらけの建物になってしまう。戸建て住宅に用いられるツーバイフォー工法では、壁倍率5倍程度のものが普通であるが、この建物では壁倍率30倍相当の高強度耐力壁を開発、採用している。さらに、高い耐震安全性を確保するために、建築基準法の大地震の1・5倍の力に耐えられるような設計となっている。

防耐火性能は、上層4階部分には1時間耐火建築物、5階建ての1階には、2時間耐火建築物の性能が要求される。木造での2時間耐火建築はまだ少しハードルが高いため、地上階ということで耐久性も考慮して1階は鉄筋コンクリート造を採用している。木造の1時間耐火は、構造部材を石こうボードで被覆するメンブレイン型の耐火部材を用いている。構造体をあらわしにすることはできないが、汎用性の高い簡易な工法である。

建物規模として1階を鉄筋コンクリート造、2〜4階を木造とする立面混構造と

[写真11] 木造マンションMOCXION稲城（2021年・東京都）設計：三井ホーム

する5階建ての平面的に大きい集合住宅にターゲットを絞っている。この規模の建物は、特別養護老人ホームでも要望が高く、これまでに多くの実績を積んできた。特別養護老人ホームは、建築計画としては、小さな居住空間を組み合わせるという意味では集合住宅と同様であり、そこで積み上げたノウハウを集合住宅に展開したのがＭＯＣＸＩＯＮ稲城である。

1時間耐火で可能な上層4層は、木造建築の得意分野となってきている。建物用途、規模を絞ってこれまで蓄積してきた技術を統合することができれば経済性の面でも他構造との競争も十分に可能である。集合住宅において、構造として高強度のツーバイフォー耐力壁、防耐火として石こうボードによる被覆、普及しやすい技術を用いたうえで、内部空間で木材を造作材として用いている。木造マンションという新たなカテゴリーが生み出された。

ＭＯＣＸＩＯＮ稲城は、同規模の鉄骨やコンクリートのマンションに比べ、CO_2排出量を約40％以上も削減。炭素貯蔵量（CO_2換算）は、約７３６ｔ-CO_2と、スギ（35年生）換算で２９５３本分に相当する都市の森林を生み出している。

立面混構造＋最上階と木造建築としたフラッツウッズ木場

東京都心部に建つ、12階建ての社宅である（写真12）。免震構造を用いた鉄筋コンクリート造が主体であるが、外周部に耐火木造の柱、内部にも鉄筋コンクリート造躯体と一体化させたＣＬＴ壁が用いられている。最上階にはＣＬＴの床、屋外の耐久性を高めた耐火木造柱が用いられている。木造建築の弱点の一つは、経年変化

［写真12］フラッツウッズ木場（2020年・東京都）
設計：竹中工務店

と耐久性である。紫外線や雨水に暴露されると通常は、グレーに変色していく。こうした色の変化を劣化とみるか味わいとみるか、これからの評価である。木材に対して白木の印象を強くもつ人には、色の変化は少し抵抗があるかもしれない。色の変化自体は、構造性能を大きく落とすことにはならないが、劣化が生じればメンテナンスや交換をしなければならない。伝統木造建築の外壁の下見板では、初めから損傷や経年変化を想定して、薄い板で交換が容易になるようにしている。ある種の消耗品として木材が用いられている。平屋や2階建ての住宅であれば、はしごなどを用いて簡単に交換することは可能であるが、12階となれば、メンテナンスをするために足場をかけたりすることになると高額の費用が発生してしまう。メンテナンスが必須であれば、あらかじめメンテナンスをしやすい建物として設計すればよい。あるいは、メンテナンスしやすい場所に木材を用いればよいのである。

例えば、高層の集合住宅でも、エントランスホールや低層部の外壁であればメンテナンスは容易である。上層部も、最上階のペントハウスのようにセットバックさせれば、屋上から外壁のメンテナンスが容易である。残るは、中間階の外壁であるが、メンテナンスがしにくいので木材を用いないというのも一つの選択肢かもしれない。木材を使用したければ、大きな庇を設置して直接の日射、雨がかりを避ける、メンテナンスデッキを常設する、といった対策になる。こうした付属物は、伝統木造建築では当たり前に設置されていたものであるが、現代の鉄とガラスの建築の中ではファサードは、平滑な面が求められてきており、こうした機能から生まれたファサードが中高層木造建築の特徴になるかもしれない。

こうした立面混構造は、高層ビルにも適用可能で、最上階から4層であれば1時間耐火の条件は変わらない。高層ビルの高層階は、眺望を考えれば空間に付加価値をつけやすい。高価になりがちの耐火木造建築であれば、こうした付加価値のある部分に用いるのが適している。ザ ロイヤルパーク キャンバス 札幌大通公園（2021年／北海道）では、地上11階建てで、1～7階を鉄筋コンクリート造、8階をRC造と木造の混構造、9～11階を木造の立面混構造としている。内装も木質化を実施するとともに、ウッドデッキのある屋上空間など上層階で構造体だけでなく木材を多用している。大規模建築では、適材適所、混構造と木材利用の選択肢は多様である（写真13）。

平面混構造によるアネシス茶屋ヶ坂

これまで、地方都市では4、5階建ての公営住宅は多く建設されていたが、ほとんどが鉄筋コンクリート造であった。こうした公営住宅は地方の地元建設会社が建設し、そのノウハウは独自に蓄積されており、当たり前のように建設されている。いきなり、こうした集合住宅を木造で実現しようとするには、鉄筋コンクリート造に慣れた施工者にはハードルがまだまだ高い。慣れた工法があるのであれば、その建物の中に木材を取り込んでみるところから始めればよい。つまり、鉄筋コンクリート造の集合住宅の一部に木材を利用することから考えてみればよい。もちろん、内装材の木質化が簡単なので、床や壁の構造体の一部、建物の特定のブロックを木造に置き換えてみればよい。

［写真13］ザ ロイヤルパーク キャンバス 札幌大通公園（2021年・北海道）
設計：三菱地所設計／写真：三菱地所

アネシス茶屋ヶ坂は、名古屋の準防火地域の住宅街に建つ4階建ての社員寮である（写真14）。2LDKの住戸が26戸並んでいる。長辺方向約50メートルの長さの建物は、住宅街のボリュームに合わせて4つのブロックに分割されている。ブロックとブロックの間には、共用階段と設備配管のための鉄筋コンクリート造のコアが配置されている。コンクリートコアに挟まれたブロックは、2住戸を木造の柱梁、CLT耐震壁、CLTパネルを型枠にした鉄筋コンクリートとの合成床版とさまざまな形の木材で構成されている。

単純に考えれば、外部の共有空間である廊下や階段、エレベーターといったコア部分は従来の鉄筋コンクリート造として、その間の居室空間を木造にするといった平面混構造である。この場合、木造部分の地震力を鉄筋コンクリート造コア部分に流すことで、木造部分の負担を軽減することができれば、開放的で快適な木造空間が実現できる。

炭素固定という意味で木材を使用するのであれば、まずは、建物の中でも木造でやりやすい部位、木造に置き換えやすい部位で木材を使用することから始めてみてもよい。

4—吸収源としての木造住宅

二酸化炭素の吸収源、貯蔵源あるいは、炭素循環の一部として木造住宅を捉える場合には、豊かな住空間を求めるだけでなく、使用する材料について考えてみる必

[写真14]アネシス茶屋ヶ坂（2020年・愛知県）
設計：清水建設

要がある。日本の豊かな森林資源は多様であり、日本の木造建築文化の中では、その多様な樹種、形状の木材を無駄なく使用してきた。こうした活動は無意識かもしれないが結果的には、森林資源の有効活用、現在の環境配慮型建築になっていた。今後は、意識的に木造建築を見直してみてはどうだろうか。日本の木造建築が、生活スタイル、社会システムに対応しながら変化してきたのだから、伝統的な文化だけでなく、現代社会に適応した新たな木造建築を生み出すことも可能である。地球環境問題、低炭素社会の中で、森林と共生する木造建築、資源循環の一部としての木造建築が建ち並ぶ街を目指してみてはどうだろうか。

第8章——

自然とつながるデライトフルでカーボンニュートラルな住まい・住まい方へ

川島範久

本章では、筆者が設計した新築戸建て住宅「豊田の立体最小限住宅」と、中規模ビル改修「GOOD CYCLE BUILDING 001」の2つの実践事例を通して、「住まい」のカーボンニュートラル化、あるいはそれに向けた「住まい方」の変容に寄与するアイデアを提示したいと思う。

1——豊田の立体最小限住宅——立体最小限住居・再々考

2022年3月に竣工した「豊田の立体最小限住宅」は、愛知県豊田市に建つ若い夫婦と子供二人のための住宅である。この住宅は、私が設計してきた中で最もローコストのプロジェクトだった。必然的に「住宅において譲れないものは何か」を考えることになった。

その際に振り返ることになったのは、難波和彦による「箱の家—I」(写真1)(1995年)であり、難波の師である池辺陽の「立体最小限住居」(写真2)(1951年)だった。難波は、「箱の家—I」「箱の家—II」を作品発表した際に「立

[写真1]箱の家—I
設計：難波和彦　1995年

[写真2]立体最小限住居
設計：池辺陽　1951年
〈出典〉『新建築 住宅特集』1995年8月号、80～81ページ「立体最小限住居・再考」難波和彦、新建築社

体最小限住居・再考」という論考を『新建築 住宅特集』1995年8月号に発表した。その中で池辺の「立体最小限住居」とそれに関連する文章が紹介されている。

池辺の「立体最小限住居（1951年）」（写真2、図1）がつくられたのは、大規模な住宅不足を短期間で解決することが求められた戦後復興期だった。この住宅をはじめとする1950年代の一連の小住宅は、それまでの封建的な家父長制度を温存させていた畳を中心とする生活様式を解体＝どんな用途にでも転用できる「均質空間」から脱却し、民主的な核家族制度に向けた近代的な椅子を中心とする生活様式に再編成＝「機能分化」することを目指していた。「立体最小限住居」は、極限的に切り詰められた寸法システムと、吹抜けを利用した一室空間が特徴であるが、それは住まいの機能分化を進めながら、整理し、立体的に組み立て直すための手法でもあったのだ。

高度経済成長期になると、住宅の規模は徐々に大きくなり、家族一人ひとりの自立のための個室へと分化していき、nLDK型の住居タイプが主流になっていった。しかし、1990年代初頭のバブル崩壊前後に、当初の民主的な核家族の理想は崩れ始め、生活と空間にズレが生じ始める。多様で緩やかな共同体としての家族が見直され、1950年代の小住宅に見られた開放的な一室空間の再評価が行われるようになった。

そんな時代背景の中で提案された「箱の家―I（1995年）」（写真1、図2）は、難波がそれまで手がけた住宅の中で最も工事単価が安いものだった。しかし、空間性能（構造、温熱環境、メンテナンス性）を犠牲にしないためにさまざまな条件を

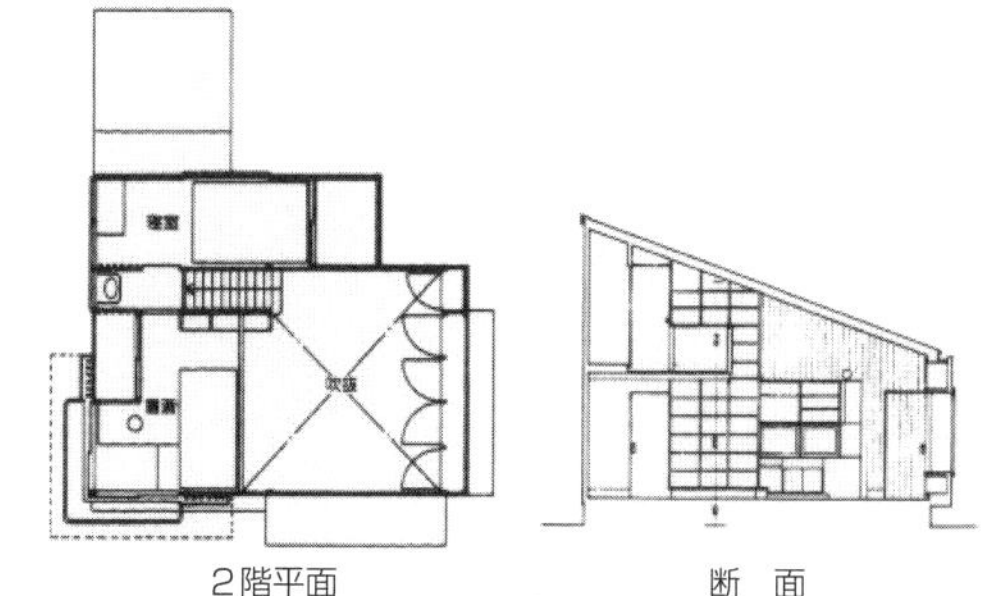

［図1］立体最小限住居／1951年
〈出典〉『新建築 住宅特集』1995年8月号、80～81ページ「立体最小限住居・再考」難波和彦、新建築社

整理した。コンパクトな箱型とし、構法を単純化し、吹抜けを設け、間仕切りを最小限にした、風通しの良いのびのびとした内部空間が、大開口により前面道路に開放されている。難波の論考「立体最小限住居・再考」は「快適さについて」から始まるが、現在に至るまで実践され続けている「箱の家」は、住み手が住居に働きかけ、住居とともに住み手自身が変化するといった「能動的な快適性」を目指している。

論考の中で、池辺は「まずデザインの最低限の役割は、与えられた予算で可能な限り住まいの質的な向上を図ること」であり、「デザインの社会的意味は、居住者の発展に対する積極的意欲を燃え上がらせることにあり、それのみを通じて住宅問題に結びつき得る」（『建築文化』第9巻 第96号、彰国社、1954年1月）と述べていたことが紹介されている。

また、難波は、この論考の後に執筆した『戦後モダニズム建築の極北——池辺陽試論』（彰国社、1998年）の中で、「池辺が提唱するのは、建築による創造的な人間の形成である。それは建築を通じて問題を投げかけ、建築的対話を生み出し、ユーザーの生活に創造的な変化をもたらすことである」と述べ、積極的な働きかけをやめてユーザーの要求に順応した機能主義を「快楽主義」と批判する次のような池辺の論考を紹介している。

「住居は生きるためのものでなければならず、それに何等のものを附け加える必要はない。問題は生きることは何かということを掘り下げることであり、住居デザ

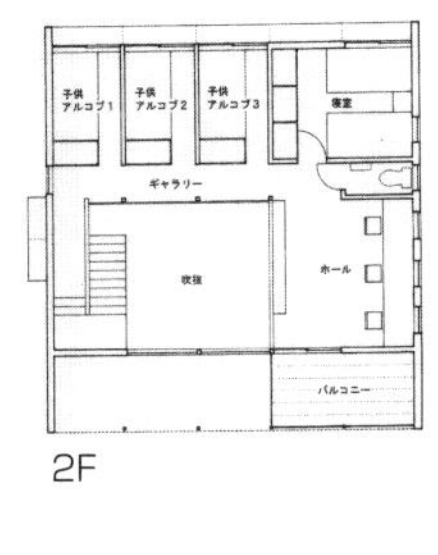

［図2］箱の家—I（1995年）図面

インの追求にとってこのことより外に、何らの言葉を要しないのである。そしてこの問題と直面せざるを得ないのは、やはりローコストの住居である。ここでは問題をごまかすわけにはゆかない。すべての部分が生きるために役立たなければならない。私はここ以外に住居が芸術として存在する意味はないと考えている」（「快楽主義への傾斜とたたかう」『新建築』、新建築社、１９５５年11月）。

「立体最小限住居」がつくられた時代と「箱の家―I」がつくられた時代、そして現在とでは、住宅問題の局面は異なる。しかし、池辺が述べているような「住居デザインの社会的意義」は、現代においても基本的には変わっていないといえるだろう。生きることは何かを掘り下げ、空間と材料の働きを徹底的に鍛えること。これは、地球環境危機の時代である現在においてこそ、改めて取り組むべきことだろう。

以上を踏まえ、「豊田の立体最小限住宅」（２０２２年）を設計した。現代の都市住宅として譲ってはならないのは、構造の安全性はもちろんのこと、温熱快適性・省エネルギー性を確保したうえで、内（家族）と外（都市）に開かれ、自然（太陽や風）に開かれていることであると考えた。

そこで、東西に細長い敷地で、接道する西側道路の交通量が多く、南北両隣には建物が近接して建つものの、2階レベルの南東方向には広い空を望む、といった周辺環境に呼応する計画とした（図3）。具体的には、間口2間×奥行7間半の15坪×2階＝計30坪、高さ約6メートルのコンパクトな箱を置き、高さ方向を3層に分

［図3］豊田の立体最小限住宅・配置図

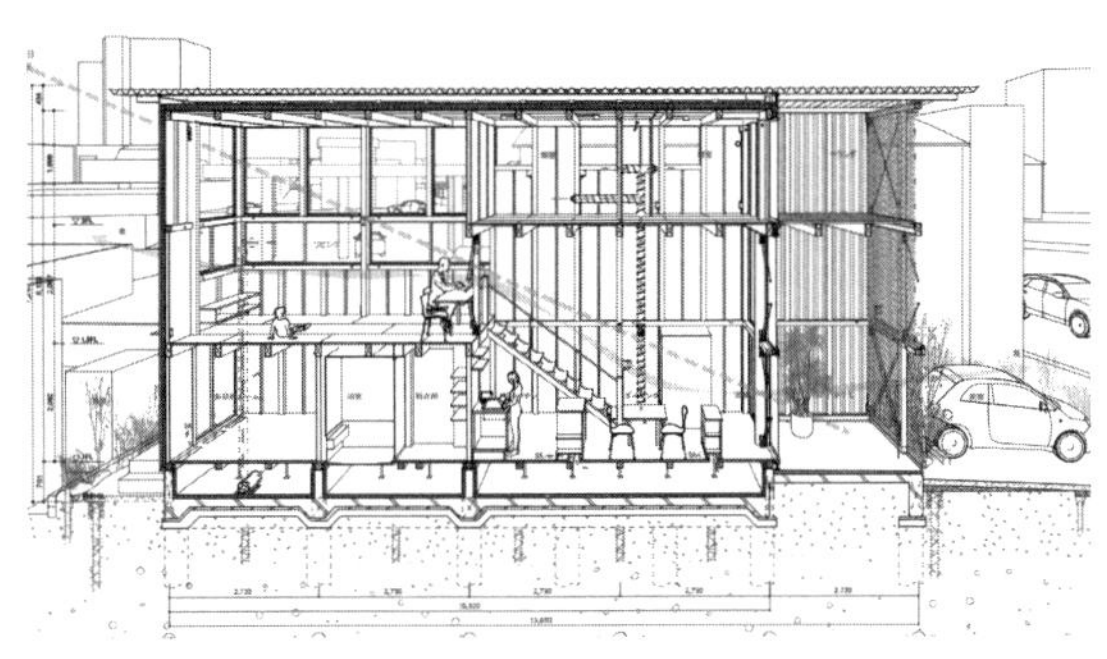

［図4］断面図

割した構造フレームとし、2層分（約4メートル）のダイニングキッチンとリビングが2メートルのレベル差で緩やかに連なる立体的な構成とした（図4）。そして、リビングの南東方向に大きな窓を設けて都市の空隙とつなぎ、ダイニングキッチンの道路側に付属する屋根付きテラスの正面をメッシュ、側面を半透明壁とすることで、街との距離感を適度に取りながら、変化する光や風を存分に取り込めるようにした（図5、6、7）。

2階レベルのリビングに設けた東向き窓から差し込む朝日は西側1階レベルのダイニングに降り注ぐ。同じく2階レベルのリビングの南向きの大開口からは、前面に遮るものがなく、冬期には存分にダイレクトゲイン[*1]を得ることができる。また、南側に軒が出ており、大開口の途中レベルにも庇を設けることで、夏期の日射は遮ることができる。空気的にはひとつながりの一室空間となっており、各方位に設けた窓の開閉により自然通風が可能である（写真3〜7）。

このような構成の建築を限られた予算の中で実現するために、徹底的に少ない部材と低価格な機器の組合せで高い性能を確保する技術的工夫を重ねた。

まず、内部空間は先のような立体的な構成としながら、外形は単純な箱型、構法はシンプルな在来軸組とし、外張り断熱により内装材を省き、木の構造や下地、配管、配線をあらわしにすることで、内部は木材（自然物）に包まれた温かみのある空間とした。それにより、住まい手はその建物の仕組みを理解し、自身で直したり手を加えていくことも可能となった。

構造・構法計画としては、各床短手方向両端に構造用合板および鋼製ブレースに

＊1……パッシブソーラーシステム[*]を代表する一手法で、太陽光を直接室内の熱容量の大きい床や壁で吸収し、蓄熱した後にゆっくり放射するなど、動力を用いずに暖房する方式。
＊パッシブソーラーシステムは、ポンプや送風機を使わずに、太陽熱を自然循環力や時間遅れ伝熱現象を活用して、使用者が受動的に熱利用を図る方式。

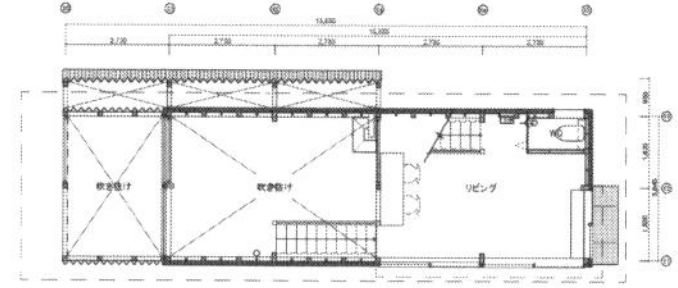
[図 6] 1.5 階平面図

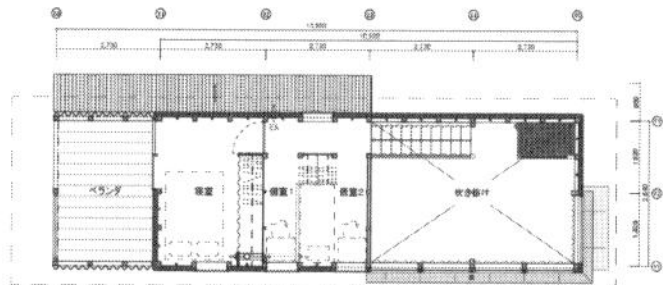
[図 7] 2 階平面図

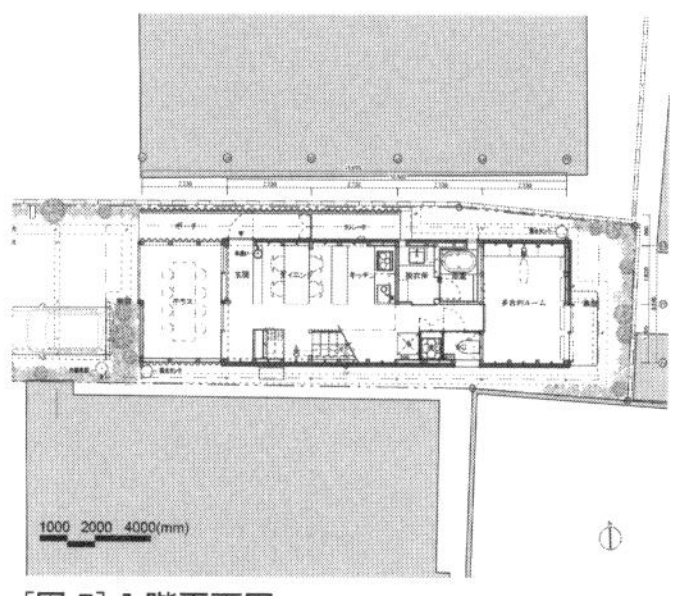
[図 5] 1 階平面図

[写真 5]ダイニングからリビングを見る

[写真 3]西側外観

[写真 6]リビングルーム、東を見る

[写真 7]外観、南東から見る

[写真 4]リビングからダイニング・キッチンを見る

よる耐力壁を適当な間隔で配置することで、スキップフロア（床を二分の一階ずらした空間構成）における変形差の解消と風圧時の変形を抑制するとともに、空間のフレキシビリティと透明性を担保しながら、高い耐震性能（日本住宅性能表示基準等級3）を達成した。階高を抑え、3層分の通し柱を6メートル以下とし、屋根は、外張り断熱材の上に3・5寸角の材を置き、野地板、アスファルトルーフィングの上に折半屋根を置くだけとすることで、小屋組の簡略化・垂木の省略をするなど、最小限の部材で構成する工夫を重ねた。また、接着剤を可能な限り使用せず、解体および材料転用を容易にした。寸法は流通材のモデュールの一つである尺貫法に則ったものとし、端材を可能な限り出さないようにした（写真8、9）。

環境・設備計画の詳細としては、フェノールフォーム・ボードによる外張り断熱と高性能窓サッシと庇による外皮計画により、U_A値0・49（ZEH＋（ゼッチプラス）基準）・η_{AC}値2・2（省エネ基準以上）といった高い外皮性能を達成した。また、このようなシンプルな構成により施工性を高めたうえで、現場での監理を適切に行うことで、C値0・3平方センチ／平方メートルといった高気密を達成した。加えて、外気を床下空間にまず導いたうえで室内に導入するといった換気ルートの工夫と、床下エアコン1台からの暖気／冷気をファンとダクトで各ゾーンに振り分ける手法により、ローコストながら快適な温熱環境を実現した（図8、写真10、11）。

また、外構計画としては、素人施工でも可能な方法で、外構に溝や穴を掘り、有機物を埋設し、土中の水と空気が動くようにするなど、住み手を含めたワークショッ

［写真8］床は28ミリの構造用合板を使用し、根太を省略

［写真9］構造用合板あらわしのうえ、自然塗料仕上げ

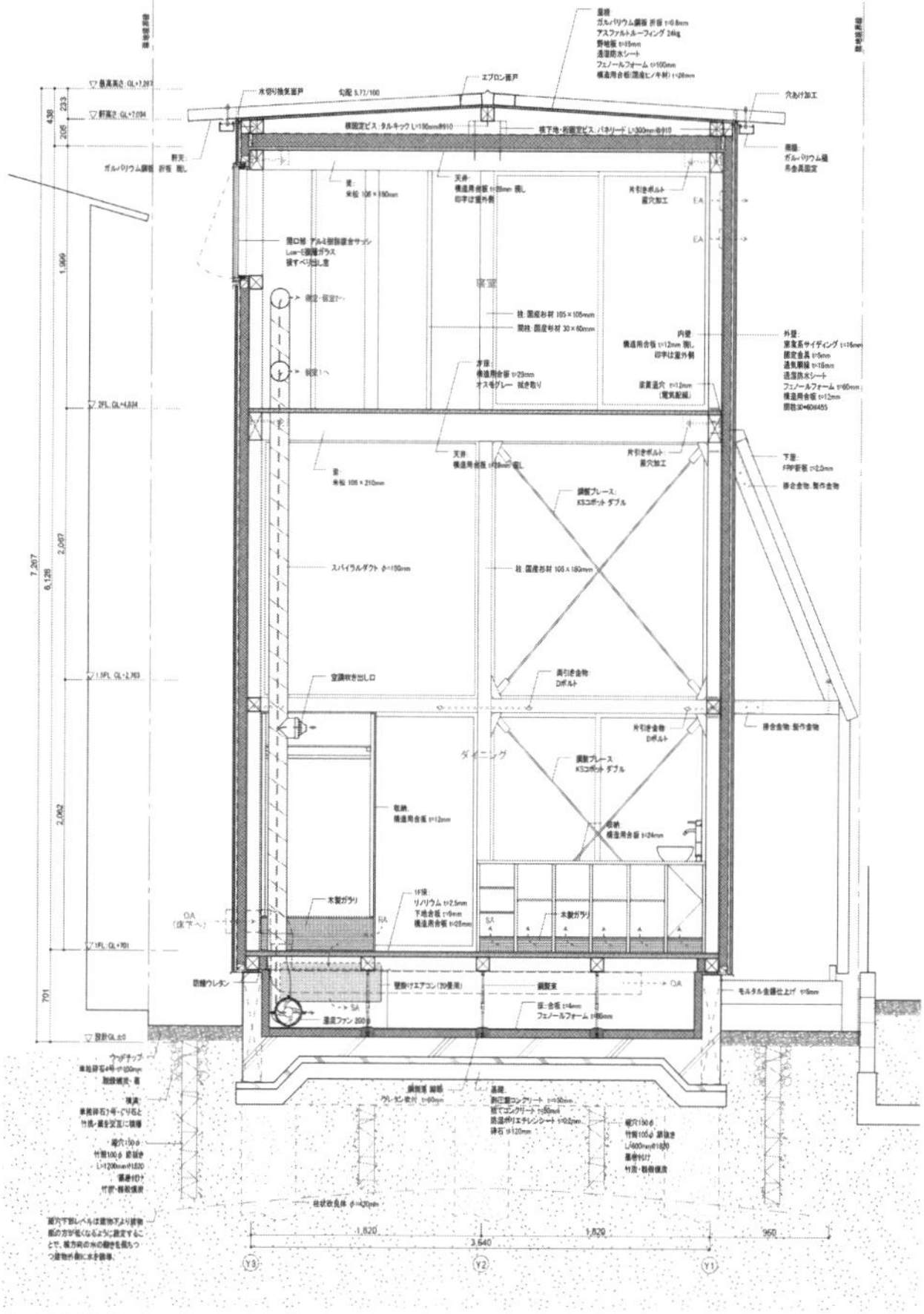

[図8]矩計図

[写真10]床下に壁掛けエアコンと還流ファンを設置

[写真11]床下から空気を運ぶダクトと吹出口

プによる土中を含めた敷地全体の環境改善も試みた（写真12～14、図9）。

以上のように、「豊田の立体最小限住宅」では、内（家族）と外（都市）に開かれ、光や風、自然素材にあふれたデライトフルでカーボンニュートラルにも寄与する住宅を、最小限の材料で実現するとともに、解体および材料転用のしやすさに配慮し、敷地全体の環境改善も試みた。また、施工および今後のメンテナンスあるいは改変に住み手が関われるような設えとしている点も重要だ。これは、地球環境危機の時代に求められる都市住宅（新築戸建て住宅）の新たなプロトタイプの提案である。

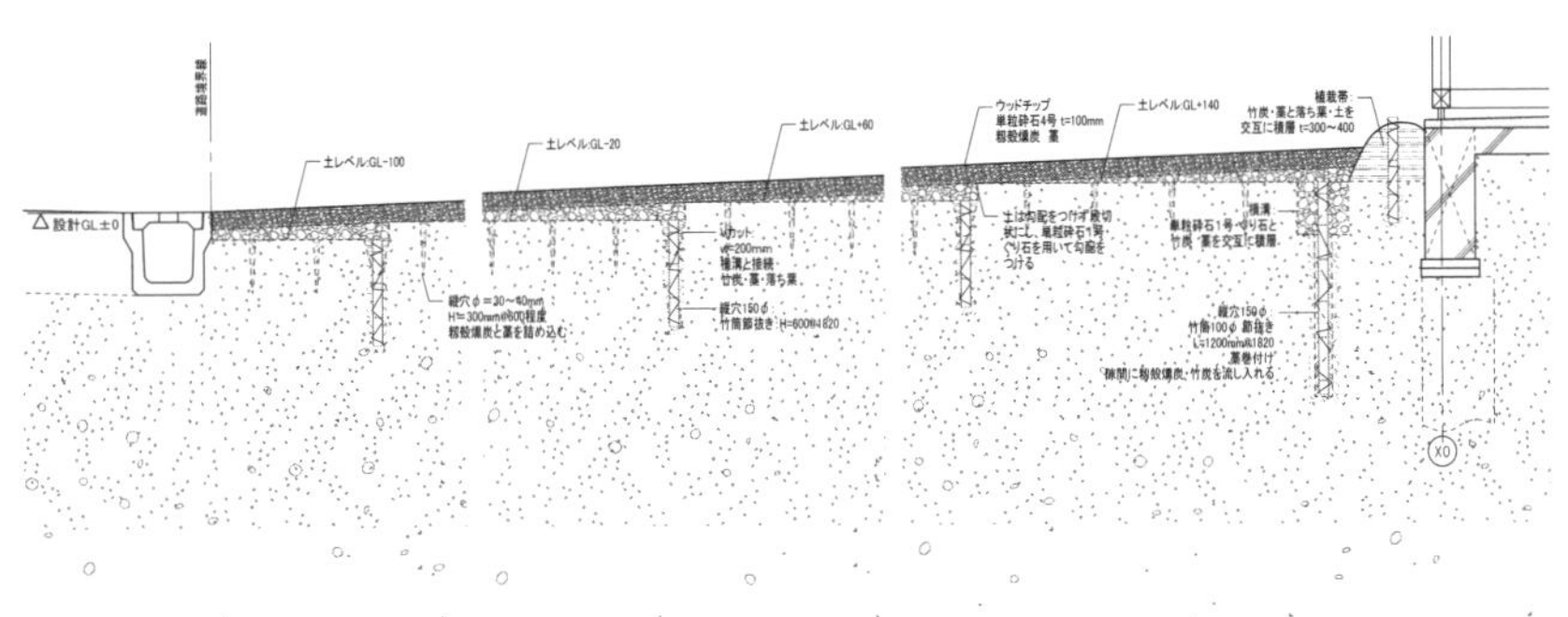

［図9］土中環境改善を行った外構の断面図

［写真12］土中環境改善ワークショップ

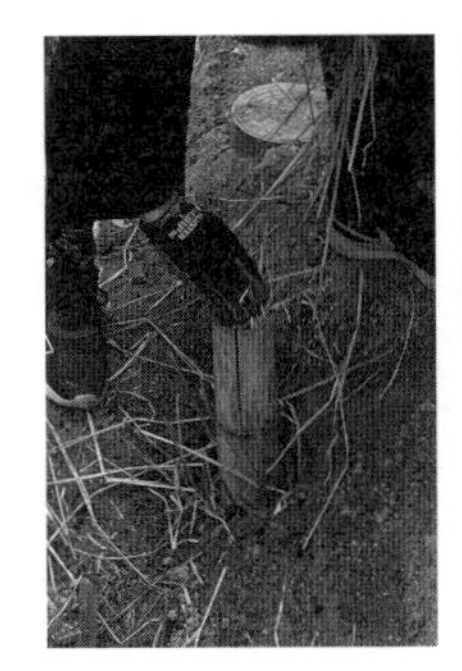

［写真13］縦穴に節抜き竹筒を入れ、まわりに有機物を入れる

［写真14］施工後

2—GOOD CYCLE BUILDING 001
—中規模ビル・リニューアルの新たな方向性

「GOOD CYCLE BUILDING 001」は、総合建設会社である浅沼組が、これまでのスクラップアンドビルドから脱却し、新たなリニューアルのあり方を模索することが、これからの総合建設業者の重要な役割の一つになると考え、プロジェクトチームに建築家である私をアドバイザーとして招き入れて議論を重ね、「人間にも地球にも良い循環」をつくる『GOOD CYCLE BUILDING』というコンセプトを立て、そのフラッグシップとして築30年の中規模ビル（自社ビル）を実験的にリニューアルすることとした。2021年9月に改修が完了した。用途は事務所であるが、ここでの取組みは、改修による新しい環境配慮型の住まいの実現にも十分に応用できるはずだ。

このプロジェクトの説明に入る前に、背景として日本におけるオフィスビルのストックの状況について説明する必要があるだろう。図10は、東京23区のオフィスビルを大規模と中小規模に分け、築年ごとにストック量（賃貸面積ベース）を比較したものである。中小規模ビルは、1990年前後のバブル期に大量に供給され、その後激減した。そのため、平均年齢（築年数）は約34年と高く、築浅のストックは少ない。

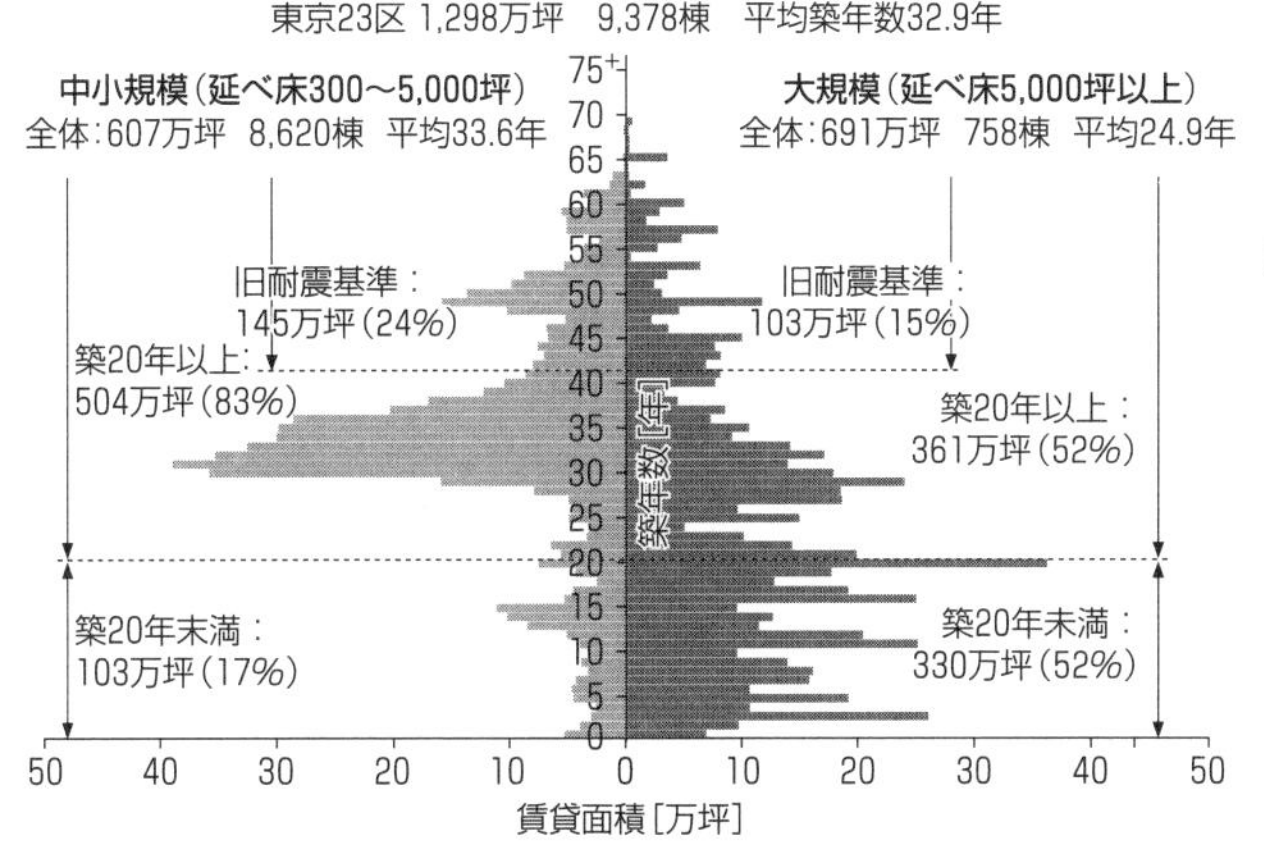

〔図10〕東京23区オフィスピラミッド2023（賃貸面積ベース）
〈出典〉ザイマックス不動産総合研究所（RESEARCH REPORT, 2023. 01. 18）

一方、大規模ビルはバブル崩壊後には、低迷が続いた日本経済の活性化対策として、民間事業者による都市再開発事業を推進する施策が打ち出されてきたことで、バブル期後もコンスタントに建設され続けた。そのため、平均年齢（築年数）が約25年と低く、築浅のストックも充実している。しかし、日本の企業の99％は中小企業であり、就業者数でみてもその約70％が中小企業で働いている。このような中小企業の働く場所の需要に対し、一部のエリアの大規模ビルだけで応えることは難しい。その意味で、中小規模ビルは必要な存在なのではあるが、築古のものが多く、現代のニーズに合っていないものが多い。

そこで、中規模ビルながら現代のニーズに合った、すなわち、近年の大規模ビル同等のスペックとグレードをもつオフィスビル「中規模ハイグレードオフィスビル」の需要が高まってきている。近年、不動産デベロッパー各社が「中規模オフィスブランド」の新しいブランドを打ち立て、商品性を競い合うといった新しい動きが生まれている。ここで言う「中規模オフィスビル」は、延べ床面積が500坪〜3000坪、1フロアの賃室面積が100坪〜150坪前後、おおむね8階から10階建て、エレベーターが2基程度のオフィスビルのことを指す。耐震性や省エネ性、セキュリティやBCP対策などのリスク対応はもちろんのこと、グレード感のある上質な仕様の建物外観やエントランス、内装は企業イメージや信用力の向上につながる。また、快適なオフィス空間は、知的生産性の向上、人材定着などにも貢献する。

［写真15］中央日本土地建物による中規模賃貸オフィスブランドREVZO第1号「REVZO虎ノ門」竣工時外観
設計：川島範久＋中央日本土地建物

［図11］「REVZO虎ノ門」基準階平面図

中規模ビルは大規模ビルの一区画とは異なり、1フロア1テナントの安心感や、エントランスからオフィスフロアまでのアクセス性の良さなどのメリットもある。さらには、大規模ビルと比べて執務室の奥行きが浅いため、どこにいても外を近く感じ、開口部の計画を適切に行いさえすれば、自然通風で十分に換気ができ、昼光利用で十分な明るさを確保できるビルにすることも可能である。そのような中規模ビルの特性を活かそうとする事例もある（写真15、図11）。

しかし、ここで思い出すべきは、はじめに紹介した「築30年前後の中規模ビルのストックは多い」という事実だ。これらは、1981年の建築基準法改正で「震度5強程度の中規模地震では軽微な損傷、震度6強から7に達する程度の大規模地震でも倒壊は免れる」という現在でも基準とされている耐震基準、いわゆる「新耐震基準」を義務づける改正が行われた後のストックであるから、基本的には耐震性能上の問題がなく、耐震補強も不要である。一方、省エネ性能については、1979年に省エネ法が制定・施行されて以降、改正と基準の引き上げが繰り返されてきており、現行基準に適合するには外皮や設備の性能向上が求められるが、先に述べたとおり、中規模であるがゆえに自然通風や昼光利用もしやすいといった環境的メリットもある。すなわち、「築30年前後の中規模ビルのストック」は、量が多いだけではなく、質も高い資源と捉えることができるのである。近年「中規模ハイグレードオフィスビル」の需要が高まっているのであれば、新築だけではなく、既存ストックのリニューアルによってそのニーズに応えていく手法の開発が求められていると言えるだろう。新築の場合、現代日本の都市において更地に建てられることはまれ

［写真16］改修前
設計・施工：淺沼組（1991年）

［写真17］改修後
設計：川島範久建築設計事務所＋淺沼組
施工：淺沼組（2021年）

であるから、すでに建っている建物を壊して建てることとなるのがほとんどである。その際に、既存ビルの解体・廃棄、および新築ビルの施工に膨大なエネルギーがかかることになるが、リニューアルの場合、それらのエネルギーを大幅に抑えることができるのである。

今回改修した淺沼組名古屋支店の建物は1991年竣工（写真16）で、新耐震基準適合が義務づけられた1981（昭和56）年以降の建物であり耐震性能上の問題がなく、竣工後30年間に大きな地震（最大震度3以上）を経験していないことからも、耐震性は損なわれていないと判断できた。構造は、基本的には鉄骨造のラーメン構造だが、柱は構造補強と耐火被覆を兼ねてRCでカバーされ、外壁や内壁の一部がRCとなっており、鉄骨とRCの混構造的に機能していた。また、そのRC躯体の耐用年数調査を行ったところ、今後さらに40年以上の供用が可能という診断が得られた。外装で全面的な更新を行ったのは前面道路側の正面ファサードのみであり、その他の面はRCの上にタイル仕上げだったが、タイルの浮きの調査をし、浮き部、ひび割れ部への樹脂注入によりタイルの接着性を高め、さらに表面にシリコン系塗料を塗布することで、今後の剥離抵抗性を高めた。また、外壁部の断熱性能が不十分だったため、室内側より吹付硬質ウレタンフォームを付加することによって断熱性能を向上させた。以上のように、既存の躯体・外壁を今後も継続使用できるようにするための調査・補修・補強を行った（写真17）。

西側正面では、改修前は全面ガラスのカーテンウォールになっており、ブラインドがつねに下りていた。そこで、窓面を2・5メートルセットバックさせ全階にベ

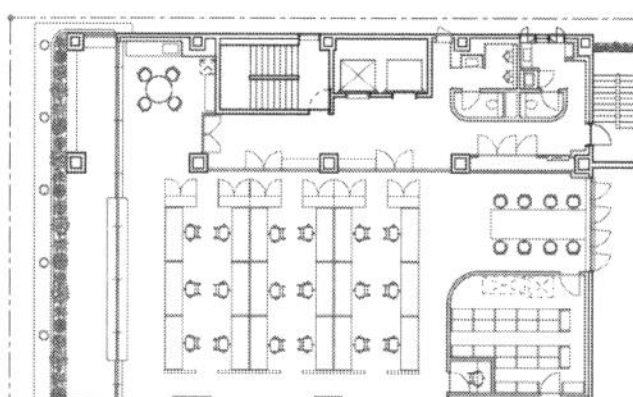

［図12］6階平面図

［写真18］ベランダ

ランダ空間を設け、前面に土塗りのプランター上の植栽帯とスギ丸太の列柱を設けた（図12、14、15、写真18）。床デッキと軒天を木で仕上げ、窓際には木製のベンチを設けた。窓は引き違いとし、木製のすだれを設けた。このベランダ空間は、西日を和らげ、都市とのバッファー空間としても機能する。南面と東面では、既存開口部にカバー工法で新たな窓サッシを取り付け、縦滑り出しとし、庇を追加した。また、使用頻度の低い倉庫などを採光上不利な場所に配置するなどして、すべての執務エリアで十分な昼光と自然通風を得ることができ、適切な日射遮蔽を可能にした。さらに、天井面の全面を木で仕上げ、倉庫やトイレの壁面外周を土塗りとした。

既存建物の1階は、周辺を建物に囲まれ、暗くて風通しもよくないエントランス空間だった（写真19）が、2階の床を東西方向に一部撤去して吹き抜けとし、突き当りの壁を除去し、その奥にトップライトをもつ階段室を増設することで、1階・2階を一体的に、明るく風通しの良いエントランスホール・ラウンジに改変した（写真20）。吹抜けのエントランスホールには土の壁柱が連続してそびえ立ち、その上部では植物が育つ。7階では、上部の8階床スラブを一部除去し、天井を南に向かって高くし、窓を追加することで、冬期の日射を存分に取得できる気積の大きな開放的な大会議室を実現した。8階では、7階の天井に呼応した階段状の床とし、さらに屋根スラブを一部除去し、外ルーバー付きのトップライトを設け、外のような明るいホール空間とした。ここでも床・壁・天井に土と木をふんだんに使用した。

このような建築を、都市の循環の中に位置づけ直すような試みを行った（図13）。次に土・木・人工素材・植物それぞれについて説明する。

［写真19］1階 改修前

［写真20］1階 改修後

土

建物内外の床・壁・天井や家具に用いた土は、淺沼組の愛知県内の他現場から出た建設残土を原料として使用した。建設残土は通常ガラが含まれその除去に手間がかかり、通常は使い物にならないとされる。都市におけるＮＩＭＢＹ（Not In My Back Yard）的な存在で、建設現場から離れた場所に運ばれ、土砂災害などの災害も生み出している。しかし、ふるい分けさえすれば土壁の材料として再資源化できる（写真21）。また、土壁の材料は、近年は耐久性向上のため石油由来の材料やセメントが添加されることが多いが、いっさいそのような不純物を加えることをせず、将来塗り直す際の材料として再活用でき、いずれ土に還すことができるようにした。ところが、そうすると耐久性は一般的な工業製品と比べると劣るものになる。そこで、各階の土壁のほとんどを、左官職人の指導のもと、ユーザーとなる社員や関係者たちの手によって、土壁ワークショップを実施して施工することにした（約１２０人が参加）。土のふるい分けから塗る工程までにユーザーが関わることで、土壁の仕組みを知るとともに、仕上げの精度や耐久性に対して寛容になり、愛着をもってメンテナンスも自ら行っていけるようになる。さらに、指でスジをつける（写真22）、土を投げつけるなど、職人ではなく多くの素人が参加してこそ可能な仕上げ方法とし、人の動きによる「自然な」表現とした。かつての里山における暮らしの連関の中で当たり前の存在だった土壁は、建設の産業化にともないそれらの連関は断ち切られ、希少性の高いぜいたく品になってしまったが、現代都市のネットワークの中に新たに位置づけ直し、本来の土壁の本質を取り戻す試みである。

［写真21］土のふるい分け

［写真22］土壁ワークショップ

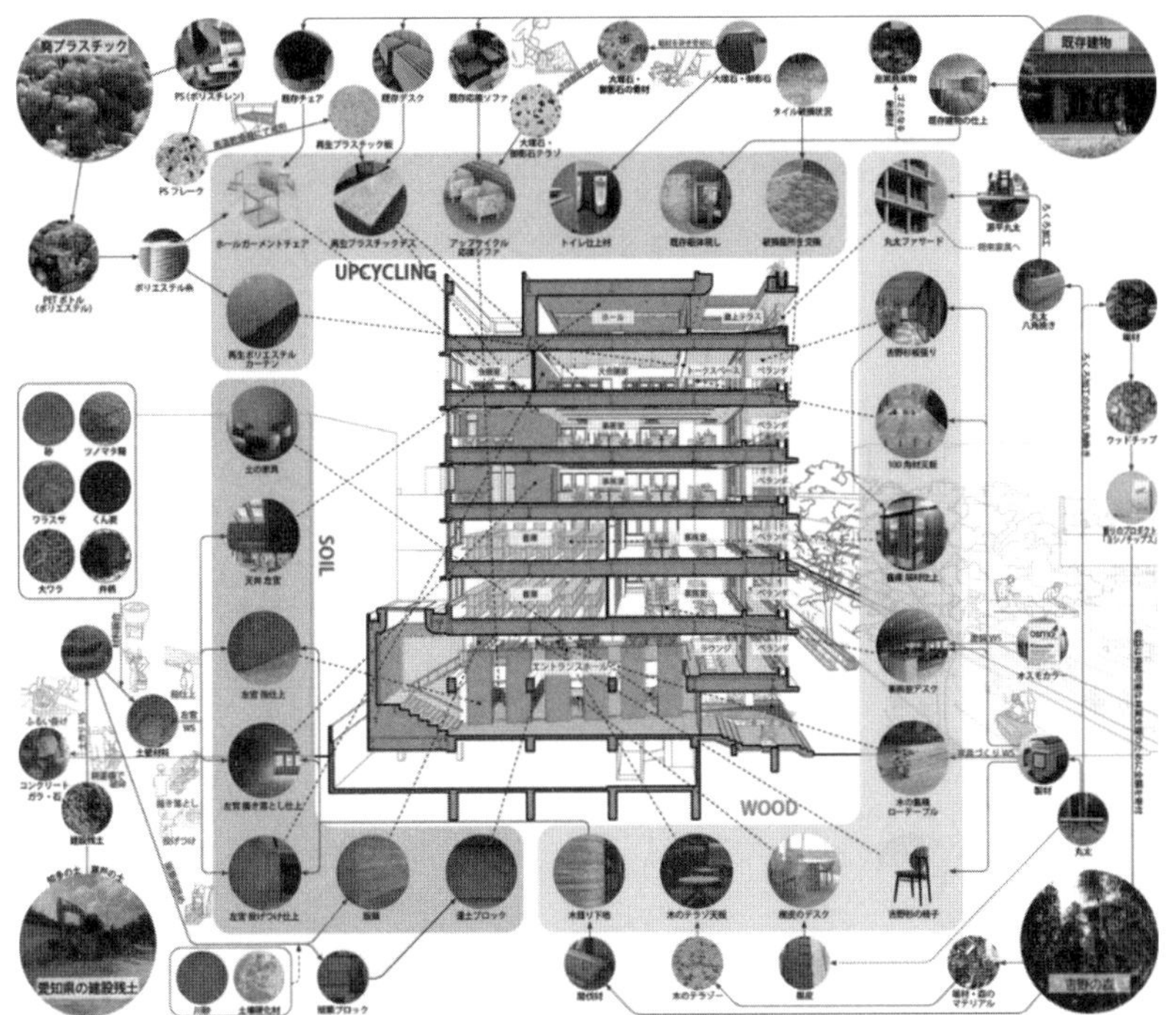

[図 13] マテリアルフロー（都市の循環の中に建築を位置づけ直すサーキュラーなマテリアルフロー・デザイン）

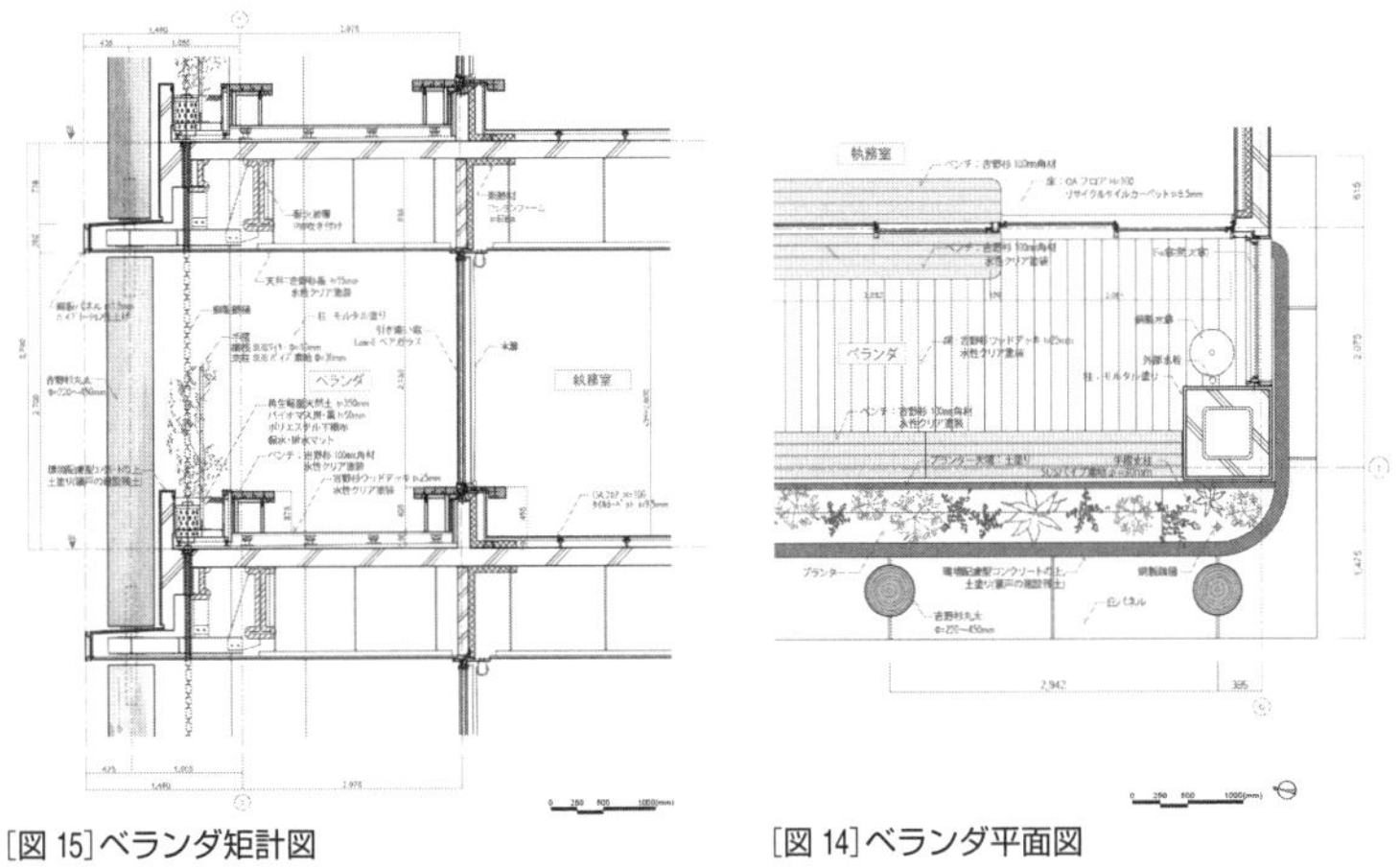

[図 15] ベランダ矩計図

[図 14] ベランダ平面図

木

建物の内外装や建具・家具に使用した木材は、淺沼組と古くから縁があり持続可能な管理をしている奈良・吉野の森から調達したスギ・ヒノキを製材したものである。正面ファサードの列柱には、淺沼組が創立130年であることにちなんで樹齢130年の吉野杉の丸太を使用した。一列に対し一本のスギを伐採し、層高さごとに可能な限り大きな径の丸太に製材して取り付けることで、上層に行くほど径が小さくなり、木を自然に立っているのと近い姿で感じることができるようにするとともに、発生する端材を最小限に抑え、将来的な転用可能性を最大化するようにした。

丸太は未乾燥のまま背割りを入れ、上下のプレートで固定し、各フロアの庇を作業場として使用できる強度とし、仮設クレーンによる丸太の取り外しも可能な計画とした（写真23）。これにより、木を乾燥させる工程が省かれ、乾燥を終えたら丸太を取り外し、家具などの材料に使用し、また新たな吉野杉を伐採し取り付けるといった行為を、数十年ごとに一種の祭事として行っていく予定である。そのほか、ソファやベンチなどの家具でも、角材をボルト接合で積層したデザインにするなど、その後の転用可能性を考慮したデザインとした。また、通常廃棄されてしまう木の皮や枝木の部材を使った家具を製作したり（写真24）、先の丸太を製材する過程で発生する端材を活用して、スギの香りを楽しめるプロダクトを、『GOOD CYCLE PRODUCT』としてクラウドファンディングを通して実現し、そこで得た収益は持続可能な林業支援のために全額寄付した。都市のビルを「貯木場」と捉え、都市のビルで木材を貯蔵・乾燥させ、都市で利活用していく、都市における新

[写真23] 丸太の設置工事

[写真24] 端柄材・端材の活用

たな木材のマテリアルフローの提案である。

人工素材

室内の独立柱やエレベーター・階段回りの壁では、既存の仕上げを剥ぎ取り、コンクリートの柱・壁をむき出しにした（写真25）。かつての仕上げ材を接着していた跡によるムラは、土や木のムラとの相性が良いという発見もあった。また、既存建物のエントランスホールで使用されていた石材は、綺麗に取り外すことができたものはトイレの内装面材として再利用し、うまく剥がせなかったものは、細かく砕いて石こうで固めて面材にするなどして家具の材料に転用した。

さらに、廃プラスチックをフレーク状に粉砕し、熱して固めた面材と既存家具を組み合わせたり、ペットボトルゴミからつくられる再生ポリエステル糸で編まれたニット（端切れを出さないために無縫製とした）で既存家具を包んだり、同じく再生ポリエステルのテキスタイルでカーテンを制作するなど、既存建物あるいは都市で発生するゴミを資源として活用する試みも行った（写真26）。

植物

屋上やベランダには100を超える多種の植物を植え、土壌や水やりシステムの工夫により、人工物の上でも植物が健康に育つようにした。ビルの前面道路はこの地域における緑の都市軸のひとつに位置づけられており、その中でこのビルは鳥や昆虫の拠りどころとなり、都市における生物多様性の回復に寄与する。また、室内

［写真25］既存仕上げを剥がした状態で仕上とする

［写真26］再生プラスチック板によるアップサイクルテーブル

の植物については、鉢植えを土の層と水の層の二段とし、フェルトを通して下段の水を吸い上げてもらう仕組みとすることで、水のあげ過ぎによる根腐れなどが起きないようにし、入居者自身によるメンテナンスを容易にした。

先に述べた自然の光・風に対するアクセシビリティを高める改変に加え、外皮性能の向上と高効率設備の導入などの省エネ改修を行い、快適な温熱環境を実現するとともに（図16）、省エネルギー化により、運用時のCO_2排出量を旧社屋の50％以下にした（図17・右）。さらに、土・木・植物といった自然物に囲まれる環境としたり、階段を上り下りしたくなるようなデザインにするなど、建物居住者が快適・健康でいることができる空間とし、米国の健康建築性能評価制度（WELL Building Standard TM（WELL認証））でゴールドを取得した（築30年以上のオフィスビル全体の改修でのWELL認証のゴールド取得は日本初）。また、既存躯体活用と自然素材利用により、新築と比べ、躯体と仕上げにかかる製造・建設時のCO_2排出量を約85％削減した（図17・左）。建設コストでは、既存を解体後に新築するケースと比較すると、約半分のコストで建設できたという試算結果が得られた。

以上のように、日本の都市にストック量が多い築30年前後の中規模ビルをリニューアルすることで、近年需要が高まる「中規模ハイグレードオフィスビル」を、環境的・経済的な負荷を大幅に低減しながら実現することができた。この事実は、この新しい方法論に普及力が十分にあることを示しているといえるだろう。何より重要なのは、ごくありふれた近代的なビルを、太陽光や自然風、土や木、そして植

［図16］室内温熱環境の比較　実測による検証　冬季代表日

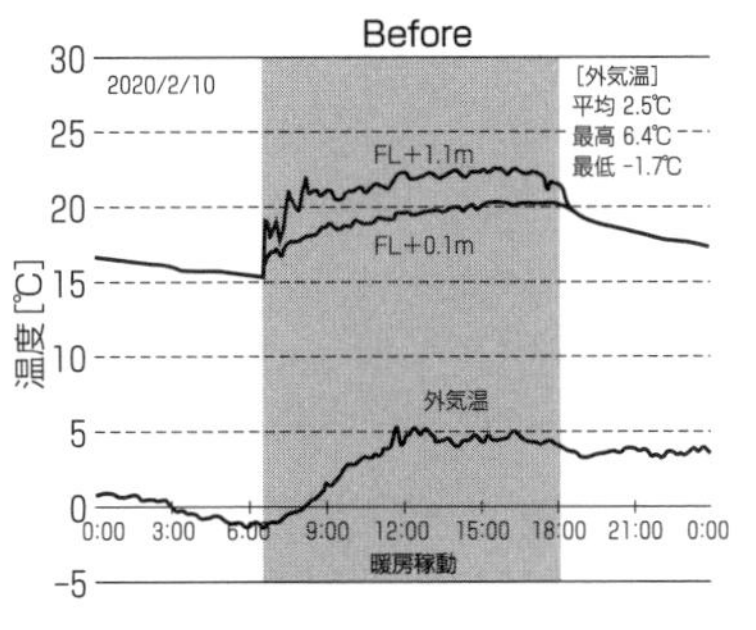

物などの「自然」にあふれたデライトフルな建築に生まれ変わらせることができることを示したことだろう。

時に移ろう光、通り抜ける風。温かみがあり、ムラがあり、年月とともに深みが増す土や木。日々成長し、花が咲いたり、新たに芽吹くこともあれば、枯れて死んでしまうこともある植物。このように変化する「自然」とともにあることに私たちは喜び（Delight）を感じる。また、そのような変化する「自然」に対して、窓やカーテンの開け閉め、木や土の定期的なお手入れ、植物の剪定や水やりといった形で、建物のユーザーは主体的にビルに関わり続けることができ、そのようなビルを育てていく過程を通して、ビルに対する愛着が増していく。施工から関わっているのでその愛着はなおさら強く、その部位がどこから来たどのような材料で、どのように作られているかを理解できているから適切な方法でメンテナンスすることもできる。これらのことは先に述べた数値的な脱炭素の効用以上に、本当の意味での持続可能性に寄与するものだろう。

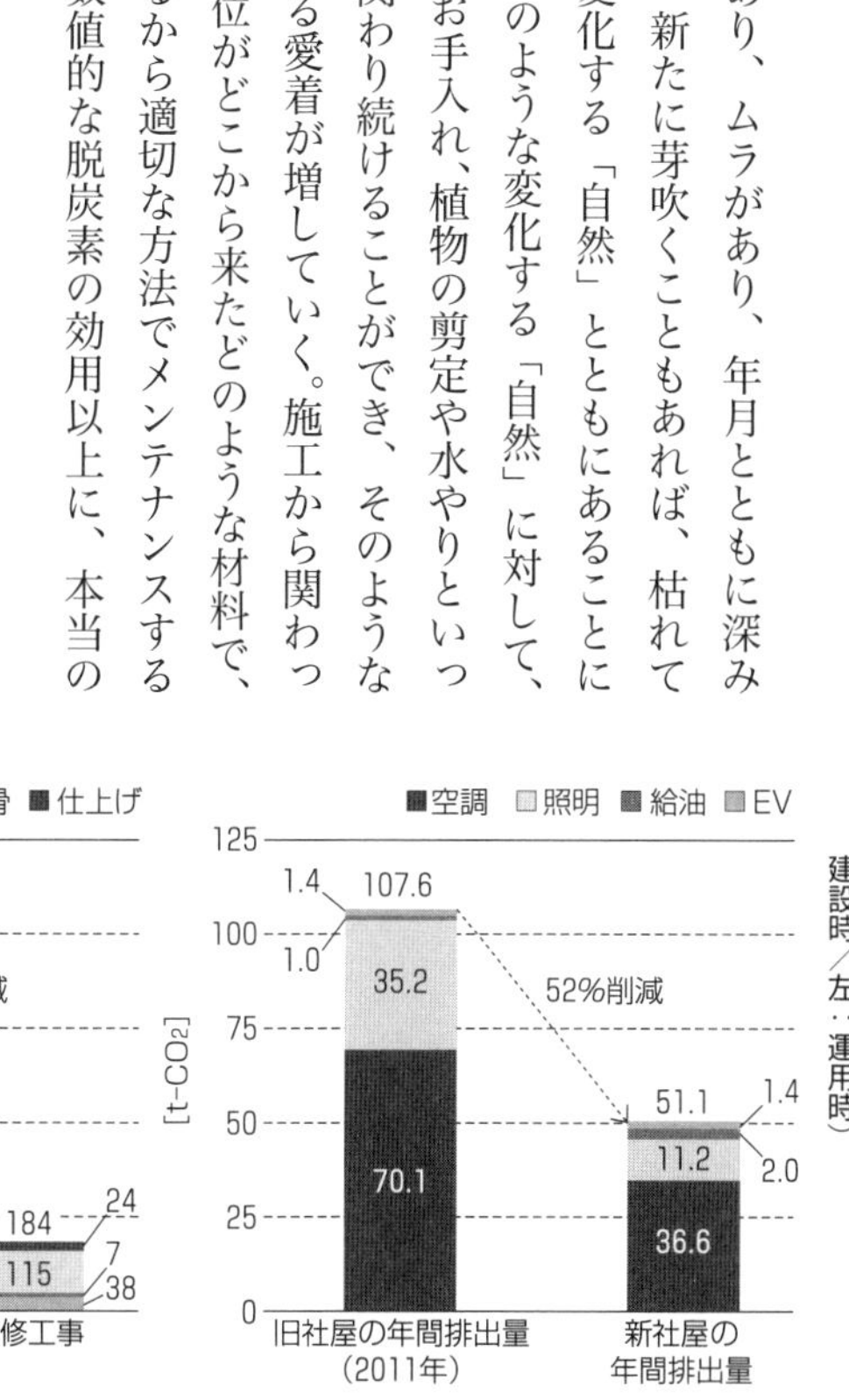

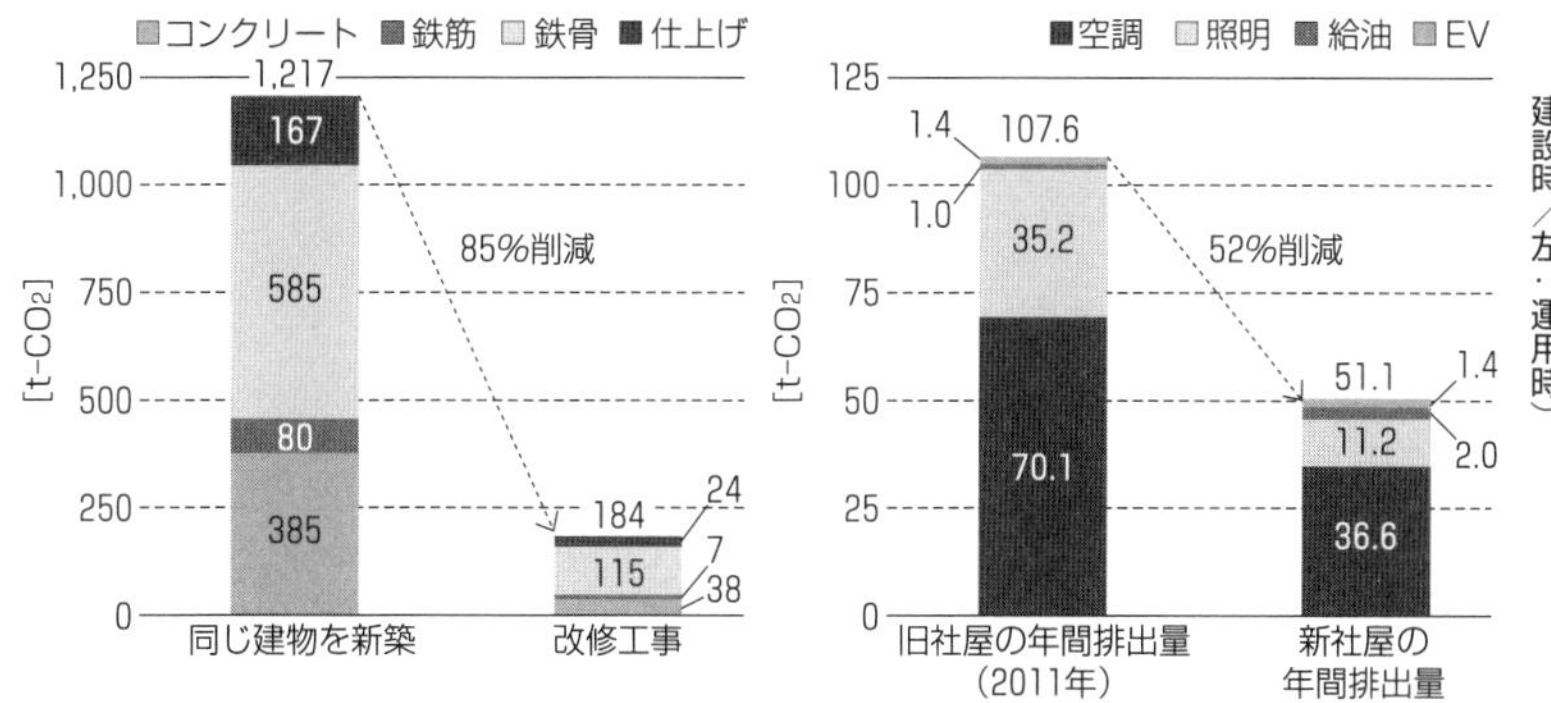

［図17］CO_2排出の削減量の試算（右：建設時／左：運用時）

[第3部]●

住宅のグレートリセットに向けて

――パネルディスカッション

第1回——2022年7月14日

脱炭素時代の住宅におけるグレートリセット

〈司会〉秋元孝之 芝浦工業大学教授
〈パネリスト〉田辺新一 早稲田大学教授＋齋藤卓三 ベターリビング認定・評価部長＋池本洋一 リクルートSUUMO編集長

1——住まいの性能評価の手法について

秋元孝之

秋元——はじめに、会場から質問をいただいております。池本先生に対してです。「ポルトガルのEPC制度について、既存住宅でEPC取得の際には現場調査を行うとの説明がありましたが、これは設計評価ということでしょうか。日本でEPC制度を導入するにあたっては、設計評価と実績評価とでは、どちらがベターでしょうか」という内容です。

池本——設計図書やカタログ値があれば、それを使うというのが基本ですが、そういったものがない物件も多数ありますので、その場合は計測できるものは計測し、それをルールに従ってスプレッドシートに入力して設計評価の代わりとします。

日本の場合、どちらを採用したほうがいいのかはぜひ議論をしたいところで、まさにこれからの大きなテーマになると思います。普及を考えると、設計評価でいくのは困難ではないかと思います。他方、設計評価でなければ、断熱改修したときの効果を証明付きで指し示すことが難しかったりもします。しかしながら、設計図書がほとんどない築古物件や、設計図書から計算する作業に見合うコスト合理性が低い賃貸物件となるとそれも厳しいと思いますので、私の個人的な考えでは、目視や温度計測を行い、その地域や築年レベルの平均と比較して良し悪しを指し示す形を基本としながら、新築と同じような性能値で出せるものは個別評価をして評価書を取るという両刀使いが良いのかなと思います。これは、まさに議論のまっただなかだと思いますので、ほかの方のお話も聞いていただけたらと思います。

池本洋一

秋元——そのとおりだと思います。評価結果が正しく示されているものは高く評価されるということになれば良い方向に進むと思います。一方で、カーボンプライシング[*1]などに基づいてCO_2排出者が努力した分がうまく反映されないというような見方もあるかと思います。田辺先生のご意見はいかがでしょうか。

田辺——ヨーロッパのEPCは原則設計評価ですが、国によっては運用時すなわち光熱費から出しても良いという仕組みだと思います。

池本——ドイツとフランスは光熱費の3年間の伝票で代替しても良いそうですが、それは部分間欠冷暖房ではなくて、全館暖房というデフォルトがあるからなせる業だと思います。

田辺——今、池本先生が言われたように、ヨーロッパの住宅は全館暖房のため、暖房に対するエネルギー消費量が非常に大きいです。日本は、実は暖房に使っているエネルギーは欧米の住宅と比較すると小さいのですが、それは省エネ性能に優れている住宅だからか、というとそうではありません。熱効率が悪い日本の住宅では、全館暖房は光熱費が高くてやっていられないので、おもな居室だけを暖房して、寒いけど我慢しながら過ごしているから実態としては少ないわけです。ですから光熱費を代入して住宅の省エネ性能を求めようとしても、簡単には求められないという実情がありますね。

　では、何を評価するのか。今、東京都知事がHTT[*2]「電力を減らす・創る・蓄める」と盛んに言っています。私はもし日本で評価するなら、単一ラベルではなくて、外皮ラベルと省エネの2つで評価すれば良いと思っています。さらにT（つくる・ためる）

田辺新一

も評価として加えてあげるのがラベルとしては向いているのではないかと考えています。これはＺＥＨの考え方ですが、既存評価を行うときにはそういう2本立てのようにしたほうがわかりやすいかなと思っています。

秋元——齋藤先生は、実際にたくさんの評価を現場でされていますが、設計評価と実績評価は、どちらも可能性があるのでしょうか。

齋藤——個人的には設計評価と実績評価、両方とも大事だと思います。やはり設計評価のように計画時点での目安となるものがあったほうが良いと思います。ただし、あくまでもそれは目安であって、住む人が暑い・寒いと感じたり、スケジュール、生活パターンなどによって大きく結果は変わってくるので、そういった実績値を把握することで、その後の良いモノサシにもなると思います。住宅用途においても実績値をきちんと追うのは大事なことだと思います。

齋藤卓三

秋元——設計時の計画の目安となる数字と居住時の実績値を知らなければ、エネルギーの浪費をリセットできないですからね。

2—住まいのエネルギー消費とコストバランス

秋元——本委員会の高口先生からも質問があります。「光熱費は所得と相関があるので、ＺＥＨにしてもあまりエネルギー消費が減らない理由にも合理性があると思います。エネルギー価格を上げればエネルギー消費は必ず減ることになるので、今後カーボンプライシングを含めてエネルギー単価を上げるという方向性が示されれば、技術開発や投資も進むように思います。例えば、排ガス規制のマスキー法[*3]を見習えば、技術開発も一気に進むかもしれません。価格を上げるとエネルギー困窮（エネルギーポバティー[*4]）が問題になりますが、そこは福祉の問題として対応すべきだと思います。いかがでしょうか」

先ほど田辺先生から、ガソリン価格が高くなればCO_2排出は減るのではないかという話もありましたが、田辺先生いかがでしょうか。

田辺――実際にエネルギー価格が高くなれば、特に民生用の消費量は必ず減ります。２０１３年に電気料金が高騰しましたが、実際にその後の消費はかなり減っています。事実上そうなるとしても、あなたたちのガソリン代を高くすれば減るでしょうと、直接的に政治がそこに言及していくのはきわめて難しいと考えます。

実際のサプライチェーンを考えると、日本の産業、特に製造業は、製品に対するエネルギーの比率が大きい。製造業が使用するエネルギーを高騰させると、わが国での産業ものづくりが耐えられなくなってくると思います。一方で、都心のオフィスビルに入っているようなサービス業は、だいたい人件費１００に対してエネルギーコストは1ぐらいなので意外と気をつけていません。例えばそれを再エネルギーなどで、少し高くてもそちらを優先して変えることは比較的簡単にできると思っています。

秋元――いっそく飛びに進めるには劇薬だということですね。会場にいる鶴崎先生からも何かコメントをいただけますでしょうか。

鶴崎――確かにカーボンプライシングというのは、環境省、経産産業省でも議論をし続けているところです。実際には、すでにある種のカーボンプライシングが入っているのですが、さまざまな税金・税制と重なって、必ずしもCO_2排出量が多いほど課税負担が大きくなるというふうにはなっていません。そのところをどう調整していくかという課題もあると思います。

ただ、現状で大きな負担を課すような話は、かなり政治的にも苦しいというのは田辺先生がおっしゃったとおりだと思います。今もガソリンに関してかなりの補助金が入っているのは皆さんご案内のとおりで、これがどこまで続けられるかということもあるでしょうし、一時的にかなり負担が大きくなるという可能性も十分あると思います。成り行きに任せるか、政策的に調整するか、いずれにせよこれからは消費者の選択を大きく変えて、「省エネのものを選んだほうが良い」

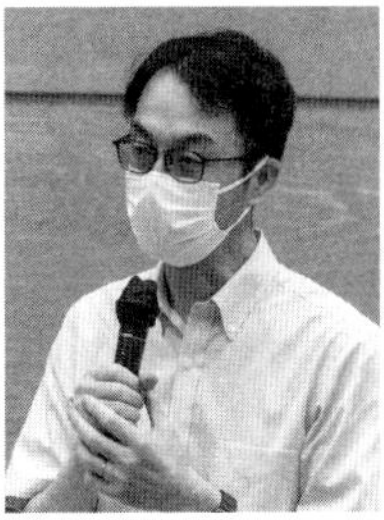

鶴崎敬大

というトレンドをつくることは間違いなく必要だと思います。

秋元――ありがとうございます。高口先生もぜひ一言お願いします。

高口――もちろん政治的に非常に難しいというのは理解しているのですが、例えば都心のオフィスであれば支出に占めるエネルギーコストは決して高くないので、そういった部分でもう少しインセンティブが働くように調整するというような施策はあっても良いのではないかなと思います。

池本――カーボンプライシングの話とは少しずれますが、ドイツに取材に行ったときに、外断熱改修は日本でいう市営住宅や県営住宅でも行っていました。また、妻の実家の秋田県能代市でも、市営住宅や県営住宅でも断熱改修が行われたり、新しく建つ市営住宅がかなり性能の良い高断熱仕様でつくられていました。これは福祉政策にあたるのかもしれませんが、実際に年収の少ない人のほうが所得に占める光熱費の比率が高いので、エネルギー単価が上がればそれだけ生活が圧迫されます。低所得の人ほど断熱改修などに対する補助を手厚く出すというような政策を、各自治体などで進めていくことができればグレートリセットになると思います。

齋藤――省エネ基準の適合義務化が始まる数年前から非常によく議論されていたのは、例えば電気代が10倍になるということにでもなれば、おそらく住宅や設備機器の事業者も本気で技術開発をするだろう。そうして開発した技術が、今度は海外に売れるといった形のほうがうまく回るのではないか、という話をしていた人たちがいたことも事実です。

齋藤卓三

池本――ヨーロッパを見ていると、ドイツなどはまさに省エネ政策を国策としてやって、高性能な窓を世界に売るようなビジネスも見据えていますよね。

田辺――損益分岐点が上がりますから、単価が上がれば今まで使われていなかったような日本発信の技術も花開くと思います。おそらく今、ヨーロッパで非常に必要とされているのはヒートポンプの技術です。一時ガスが安くなってドイツではヒートポンプの普及は止まっていました。しかし、今はエネルギー価格が高騰しているので、給湯器などの置き換えが大きく進んでいます。これは日本の技術なので、日本が貢献できる可能性は大きいと思います。

秋元――鶴崎先生は、日頃から住まいのエネルギー消費に目を配っていらっしゃると思いますが、ニューノーマルな暮らし方へのアピールについてお考えがあれば教えていただけますでしょうか。

鶴崎――非常に難しいお題だと思います。正しい情報発信とは何なのかという話だと思いますが、それぞれ置かれている状況が非常に多様なので、平均的にはこういうものを選んだら良いのではないかということは言えるとしても、それぞれの皆さんにとって本当にそうかと言われたら実は違うかもしれないという、そこの課題は大きいと思っています。

また、どういう状態が良い状態なのかを判断するのも非常に難しいです。例えば、在宅勤務における室内の温度や空調管理など、従業者の労働環境について、会社は本来関心をもたなければいけないところだと思います。今までは見過ごされてきた住宅の温熱環境をきちんと捕捉して、この状況だったらこういうふうにしたほうが良いときちんとアドバイスできるような仕組みができてくれば、執務者の労働安全衛生的な観点でもきちんとした環境の確保ができます。高騰する電気代に対して、在宅勤務手当や光熱費の補助もあると思いますが、そういう中でもできるだけコストを抑制するにはどうするかということを、個人だけではなく、経営側も一緒に考えることができるのではないかと思っています。そういう中で、省エネの機器を使ったほうが双方にとって良いということになれば、社会全体でコミットしていくことができるのかもしれません。

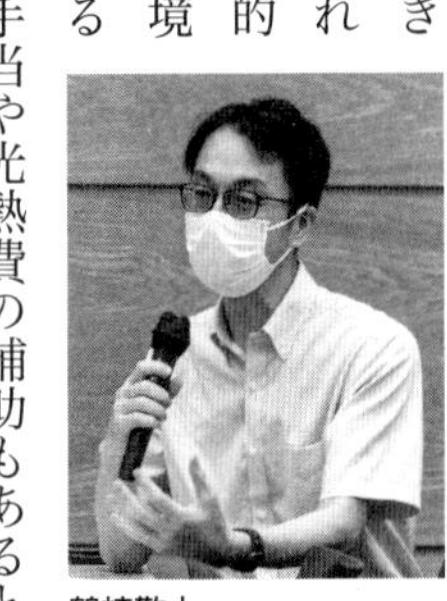
鶴崎敬大

秋元――ありがとうございます。在宅で勤務をするという場合、自宅の空間が充実していなければ難しいと思っていまして、なかなか自分を律することのできない傾向の私はつい大学の研究室に行ってしまうのですが……。田辺先生は自宅でも仕事をたくさんされていますが、何かコメントいただけますでしょうか。

田辺――住宅性能としての断熱などの問題は、実際に健康被害が起きているので、すぐにでも何とかしなければばいけないと思います。熱中症の4割は住宅の中で起きていて、そのうちの7割は65歳以上だという調査結果をみると、やはりどうにかこの数を少なくしていく必要があると思います。

エネルギー政策にも関わらせていただくようになってから、さまざまなデータを目にしています。特に気になるのが、日本のエネルギー自給率が11％（2020年時点、2021年は13％）しかないことです。これがもし、有事にでもなればとんでもないことになります。以前、携帯電話の電波障害が3日間あっただけで大騒ぎになりましたが、エネルギーに関しても同じようなことが現実的に起きる可能性があります。一番危険なのは、冬の朝方と夕方、雪が降って太陽光発電ができないときに電力危機になると相当大変なことになります。その備えを考えるのが政治の役割ですが、個人レベルでもそういう危機感をもっていれば、なるべく健康性を守りながら省エネをしようという意識になると思います。最近はついに「節ガス」という言葉まで出てきましたが、実はそのぐらい大変な状況にあると捉えたほうがいいのではないかと思います。

秋元――今、田辺先生のご指摘のとおり、電力需給ひっ迫で停電や停ガスが起こると皆があたふたするかもしれません。そうならないように、ウェルネスのことも考えながら、どういう住まいを形成して、どうやって暮らして使っていくのか、その社会はどうあるべきかというようなことを、私たち自身が考えていかなければならないのだろうと思います。

秋元孝之

3―これからの働き方と環境づくり

秋元――高口先生から在宅勤務の生産性の話についてのご質問があります。

高口――池本先生の最後のプレゼンで、政府としても在宅勤務を進めていこうとしているという話がありましたが、労働人口不足を緩和させ、子育てと両立できる社会を創る方針があるという話がありましたが、この場合は、エネルギーだけではなく、生産性も評価しないといけないだろうと思っています。コロナ初期の産総研（産業技術総合研究所）のレポートによると、在宅勤務によって約2～3割の生産性が下がっているという報告がありました。その後は少し慣れて生産性も上がったのではないかと個人的には思っていますが、在宅勤務における生産性当たりのエネルギー消費量のような形で評価する必要があるのではないかと感じています。

高口洋人

また、在宅勤務は「ジョブ型」には向いているけど、「すり合わせ型」の仕事にはなかなか難しく、日本の高付加価値型の産業はほとんどがすり合わせ型です。日立製作所などがジョブ型に変えるという話もありますが、日本の産業の強みのようなものが失われるのではないかとも感じていて、特に建設業・住宅産業というのは現時点ではすり合わせ型産業ですから、これからどうなっていくのか、何か最新のお話があれば聞かせていただければと思います。

秋元――先ほど関連のあるような話を田辺先生からいただいていましたが、田辺先生、先に何かコメントいただけますか。

田辺――私たちもその後いろいろな調査をしていますが、業種によって在宅勤務（テレワーク）の重要性が異なることはよく知られています。

田辺新一

特に建設業ではオフィス出社を求めるところが多く、ご質

問にあったように、すり合わせ型というところがあると思います。日本はテレワークでも、公共交通機関が便利なので、モビリティーのエネルギー量は米国のようには減りません。NTTのように「勤務地は自宅、出社は出張扱い」ということになれば、地方は活性化する可能性もあるし、時間も取れるなどのメリットがあります。一方で、デメリットの部分は、いわゆるコミュニケーションの部分と言われていますが、それをどうやって補いながら進めていくかを考えることが大切です。

若い人に聞くと、仕事もリアルに会うのではなくて、メタバースのような世界になってしまうのではないかという人もいます。人工的な空間の中で会うということがもう少し進めば、リアルでは5回に1回ぐらいでもいいのかもしれません。

池本――うちに20歳ぐらいの子どもがいるのですが、彼らのようなオンラインで授業を受けていた世代からすると、コミュニケーションは本当にフェース・トゥー・フェースが最高なのだろうか？ と疑っていますね。ほどよい距離感でたまに会うのはいいけれど、毎回会わなければいけないのは酷だというような感覚です。一方で、やはり雑談や発言がオンラインの中ではしづらいということもあるようで、おそらくこの世代は、ほどよくオンラインで、ほどよくリアルでというところを求めていくのだろうなと思っています。

池本洋一

これから、労働市場は人が足りなくなるということを考えていくと、そういった働き方に対応していく企業でなければ、逆に有能な学生や若い人たちを社員・職員として迎え入れることができなくなるという構造はありそうなので、テレワークが実施可能な業界は容認のほうに向かっていく可能性は高いなというふうに思います。

秋元――それを見越したうえで、これからの住宅がどうあるべきか、社会であるべきかを考えていく必要がありますね。グレートリセットにつながる話として、生産性が落ちずに、むしろ上がるような在宅での働き方というのはあり得るので、それをサポートするような仕組みがあっても良いのかなと思いました。高口先生、そういうご意見に対していかがでしょうか。

高口――いろいろな選択肢が増えるというのは基本的

には良いことだと思います。建築の立場としては、エネルギー消費量が増えた減ったということだけではなくて、やはり生産性や生活の質そのものがどう変化するのかということと併せて比較できるようなデータの出し方が大事なのだろうと考えています。

4―おわりに

秋元――最後に、深尾精一先生、何かコメントやご質問があればお願いします。

深尾――今日のシンポジウムは本当に勉強になりました。脱炭素社会に向けた住宅・建築物の省エネ対策のあり方検討会で田辺先生がご苦労されたように、これからの性能をどのレベルにもっていくかというのは、非常に悩ましい課題だと思います。齋藤先生のお話にもあったように、新築よりも問題は多量にあるストックです。

ヨーロッパの建築の造り方は、集合住宅も戸建て住宅も、基本的にはコンクリートをはじめ石系・レンガ系ですよね。ところが、日本の私たちが持っているストックは、集合住宅と戸建てで構法がまったく違います。さらに戸建ての中にもさまざまあり、木造であってもツーバイフォーやプレハブもあれば、年代によっても構法が違います。そのため、既存ストックの性能を上げると一口に言っても、これだけバラエティーがある国は日本しかないので、外国の例はあまり参考にできないと僕は思っています。

深尾精一

例えばどういう部品開発をして、それを市場に出せばよいのかを考えるのも大事だと思います。田辺先生が言われたように、良いものが出てくれば、その値段がぐっと下がる。これは私たちがこの10数年で住宅のサッシやガラスで経験してきたことです。では、今後どういう開発をしたらいいかとなると、ターゲットのバラエティーがあまりにも多すぎるために、どこに焦点を当てて開発したらいいかというのが多分見つけにくいと思います。

そのことが、私たちが抱えている一番の課題で、これは試行錯誤でやっていくしかないかもしれません。

国の施策でも、結局は住宅全般に関しての形で出さざるを得ません。戸建てだけに対しての施策を出すことができればすごく簡単かもしれないけれども、それだと住宅政策にはならない。そのあたりも私たちのもっている大きな課題だと思います。

秋元――たいへん重要なご指摘をいただきました。海外の先駆者に学びつつ、日本の現状、実情に合った対策をどういうふうにしたらよいのかという、そういう投げかけだと受け止めました。時間も限られていますので、最後に登壇していただいている先生方に、本日の課題である「脱炭素時代の住宅におけるグレートリセット」に関して一言ずつお伺いしていきたいと思います。

田辺――今日はいろいろなヒントをいただきました。私は化石燃料を使うことによって空間を維持してきたモダニズム建物は、カーボンニュートラルでそれがどうなるかが問われているのではないかと思っています。若い建築家の人にはチャンスかもしれないと思っています。住宅も変わる可能性があるし、それがどう変わっていくのかというのをぜひ見ていきたいなというふうに思っています。

齋藤――田辺先生もおっしゃられたように、日本も、今いろいろな意味で危機を迎えているところですが、ピンチというのは逆にチャンスでもあります。どんどん新しいことにチャレンジし、失敗を恐れずに取り組めるような仕組みがどんどんとできてくると良いなと考えています。

池本――深尾先生からの、既存住宅の種別が多くなかなか打つ手を一つに絞るのは難しいというお話しは、まったくそのとおりだと思います。僕のようなポータルサイト側の立場からすると、まだ既存

住宅の性能の良し悪しがわかるモノサシがほとんどできていないので、産業政策としてGDPにも、また国民の健康にも寄与できるようなモノサシをつくっていかなければいけないと思っています。

例えば車の購入時に購入後の燃費を考えるように、住宅費用とは別に、1年間もしくは30年間にかかるエネルギーコストのようなものがモノサシとして併記されるのがデフォルトになってくれれば、物件は安くても、これだけ光熱費がかかる家は少し避けようかなという気持ちが普通に生まれるような気がします。グレートリセットにつながる打つ手の一つになるかなと思いました。

秋元――重要なヒントだと思います。田辺先生からも、カーボンニュートラルというのは住宅建築に関わる大きな問題であるというような投げかけもありました。30年間のライフサイクルの例えばコストやCO_2排出量などの表示をして、一般消費者にわかるように発信していくというのが一つの情報発信の方法かなというふうに思いました。本日は、次の議論に向けたたいへん良いきっかけとなったと思っております。長時間にわたりまして、ご参加・ご清聴ありがとうございました。

＊1……カーボンプライシング　炭素（二酸化炭素＝CO_2）などの温室効果ガスに価格づけを行うこと。

＊2……HTT　東京都が推進する節電アクションのキーワード。都民・事業者などへの働きかけを通じて、電力のHTT（Ⓗ減らす・Ⓣ創る・Ⓣ蓄める）を推進するとともに、ゼロエミッション東京の実現に向けた課題の共有や対策を進めるため、知事を会長とする「HTT・ゼロエミッション推進協議会」を設置。

＊3……マスキー法　米国の環境保全、特に自動車の排出ガスによる大気汚染を規制しようとして1970年に改正された大気浄化法の通称である。エドムンド・マスキー上院議員の提案で生まれたことから「マスキー法（Muskie Act）」と呼ばれている。

＊4……エネルギーポバティー　所得に占める光熱費の比率が平均的な家庭よりも高い世帯のエネルギー困窮。

第2回――2022年11月21日

脱炭素時代の住宅におけるグレートリセット

〈司会〉秋元孝之 芝浦工業大学教授
〈パネリスト〉鶴崎敬大 住環境計画研究所研究所長＋高口洋人 早稲田大学理工学術院教授＋腰原幹雄 東京大学生産技術研究所教授＋川島範久 建築家・明治大学准教授

1――家庭と教育、ライフスタイルのこれから

秋元――会場からいくつかご質問をいただいておりますので、ご紹介したいと思います。はじめに、高口先生へ「家庭や学校で環境教育を進める具体策がありますか」というご質問をいただいています。

高口――環境教育の学習プログラムは、大手の教育産業も豊富に出していて、ホームページ上にも公開されています。ところが、それを誰が受け取って、どのようにやるのかというのははっきりしていません。例えば理科や社会科で関連づけて実施したり、あるいは総合的学習の時間の中で手探りで行っていますが、熱心な先生がいるときは非常に活発に取組みが行われますが、そうではない場合はまったく実施されないなど、学校や地域によっても対応が異なっています。そういった意味では、まずは学校の中できちんと位置づけていくことが非常に大事ではないかと思います。僕は日本建築学会で子ども教育支援建築会議の運営委員をやっていますが、そのあたりをどうやって支援していくのかは課題として認識しているところです。

高口洋人

秋元――川島先生から何かコメントはございますか。

川島――教育も大切ですが、そもそものような環境

配慮行動を実践できるライフスタイルであるのかどうかの見直しも必要だと思います。コロナ禍で在宅が増えたとき、私の感覚的に一番変わったのは洗濯・乾燥でした。在宅だと洗濯物を屋外に干す余裕があって、仮に雨が降ってきてもすぐに取り込めました。しかし、コロナが少し落ち着いて在宅ではなくなると、どうしても乾燥機を一晩中回して使っているような感じになるのです。教育とライフスタイルのあり方について、鶴崎先生のお考えをお聞きしたいと思いました。

鶴崎――洗濯についていえば、消費電力はとても小さいので大した電気代にはなりませんが、乾燥となると洗濯の10～20倍はエネルギーを使うので、これを減らすことができれば省エネにもつながります。天日干しができる条件であれば、そのほうが気持ち良いという体験もありながら、なかなかそれが実現できないというのは、これからどういうライフスタイルを選ぶかによって大きく変わってくる可能性はあると思います。

鶴崎敬大

私もコロナ禍でかなり在宅勤務をすることになりました。結果的に住宅でのエネルギー消費が増えてはいますが、今までと違ったことが実現できる新しいチャンスだったと思います。暮らしの中で、改めて省エネや、より快適に暮らすためにはどうしたら良いのかを考える機会になりましたので、そうしたこととセットでCO_2削減に向けた取組みができたら良いと思います。

川島――暮らしの中で何をアウトソースするかということかと思います。家電にアウトソースするか、都市サービスにアウトソースするか。まとめてアウトソースしたほうが効率的なものもあれば、自分でやってしまったほうが効率的なものもある。また、自分でやる「楽しさ」というものもあるはずで、それもセットで議論するのが良いと思います。

秋元――齋藤先生、少しコメントをいただけませんか。

齋藤――高口先生にお聞きしたいのですが、ヨーロッパでは若い人も非常に環境意識が高いですが、彼らが受けている学校教育がすばらしいの

齋藤卓三

でしょうか。

高口――必ずしも学校教育がすばらしいというわけではないと思います。意外と日本の子どもたちのほうが、ゴミの分別なども含めて、環境行動をきめ細やかにやっているのではないかと思います。要はその動機が一体何なのかというところだと思います。ヨーロッパの若者はそれほど意識をしていないと思いますが、まずキリスト教的な世界観がうっすらと社会全体のベースにあって、その上にこの20年間くらいかけて積み上げた世代間倫理があります。それは日本には決定的に欠落していると感じます。なぜやらなければいけないのかということが、エモーショナルな部分や倫理的な部分を含めて日本の場合はバックグラウンドがはっきりしていない。なぜ必要なのかという理由が弱いのではないかと思います。

2―脱炭素時代における木造建築の可能性

秋元――続いて腰原先生に質問がきています。今後、4層以上の集合住宅の建築でも木材利用が考えられるでしょうか。また、木造建築を強く進めていくときのアイデアについて、どのように考えておられますか。

腰原――その答えは「自分で考えて」というところです。というのは、少し前まで木造は、おおざっぱに言うと3階建ての1000平方メートルまでしかつくれませんでした。正確には3000平方メートルまでが可能でしたが、防火の問題を考慮すると1000平方メートルくらいまでがよく、さらにいえば2階建て1000平方メートルくらいがよいということで、木造といえば戸建て住宅がメインで、その次は地方で2階建ての木造校舎や体育館というところが主戦場でした。保育園や幼稚園も平屋であればテリトリーですけれども、2階建てになった途端に耐火建築にしなければいけないという事情があって、限られた範囲でしか木造がつくれなかった背景があります。

腰原幹雄

しかし今は、防耐火の技術が上がったので、どこまでも範囲を広げられるようになりました。最近では、大林組が純木造で11階建て高さ40メートルを超える耐火建築物「Port Plus」を横浜につくりました。また、住友林業は2041年に高さ350メートルを超える木造の超高層建築物を完成させる計画を発表するなど、木造高層化の可能性はどんどん広がっています。しかしながら、誰もが同じような方向性を見ている必要はありません。木造高層系の追求はスーパーゼネコンに任せておいて、もうひとつの方向性として、いままで開発されてきた技術の中から新しいパッケージを追求していくというグループもあるだろうと思うのです。そうした議論にデベロッパーも加わり経済性も考え始めるようになったのが2020年頃で、最初にたどり着いたのが4層1時間耐火をツーバイフォーで実現した木造マンションのMOCXION稲城（三井ホーム）でした。それぞれがやってきた領域の中で、ターゲット、用途、規模を絞って木造を突き詰めて考えていけば、どういう工法でパッケージできるかということが結構簡単に出てくると思います。

僕たちの役目としては、そうしてできたさまざまなメニューを整備していくことだと考えています。今はやや食い散らかし状態なので、うまくバランスをとりながらそれぞれのグループに提案や誘導ができると良いと考えています。これがどこか1箇所に集中してしまうと、あまりおもしろくない答えになるような気がしています。

秋元――先ほど間伐材、主伐材の話もありましたが、腰原先生の話をお聞きしていると何事もバランスが重要なのだろうと思います。脱炭素時代を実現するために、すべて木造の建築だけになる未来と、いろいろな構法が適材適所にバランス良く存在する未来、僕自身は後者ではないかという気がしていますが、何かお考えはありますか。

秋元孝之

腰原――たくさんの構法があるというのは、たくさんの選択肢があるということだと思います。特に木造の場合は森林資源と連動しているので、その選択の良し悪しは、森林側がどういう材を出せるかにかかっています。今は戦後に植えた木が大量にあって、ちょうど住宅用の流通製材が主流です。一方で大径材の使い道がなくなってきているのだとすると大径材をどう使うか、荒れた森林のことを考えるなら曲がり材の利用を考えたり、温暖化でこれからはヤング率[*1]の低い木材をうまく使う工法を考える必要がでてくるかもしれません。つまり、いま僕らが用意できるのは、山の木に対して、こういう建築の受け皿があるというメニューをつくることだと思います。そして時代ごとにそのメニューをどう組み合わせるかをアドバイス、誘導していくということです。そうして、いざ山からこういう木を使ってほしいと言われたときに、即提案できるようなことが必要なのではないかと思います。

そのときには、結構原始的なことのほうがうまくいくのではないかという気がしています。丸太や曲がり材も、冗長性の高い土壁のような左官仕事であれば追従できましたが、合板や石こうボードを貼って四角く綺麗につくろうとするから難しくなるのです。大工の勘でやっていたことが、一般の人でも3Dスキャンや3DCADの力を借りて実現可能になったので、原始的にやってきたことをハイテクを使ってもう一度やってみるというのも必要かなと思います。

川島——建築設計の中で木を使うメニューを増やすという意味では、仕上材としての木材利用の可能性も大きいと思います。視覚的に自然素材に囲まれていることを狙う場合、構造的に効いているかどうかはあまり重要ではなかったりもするのだろうとも思いました。

川島範久

高口——最近、林業者との付き合いが多いのですが、林業従事者は5万人もいないとても小さな産業です。資源量として出せる量には限りがあって、今、再植林されている割合も3割を切っているので、これから伐採適齢期となる人工林はどんどん少なくなります。そのため建築側が頑張って木造化を進めていくと、あっという間に国産材は足りなくなって、結局は外材を輸入するということにもなりかねません。あまり計画経済のようになってはいけないかもしれませんが、本来なら資源の側からこれくらい供給できるという量と、建築側の使用量をなんとなく合意しながら使っていく

高口洋人

ほうが良いのではないかと思います。

腰原――森林というのは、木造建築の在庫倉庫みたいなものです。でも在庫管理がされていないので、何がどのくらいの量があるのかがわかっていません。山側からいくらでも出せると言われていざ始まってみると、一気には出せないと言われるようなことばかりです。先ほど計画経済になってはいけないとおっしゃっていましたが、僕は林業と木造建築だけは計画経済にして、どのくらいの量を出して使うかという覚悟をしなければ、目標が設定できない感じがしています。大量生産の中でも材料から成果物までをどう連携していくか、その目標が現状ではありません。

腰原幹雄

木材流通の中でいうと、いま林業には結構若い人たちが興味をもち始めているので期待できる部分はあるのですが、むしろ問題になっているのは製材業です。製材業は小規模で古い業態であることが多く、そもそも工場が小さく設備投資もできないので、急に大量に木を切ってもさばけないことがボトルネックになっています。今は山の木を使うことについて積極的に考えている若者がいますので、山の在庫と建築の使い道を仕切り直し、先ほど言ったメニューのようなものをうまく誘導してあげると、植林、造林までを含めた新しい世界ができそうな気はします。

3―供給側と生活側、双方向からのライフスタイルの見直しへ

秋元――最近は特に、光熱費などのエネルギーコストが高騰しています。その中で、カーボンニュートラルを実現するために一体何ができるのか、鶴崎先生からはいろいろと細かいデータをもとにお話しいただきましたが、今後どこに向かっていくべきなのかもう少しお話いただけませんでしょうか。

鶴崎――これだけエネルギーのコストが上がってくると、相当関心も深まっていると思いますが、一方で補助

金で一時的にしのごうという動きも、低所得者対策等としてはある程度やむを得ない部分もあると思います。さまざまな制約があって、せっかくの省エネのモチベーションを上げる、あるいはそういうところにお金を使おうとする機運をそいでしまうリスクも意識しなければいけないと思います。

それに関連して環境省の家庭CO_2統計から紹介させていただきます。戸建て住宅と集合住宅における光熱費を集計したものです。全体の平均では、年間光熱費は約17万円で、太陽光発電で余った電気を売却することで得られる収入平均が約８０００円です。戸建て住宅でオール電化世帯の光熱費が１６・９万円に対して太陽光の収入が４万１０００円あるので、ネットでは13万円ほどの負担になっていて、戸建ての中ではこのセグメントが一番光熱費が少ない結果となっています。ただ、これは２０２０年度のことなので、エネルギー価格が上昇している現在は少し様相が変わってきているかもしれません。

鶴崎敬大

集合住宅に関してもオール電化の世帯が一番光熱費が少ない結果となっています。これはオール電化の世帯人数が少ないというわけではなく、戸建てに関してはむしろ世帯人数も多いという状況での結果です。ところがCO_2排出量で見ると、オール電化世帯が少ないわけではありません。これは火力発電時のCO_2排出量が非常に多いためです。こうしたことを踏まえると、足元で光熱費を抑えようとするだけではなく、CO_2対策とセットで考えなければいけないということについて、消費者にどのようなメッセージを届けていけば良いのかは非常に悩ましい問題だと思います。

秋元――第１回目のシンポジウムでもエネルギーポバティー（所得に占める光熱費の比率が平均的な家庭よりも高い世帯のエネルギー困窮）などの話があったかと思います。欧州では、社会格差にまで話が及んでいて、日本でもその可能性が大いにあると思います。高口先生のご意見をお伺いできますでしょうか。

高口――実際に、わが国の勤労世帯の積立金とかローン返済といったものを含めた支出総額に対する光熱水費負担の割合を算出してみると平均して約２％でした。そこには水道代も含みますから、それを除けばエネルギーが占める割合はさらに低くなります。これほど少ないのかと思ったのが正直な感想です。私はまだまだエネルギーコストは安すぎるのではないかと思っています。安いので関心がない。もちろん貧困対策については別途考えていく必要はあるとは思いますが、基本的にはもっと値上げをしても良いのではないかと思います。

川島――建築設計者としては、運用時の省エネに向けてハードの技術としてやれることはだいたい出尽くした感があり、効率化よりもむしろウェルビーイングをどう実現するか、あるいは製造・施工時における省エネ・省資源に主題が移っているという感覚でいます。しかし、繰り返しになりますが、コロナ禍が収束してきて通勤が再開すると、また移動にエネルギーがかかるようになり、生活のさまざまなことをアウトソースするようになると、またCO_2排出が増えるでしょう。そう考えるとやはり、暮らしそのものを見直すということが最も重要だと思います。

川島範久

鶴崎――おっしゃるとおりのところもありますが、消費者の立場からすると、脱炭素と言われても家庭や消費者だけではできないので、供給側のほうでしっかりとエネルギーが脱炭素になって、その価格がリーズナブルであれば不満はありません。おそらくこれから再生可能エネルギーや水素エネルギーを普及させようとすると、どうしてもコストが上がり消費者の負担は増えていくと思います。その増え方が2割とか3割というあたりが限界ではないかといった話をこの1、2年でしてきましたが、そこを突破して高騰していくような局面になって、補助金まで出てきてしまったわけです。高口先生はまだまだ日本の光熱費は安いとおっしゃいましたけど、やはり供給側でどのような対策が可能か、建築や住宅とさまざまなサービスとの間でできることをセットで考えて、供給側も生活側も双方向でライフスタイルの見直しを含めた準備を進めていくべきだと思います。

腰原――僕らエンジニアとしては、たとえば耐震の場合、この建物は安全なのだろうかと一生懸命考えながら住んでもらうよりも、普通に住んでいたら知らない間に安全なものを手に入れていたというのが目指すところだと思います。先ほどの木材の話も、環境に優しいから木造に住むのではなく、木造に住んだら楽しいし気持ちが良くて、なおかつそれが環境に良いというかたちにしたいです。新しいエネルギーの開発においては、我慢しない楽しい生活を送るための技術開発であるという旗をみんなで振れないものでしょうか。目標達成のために、節約しましょう、我慢しましょうと聞こえてしまうようではつまらないような気がします。

川島——我慢するかしないかというより、何が幸せかという議論が重要だと思います。例えば、家事を一切やらないことが幸せなのではなく、家事そのものを楽しめる生活のほうが幸せという考えもあるはずです。そうすると次に、そのようなライフスタイルを送れるような社会にするにはどうすればよいかという議論になっていきます。

また、土や木などの自然素材を適切に使用することは、カーボンニュートラルにも貢献し得るわけですが、それ以上にまず、そのような空間は気持ちが良いということが重要だと思います。最近では、このような自然素材は実際に人間にとって心地良くストレスが低減されることが医学的にも証明されつつあります。また自然の光や風を取り込むのも、エアコンを使わない我慢のためではなく、そのほうが気持ち良いから、ということが重要です。つまり、カーボンニュートラルに寄与する技術が、人の健康や幸せにつながっていることが大切だと思うのです。

高口——我慢をせずに楽しいことに転嫁できたほうが良いというのはそのとおりだと思います。しかし一方で、我慢がともなう対策は受け入れられないというのはまさに昭和の論理であって、そんなことを言っている場合ではないだろう、というのがいまヨーロッパの若者が怒っているところだと思います。日本はまだそこまでの認識に至ってい

腰原幹雄（左）・川島範久

ないという感じです。今の小中学生はしっかりした環境教育を受けてきているので、もうじきそういったことを言っている場合ではないと、こぶしを振り上げる若者がたくさん出てきて変わっていくのではないかと思います。

我慢を楽しみに転換できれば良いと思います。僕はコロナ以前から毎週1回必ず在宅勤務にしているのですが、そうすると気分転換にでも少し家のことをやる時間ができます。家に対してみんなが関心をもつようになって、その中から楽しいことを見つけていくという延長線上に、脱炭素や省エネの話につながっていくというのが大事なのではないかと思います。ぜひ皆さんも、無理やりにでも週に1～2日はまず在宅勤務を続けることがきっかけになるのではないかと思います。

秋元――高口先生の発表の中で、昭和のマインドをいかにリセットするかということがグレートリセットだということでした。昭和マインドにどっぷり漬かった自分としては衝撃的な表現でした。僕らがSDGsが大事であることを説明する以前に、環境教育をしっかりと受けてきた小中学生たちは、そのことをすでに熟知しているということもあるわけです。

秋元孝之

そのような未来を担っていくことができる若者たちにも、今後大いに期待したい気持ちがあります。

4―グレートリセットの契機となるアフターコロナの価値観と美学

秋元――研究委員会の田辺先生や齋藤先生にも意見を伺ってみたいと思います。

田辺――先ほどから議論になっているように温暖化の問題は、産業革命前の18世紀中ごろから始まり、世界的にはだいたい1950年以降の第二次世界大戦の後から二酸化炭素の排出が問題になっています。ということは、まさにこの70年くらいの間、私たちが最も享受してきたものからCO_2が出ているので、それをどう変えるのかと聞かれると、我慢するか、前提を変えなければ成り立たないようになっているのではないかと思います。

それからエネルギー安全保障について、今の日本のエネルギー自給率は11%(2021年時点、2022年は13%)、つまり89%は輸入しています。今ウクライナで戦争が起こっていますが、アジアで有事が起きたらわが国は相当厳しく、どうやって生きるかを考えなければいけないと思います。そのあたりについて、ぜひご意見を聞きいてみたいと思います。

高口――それは本当に難しい問題です。今回のCOP27でも化石燃料削減の合意には至りませんでした。本格的に脱炭素化が進めば、石油や化石燃料は余剰になり値段は下がります。そうすると安い化石燃料を途上国の人たちがたくさん使うようになるので、結局需要は減らないのではないか。僕は究極的には禁止あるいは計画的に削減しなければダメなのではないかと思っています。そのときには日本が再生可能エネルギーの範囲で暮らしていけるように、徹底して効率を上げていくための技術に投資し、社会の仕組みも変える取組みをすべきです。

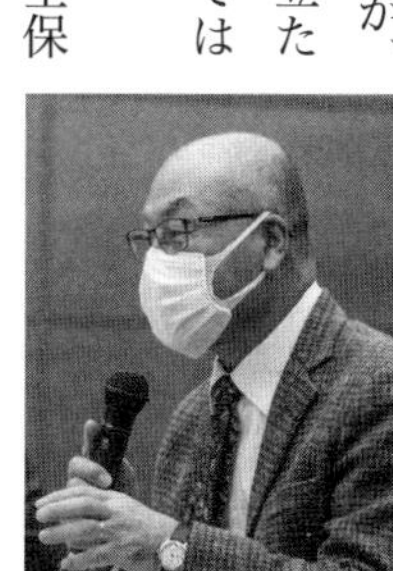
田辺新一

川島――コロナ以降、自然豊かな環境のほうが良いといったことで地方都市に対する移住者が増えたり、あらゆる価値観や美学が変わっていこうとしていると思います。ゼロカーボンについても、これまで長く議論されてきましたが、コロナをきっかけに潮目が変わったという気がしています。そういう新しい価値観や美学が、もしかするとグレートリセットにつながるかもしれないと思います。

腰原――そういう意味では、都市型木造のオフィスというのは誰しもが未経験で作法というものがありません。そもそも木造の世界というのは和風建築のために進化してきた世界なので、そこにしか価値観がありませんでしたが、これからはそこを壊すくらいの新しいメニューができることを期待しています。例えば、都市型木造のオフィスでは、もっと天井が低くても、スパンが飛ばずにもっと柱が立っていてもいいのではないかとか、木造でやりやすいこと、できる

腰原幹雄

ことを考える、鉄骨造で当たり前だったことを見直してみることができると、木造での可能性が広がる気がします。

木造について僕が少し皮肉で言うのは、環境に優しいスクラップ・アンド・ビルドができるのは木造建築かもしれないということです。山のサイクルと建築のサイクルをうまく合わせさえすれば、双方にとって良い仕組みができると思います。

秋元――僕もそれは賛同します。ニューノーマル時代の建築の新しい原則ができたり、新しい時代の作法というものが、さまざまなケーススタディーを経て現れてくるのではないかという気がしています。今日はたいへん充実したディスカッションができたと思います。どうもありがとうございました。

＊1……ヤング率　材料の変形しやすさを表す尺度。低いと柔らかく曲がりやすく、高いと剛く曲がりにくいことを示す。

［付録］

■家庭部門の CO_2 消費削減のためにあなたが具体的にできること(チェックシート 1)

［住総研作成］

【省エネ型機器・住設機器の使い方・マイカー】

①家　電

□冷蔵庫：温度設定を「中」に、冷蔵庫は詰め込み過ぎず、冷凍庫は詰込み OK

□エアコン：冷房 28℃・暖房 20℃設定に（2027 年までに機器がさらに効率 30%削減の予定)、フィルター清掃

□ TV：必要最小限の視聴、待機電源切断、省エネモード

＊以上の家電を省エネ型に替え、10 年以上の機器は交換

□食洗器：食器が少ないときは手洗いで

□洗濯機：容量の 8 割でまとめ洗い

□ TV/PC：待機電源の切断

□カーテン・ブラインドの開閉：電動から手で

□充電池の活用：廃棄物となる乾電池を使わない

□ガスファンヒーター：暖房設定温度を下げる(22℃→20℃に)

□床暖房：余熱を考慮し、30 分前に切る

②照　明

□すべての照明を LED に

□人感センサーの活用（非居室、外灯、内外廊下等）

□こまめな ON/OFF

＊家庭での CO_2 発生量は家電・照明 50%、給湯 25%、暖房 20%（冷房 4%）

＊ただし、全国平均のため、地方の気候によって異なる

③給湯器など

□エコジョーズ（潜熱回収型給湯器）

□エコキュート（ヒートポンプ給湯器）

□エネファーム（ガスで水素つくり発電、燃料電池）

＊持家の方はこのような高効率給湯器に変更しましょう

④換気扇

□必要最小限で利用。感染防止効果、自然通風で冷房減

⑤シャワー

□節水型、使用時間の減

→水は浄水場、下水場でエネルギーを使います！

→出しっぱなしで使わない (こまめに止める)

⑥風　呂

□家族で連続使用。設定温度を下げると節ガスに

□高断熱浴槽にする

⑦トイレ

□節水型（5ℓ以下の水量で流せるもの）

□暖房便座は、冬は蓋閉めをする

⑧台　所

□節湯水洗に変更

□食洗器は必要最小限に、できるだけ手洗いで

□コンロの炎を鍋底からはみ出さない（節ガス）

□給湯設定温度を低く（37℃くらいに）

⑨マイカー

□電気（EV）

□燃料電池（FCV）

□プラグインハイブリッド（PHV）

□ハイブリッド

□クリーンディーゼルを使用

□自転車を有効活用する

＊ EV 補助金 40 万～最大 80 万円 /1 台（2022 年）

⑩太陽光発電

□高価だが、CO_2 削減には効果あり

【行動変容（行動科学、行動インサイト）】

①エネルギー使用量（CO_2 と光熱費の削減量）を他の類似条件の家庭（人数、家族構成、年齢層による分類）との比較をしてみる（チェックシート 2）

【健康・ライフスタイルと住宅】

①□**スマートウェルネス住宅**：断熱性の高い住宅で CO_2 削減、かつ血圧低下で健康になる

→寿命が延びて年金増で改修費を回収

→ a）外壁の断熱化、b）開口部（サッシ、ガラス、扉）の改修

現在の省エネ基準に適合させよう！

②□**車を使わない**

→公共交通機関や自転車の利用（ガソリンの使用減少、歩いて健康になる)。複数台所有者は台数の削減をまたは、EV や FCV に変える

③□**木造住宅**：RC、鉄骨系よりは CO_2 吸収に貢献。インテリアに木を多用。自然の素材でリラックス

例）スギ 1㎥ =600KgCO_2 の貯蔵

④□**庭・バルコニーに緑を**：CO_2 吸収に貢献し、精神的にも、街並みにも効果あり。水撒きで、打ち水効果も

⑤□冬は南の**太陽光をフル活用。パッシブソーラー**、温室効果で暖房いらず。夏は窓先に簾やカーテンを

⑥□**ゴミの削減**：洋服 1 着廃棄で 25Kg の CO_2 排出

→リサイクルへ。食べ物の廃棄の削減、エコバッグ活用、電池は充電池を活用

⑦□**エアコン清掃**：こまめなフィルター清掃で効率維持

⑧□**早寝早起きは三文の得**：エネ得も

⑨□**宅配便は必要最小限に**。運送による CO_2 減を！

⑩□**ペット**のためだけの空調はほどほどに

【知って得するなるほど知識】

① CO_2 の 1t は光熱費に換算すると、約 6 万円です

(2018 年度～ 2020 年度までのデータ)

1 世帯当たり 3t/ 年というのは、3×6=18 万円 / 年の光熱費ということ

あなたの家の年間光熱費はいくらですか？

②・**1t の CO_2 はスギの木 70 本分の吸収量に相当**（スギの木 1 本で CO_2 約 14kg）

・**1 家庭の排出量 2.9t/ 年はスギの木約 200 本分**

・**建築物に使用した場合、スギの木 1㎥で約 600kg の CO_2 を貯蔵する**（林野庁 2021 年）

・**参考までに、1 人の人間の呼吸による CO_2 排出量は、320Kg/ 年でスギの木 23 本分**

③日本人 1 人当たりの年間 CO_2 排出量は約 9t

（全国で 11.4 億 t、**これは世界で 4 番目に多い！**）

④家庭での発生源は家電・照明が 50%！

その次が**給湯 25%と暖房 20%！（冷房は 4%）**

＊ただし、全国平均、地域による差異はあります

■家庭部門の CO_2 消費削減 のためにあなたが具体的にできること(チェックシート2)

[住総研作成]

■あなたの家庭は類似世帯に比較して省エネしていますか？算出してみましょう

【行動変容（行動科学、行動インサイト)】
エネルギー使用量（CO_2 と光熱費の削減量）を他の類似条件の家庭（人数、家族構成、年齢層によって分類）との比較をしてみる

建て方	世帯類型	平均 t-CO_2/世帯・年 (A)	(全世帯の) 平均世帯人数 (B)	ひとり当たりの年間 CO_2 排出量 (A) ÷ (B)	単　位
戸建住宅	単身・高齢	2.24	1.00	2.24	t-CO_2/人・年
	単身・若中年	1.91	1.00	1.91	
	夫婦・高齢（1人以上が65歳以上)	3.21	2.00	1.61	
	夫婦・若中年（2人とも65歳以下)	3.2	2.00	1.60	
	夫婦（1人以上が高齢）と子［＊1］	4.06	3.26	1.25	
	夫婦（若中年）と子	3.6	3.75	0.96	
	3世代	5.25	4.99	1.05	
	その他（上記のいずれにも該当しない、親1人と子など)	3.57	2.66	1.34	
集合住宅	単身・高齢	1.42	1.00	1.42	
	単身・若中年	1.25	1.00	1.25	
	夫婦・高齢（1人以上が65歳以上)	2.19	2.00	1.10	
	夫婦・若中年（2人とも65歳以下)	2.19	2.00	1.10	
	夫婦（1人以上が高齢）と子［＊2］	2.84	3.14	0.90	
	夫婦（若中年）と子	2.86	3.61	0.79	
	3世代	3.65	4.36	0.84	
	その他（上記のいずれにも該当しない、親1人と子など)	2.29	2.37	0.97	

注)「高齢」とは65歳以上の方

[表]2019年度 家庭部門の CO_2 排出実態統計調査(家庭 CO_2 統計)より／(政府統計・e-Statより)[＊3]

■ CO_2 の1tは約6万円の光熱費になります(2018年度～2020年度)[＊3より]

注）2021年度は資源高騰のため単価は約6.5万円となる

[計算例]

[＊1] 戸建住宅で、夫婦(1人以上高齢)と子供2人の4人世帯の場合は、4人×1.25×6万円＝30.0万円/年

[＊2] 集合住宅で、夫婦(1人以上高齢)と子供2人の4人世帯の場合は、4人×0.90×6万円＝21.6万円/年

■あなたの家庭の年間光熱費をチェックして、その数値を同じ環境の類似家庭と比較してみてください

おわりに

本書では、日本の置かれている現在の状況および国民の危機感の欠如に対する警鐘として「グレートリセット」を強く訴えた。世界的には欧米をはじめ先進国の同様な民間人の警鐘にも関わらず、世界的なコンセンサスも国内の法整備も動きが鈍い。本書により少しでも意識が変わり、大きなグレートリセットになることを願い、委員皆で努力してまとめたつもりである。

そもそも、住宅には室内環境を安全・健康で、快適に整えるという役割がある。温熱環境、空気環境、光環境、音環境などの室内環境要素を適切にコントロールすることで、住まい手のウェルネスを確保して、幸せに過ごすことのできる場所として提供することができるようになる。カーボンニュートラルの設計時において建物の構造や材料、形状を工夫することによって、熱や空気の流れをコントロールして、夏は涼しく、冬は暖かい快適な室内環境を確保することが重要となる。住宅の立地条件や方位によって変わる季節ごとの日射や風向きに合わせた設計とすることは、空調設備や照明設備などによるエネルギー消費を抑制することにもつながる。

さらにはオンサイトの太陽光発電システムを採用することで、再生可能エネルギーの地産地消が可能となる。エネルギー効率の高い住宅の設計や、再生可能エネルギーの利用などの持続可能性を重視した地球環境への配慮が進むことが大事である。このような最新の住宅における工夫は、自然災害に対しても大きな効果を発揮する。地震、洪水、台風、火災などの激甚な自然災害によってエネルギーや水の供給が途絶しても、数日間は建物に留まることのサポートをすることができる。

一方、国内の既存住宅ストックには、旧耐震基準のものや省エネルギー基準が未達成のものが多く含まれている。住まいのカーボンニュートラルを推進するためには、新築だけでなく、既存住宅ストックに対する取組みを促進する必要がある。増加している居住目的のない空き家への対策も重要である。既存住宅のゼロエネルギー化に向けた改修があまり行われていない理由としては、その便益について住まい手や住宅供給者に対して十分に周知できていないことが挙げられる。またコスト面での課題もあり、改修効果にメリットを見いだしづらいという指摘もある。

　実際には、住宅では高い断熱性によって光熱費を削減することができるのみならず、快適な室内温熱環境を確保できるため、住まい手の健康増進につながる。ヒートショック対策等の観点を踏まえた良好な温熱環境を備えた住宅の整備は、高齢化が進む日本社会においてきわめて注目される点である。整備拡大には、充実しつつある国や自治体による補助金や低金利融資制度の後押しが、さらに必要となってくるだろう。市場に高性能の住宅しかなくなれば、それが標準仕様として普及していき、さらにはコストダウンにもつながる。近年のＤＸには目覚ましいものがある。ＩｏＴやＡＩを活用した超スマート社会の実現に向けた動きも進んできている。各分野の技術開発の進展と同時に、自然環境を上手に取り入れながら、低コスト・低環境負荷で採用することができる持続性の高い環境制御方式が一般的になることが期待される。それによって住まいのカーボンニュートラルが実現して、皆が最高の住宅環境を享受することができるようになるだろう。

　最後に、本書は一般財団法人 住総研「住宅の省エネ化推進のための情報発信」研究委員会で、２０２０年から２０２３年３月まで３年間調査活動をした成果をまとめたものである。本書の出版に当たっては、当委員会のメンバーおよびご協力いただいた皆様には心より感謝申し上げる。特に忙しいなか編集作業を進めていただいた井上書院の石川泰章社長ほか、住総研の道江紳一氏（前専務理事）、馬場弘一郎氏、清水祐子氏の皆様、また、特にこの出版の機会を与えていただいた一般財団法人 住総研に心から謝意を表する。

２０２４年１月

一般財団法人 住総研「住宅の省エネ化推進のための情報発信」研究委員会委員長　秋元孝之

[著者略歴]

秋元孝之——あきもと・たかし

●——1963年東京都生まれ。1988年早稲田大学大学院理工学研究科建設工学専攻修了。清水建設株式会社を経てカリフォルニア大学バークレー校環境計画研究所に留学。博士（工学）。専門は建築設備、特に空気調和設備および熱環境・空気環境。一級建築士。1999年—2007年関東学院大学工学部建築学科助教授・教授、2007年芝浦工業大学建築学科教授。2021年4月より同大学建築学部長。一般社団法人建築設備綜合協会会長（2016—22）、経済産業省資源エネルギー庁ZEHロードマップフォローアップ委員会委員長などを歴任。主な受賞に日本建築学会賞(論文)、空気調和・衛生工学会賞技術賞など。

主な著書に『サステイナブルハウジング 地球にやさしい資源循環型住宅』（監修、東洋経済新報社）、『CASBE入門——建築物を環境性能で格付けする』（共著、日経BP社）、『基礎教材 建築設備』（監修、井上書院）、『環境デザインマップ 日本』（監修、総合資格）など。

●

田辺新一——たなべ・しんいち

●——1958年福岡県生まれ。1982年早稲田大学理工学部建築学科卒業、同大学大学院修了。工学博士。専門は建築環境学。1984—86年デンマーク工科大学研究員。1992—93年カリフォルニア大学バークレー校訪問研究員。1992—99年お茶の水女子大学助教授。1996年ローレンスバークレー国立研究所訪問研究員。1999年早稲田大学理工学部建築学科助教授。2001年から同大学教授。第57代日本建築学会会長(2021—23年)、米国暖房冷凍空調学会フェロー、経済産業省資源エネルギー庁省エネルギー小委員会委員長。2020年度文部科学大臣表彰科学技術賞受賞。

主な著書に『住総研住まい読本シリーズ 住環境再考——スマートから健康まで』（共著、萌文社）、『早稲田大学理工研叢書 シリーズNo.27 ゼロ・エネルギーハウス——新しい環境住宅のデザイン』（共著、萌文社）など。

●

鶴崎敬大——つるさき・たかひろ

●——1973年東京都生まれ。1997年慶應義塾大学大学院政策・メディア研究科修士課程を修了。同年、株式会社住環境計画研究所に入社。住宅・建築物に関わるエネルギー需要の調査・分析、省エネルギー技術・太陽エネルギー利用技術の評価、政府・自治体に対するコンサルテーション業務等に従事。2013年より取締役研究所長。2017年より産業構造審議会地球環境小委員会委員、2020年より総合資源エネルギー調査会省エネルギー小委員会委員。2017年東京工業大学大学院理工学研究科建築学専攻博士課程を修了。博士(工学)。学位論文のテーマは『社会的定着に向けた住宅用太陽光発電システムの運用管理とリサイクルに関する研究』。主な著書は、『脱炭素化入門シリーズ　都市の脱炭素化』（共著、大河出版）。

齋藤卓三――さいとう・たくぞう

●――１９６８年東京都文京区生まれ。１９９１年早稲田大学理工学部建築学科を卒業後、金融機関、設計事務所等を経て、２０００年より一般財団法人ベターリビングに入社。その後、調査研究や住宅性能評価等の審査実務を経たのち、２０１５年から住宅・建築評価センター認定・評価部長（総括部長）を勤める。現在はＣＡＳＢＥＥ、ＢＥＬＳ等の環境関連評価部所属。そのほか、全国の審査機関等により構成される、基準運用委員会、省エネ適判部会、省エネ評価部会などで、それぞれ委員長又は部会長を兼任し、各種基準の判断方法などを検討している。

池本洋一――いけもと・よういち

●――１９７２年滋賀県生まれ。１９９５年上智大学文学部新聞学科卒業。同年株式会社リクルートに入社。住宅情報編集部に配属。以降、広告営業、ブランド戦略、事業開発の部門でマネージャーを歴任。２００８年住宅情報タウンズ全国50版の編集長、２０１１年ＳＵＵＭＯ編集長。２０１９年よりＳＵＵＭＯリサーチセンター長を兼任。２０１４年国土交通省「既存住宅市場活性化ラウンドテーブル」委員、以降国土交通省、経済産業省、環境省、内閣官房などの専門委員を歴任。主な著作は『住宅の世代間循環システム――明日の社会経済への提言』（共著、萌文社）など。

高口洋人――たかぐち・ひろと

●――１９７０年京都生まれ。早稲田大学理工学部建築学科卒業、同大学大学院修了。博士（工学）。専門は建築環境工学、環境メディア論。早稲田大学理工学部助手、九州大学特任准教授を経て、２００７年より早稲田大学准教授、２０１２年より早稲田大学教授。住宅の省エネルギーや脱炭素対策、政策研究や教育プログラム開発を行う。主な受賞は、２０１５年エネマネハウス最優秀賞。２０２３年 The UIA Architecture & Children Golden Cubes Awards, Written Media Category Honourable mentions（特別賞）受賞。
主な著書に『森林列島再生論』（共著、日経ＢＰ社）、『カーボンプライシングのフロンティア――カーボンニュートラル社会のための制度と技術』（共著、日本評論社）、『Sustainable Houses and Living in the Hot-Humid Climates of Asia』（共著、SPRINGER NATURE）ほか。

腰原幹雄――こしはら・みきお

●――１９６８年千葉県生まれ。東京大学工学部建築学科卒業、同大学大学院修了。博士（工学）。構造設計集団〈ＳＤＧ〉、東京大学大学院助手、生産技術研究所准教授を経て、２０１２年東京大学生産技術研究所・教授。木質構造を中心に、構造の視点からさまざまな材料の可能性を追求。主な受賞に２０１７年日本構造デザイン賞 松井源吾特別賞、２０１２年 WMF/Knoll Modernism Prize、２０１２年日本建築学会賞（業績）、２０１０年土木学会デザイン賞最優秀賞など。
主な著書に『日本木造遺産――千年の建築を旅する』（共著、

世界文化社)、『都市木造のヴィジョンと技術』(共著、オーム社)、『感覚と電卓でつくる 現代木造住宅ガイド』(彰国社) ほか。

◉

川島範久——かわしま・のりひさ

◉——1982年、神奈川県生まれ。2005年東京大学工学部建築学科卒業、2007年同大学大学院修士課程修了後、株式会社日建設計(—2014年)、2012年カリフォルニア大学バークレー客員研究員。2016年東京大学大学院博士課程修了。博士(工学)。2017年川島範久建築設計事務所設立。環境的な視点から建築・都市・地域デザインの新たなあり方を追求。東京工業大学助教、明治大学専任講師を経て、2023年より明治大学准教授。主な受賞に日本建築学会賞(作品)、日本建築学会著作賞。主な作品に『REVZO虎ノ門』(2020)、『GOOD CYCLE BUILDING 001』(2021)、『豊田の立体最小限住宅』(2022)。
主な著書に『環境シミュレーション建築デザイン実践ガイドブック——自然とつながる建築をめざして』(彰国社)。

［一般財団法人］住総研について

故清水康雄(当時清水建設社長)の発起により、1948(昭和23)年に東京都の認可を受け「財団法人新住宅普及会」として設立された。設立当時の、著しい住宅不足が重大な社会問題となっていたことを憂慮し、当時の寄附行為の目的には「住宅建設の総合的研究及びその成果の実践により窮迫せる現下の住宅問題の解決に資する」と定めていた。その後、住宅数が所帯数を上回り始めた1972(昭和47)年に研究活動に軸足を置き、その活動が本格化した1988(昭和63)年に「財団法人 住宅総合研究財団」に名称を変更。さらに2011(平成23)年7月1日には、公益法人改革のもとで「一般財団法人 住総研」として新たに内閣府より移行が認可され、現在に至る。一貫して「住まいに関する総合的研究・実践並びに人材育成を推進し、その成果を広く社会に還元し、もって住生活の向上に資する」ことを目的に活動をしている。

◉

［研究会委員メンバー］

委員長——秋元孝之 芝浦工業大学教授

委員——池本洋一 (株)リクルートSUUMO編集長

齋藤卓三 (一財)ベターリビング・評定 評価部長

高口洋人 早稲田大学教授

田辺新一 早稲田大学教授

鶴崎敬大 (株)住環境計画研究所・取締役研究所長

旧委員——中村美紀子 (株)住環境計画研究所・主席研究員

［住総研住まい読本］

なぜ住まいのカーボンニュートラルは進まないのか？

——今私たちがすべき住まい方とは

◉

二〇二四年一月三〇日［第一版第一刷発行］

編者——住総研「住宅の省エネ化推進のための情報発信」研究委員会

著者——秋元孝之＋田辺新一＋鶴崎敬大＋齋藤卓三＋池本洋一＋高口洋人＋腰原幹雄＋川島範久

発行者——石川泰章

発行所——株式会社井上書院
〒一一三-〇〇三四
東京都文京区湯島二-一七-一五 斎藤ビル
電話＝〇三-五六八九-五四八一 FAX＝〇三-五六八九-五四八三
https://www.inoueshoin.co.jp

装幀・本文設計——川畑博昭

印刷所——日之出印刷株式会社 DTP担当——木村陽子

製本所——誠製本株式会社

ISBN978-4-7530-1770-6 Printed in Japan